閩南文化與創意設計

李姿瑩 著

縱覽包羅萬象的閩南文化在歷史的浪潮中不斷吐故納新，從靈光乍現的創意設計案例中解鎖閩南文化新的打開方式，

10大主題內容談閩南文化強大生命力與繽紛多彩，10組文創設計觀閩南文化未來無限可能性。

文化創意設計作品

滴鯉鯉

——酒精消毒免洗凝膠

文化元素：滴水獸
主要材質：pc材料
用途：酒精消毒，清潔護膚

20cm

15cm

閩 文化小故事

　　滴水獸是閩南番仔樓上特有的排水構件，是守護古鎮厝邊的「小精靈」。其原型是高踞於西方中世紀教堂頂端的神獸，辟邪驅魔、祈福盼吉，守護著教堂。清末，大量的閩南人為維持生計遠渡南洋，歷盡艱辛後發家致富、榮歸故里，在閩南地區建起了具有南洋風味的「番仔樓」，而這一隻小小的滴水獸也隨著浪潮漂洋過海後在中西結合的番仔樓上安了家。隨著不斷地發展演變，滴水獸也入鄉隨俗，一改往常兇狠的模樣，以憨態可掬的金魚、鴛鴦或神氣威武的老虎、麒麟的形象附著在一磚一瓦間，藏匿於街角巷落裡，透過厚重的歲月累積訴說著往代的風華。

閩南建築類文創設計：滴鯉鯉(1)

攜帶示範

滴鯉鯉

手提繩
便於攜帶

透明紅色材質，可以看
到液體的剩餘量

使用示範

擠一擠，
就可以出水

創 意 理 念

　　「滴鯉鯉」這一文創產品是以「滴水獸」為主角。滴水獸承載著閩南人的文化記憶，隨著時代發展，曾經隨處可見的滴水獸漸漸銷聲匿跡，我們希望從「美」和「光陰」的角度入手，以「古」創「新」，將古代裝飾藝術與現代生活功能需求相結合，設計出保留古早風味的新風物，將閩南文化和閩南人愛拼才會贏的人生態度繼續延續下去。我們以滴水獸主要功能「排水」為依託，通過擠壓讓酒精凝膠從魚嘴中「吐」出，在使用的同時喚起兒時聽雨水從滴水獸口中滴答落下，看細水長流的記憶。滴水獸的造型是獸類辟邪一種演進形式，而「滴鯉鯉」延續了其精神內核，用於殺菌消毒，守護人們的健康。

閩南建築類文創設計：滴鯉鯉(2)

魁星點筆
——卷筆刀

文化元素：應魁星

主要材質：塑料

用途：卷鉛筆

15cm

閩 文化小故事

　　相傳從前有一個秀才，雖學富五車，過目成誦，出口成章，但因長相十分醜陋，所以屢次落榜。後來因其才華實在過於出眾，一路過關斬將來到了殿試。在與皇上交談時，皇上被他才氣所折服，便欽點他為狀元。後來因他的聰慧與勤奮便升天成為魁星——北斗七星的前四顆，主管功名祿位。「魁」字拆開來，一半是「鬼」，應魁星的面目醜陋，一半是「斗」，應魁星才高八斗、也應北斗星座。文人中相傳的「任你文章高八斗，就怕朱筆不點頭」就出自這個故事。

閩南信仰類文創設計：魁星點筆——卷筆刀(1)

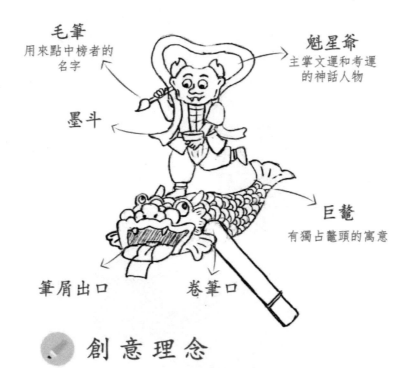

毛筆
用來點中榜者的
名字

魁星爺
主掌文運和考運
的神話人物

墨斗

巨鰲
有獨占鰲頭的寓意

筆屑出口　　　　　卷筆口

創意理念

　　魁星爺左手拿著元寶置於胸前，意指金榜題名，榮華富貴；右手握朱筆，意指揮毫潑墨，點人成才；左腳彎魁向上，成踢鬥狀，有才高八斗，一舉奪魁之意；右腳穩穩站立於浮出水面的巨鰲上，則是乘風破浪，獨占鰲頭之意。因魁星與文人的緊密聯繫以及魁星形象的美好寓意，我們便化用「魁星點斗」這一吉祥圖像設計出了「魁星點筆」轉筆刀。借這一產品表達對莘莘學子寒窗苦讀的認可，也傳遞出對學生學業有成、前途坦蕩的祝願。

閩南信仰類文創設計：魁星點筆——卷筆刀(2)

虎 之 吻
——女士口紅

文化元素：虎姑婆
主要材質：塑料、油、油脂和蠟
用途：女士口紅

13cm

2cm

閩 文 化 小 故 事

　　閩南民間故事「虎姑婆」的形象與家喻戶曉的《小紅帽》中「狼外婆」的形象有些許相似。虎姑婆原形是老虎精，需要通過吃小孩才能修煉為人。她趁著孩子的爸爸媽媽外出，冒充他們的姑婆敲響了房門，用花言巧語矇騙了孩子，天真的孩子「引虎入室」，讓虎姑婆進了家門，最後被虎姑婆張開大口吞入腹中。

閩南民間文學類文創設計：虎之吻——女士口紅(1)

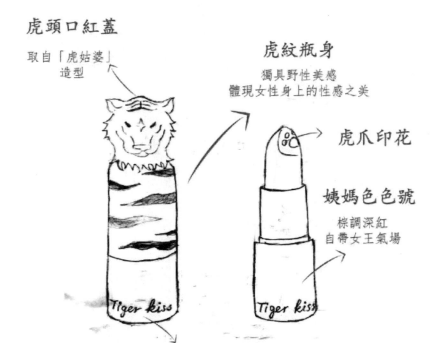

虎頸口紅蓋

取自「虎姑婆」
造型

虎紋瓶身

獨具野性美感
體現女性身上的性感之美

虎爪印花

姨媽色色號

棕調深紅
自帶女王氣場

Tiger kiss

創意理念

　　「虎之吻」口紅外殼的靈感來自閩南民間故事「虎姑婆」。「虎姑婆」的代名詞是「神秘」與「誘惑」，我們通過大膽的設想將其與展現女性自信與魅力的口紅聯繫在一起。色號我們選用的是深沉的暗夜酒紅色，摩登魅惑，神秘出眾，塗上後淋漓展現女王風範，無懼鋒芒，自帶氣場，令人怦然心動，產生進一步暸解你的欲望。

閩南民間文學類文創設計：虎之吻——女士口紅(2)

落筆生花

——書法墨碟

文化元素：落花生 筆下生花
主要材質：陶瓷、壓克力
用途：研墨以書寫

7cm

15cm

閩 文化小故事 ◀◀◀◀◀

　　許地山《落花生》一文雖篇幅短小，卻蘊含深刻的哲理。文章寫孩子們在後院的種的花生豐收了，父親引導孩子說出花生的好處，孩子給出了花生能榨油，花生味道很香等的回答，父親肯定了孩子們的回答。並通過看似不起眼的花生告訴孩子們要像花生一樣，做有用的人，不求闊達顯貴，只求腳踏實地、樸實無華，對這個社會有貢獻、有作為。

◀◀◀◀◀◀◀

閩南名人類文創設計：落筆生花——書法墨碟(1)

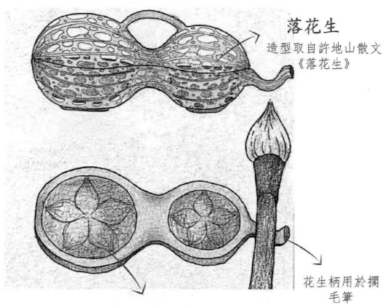

落花生
造型取自許地山散文
《落花生》

花生柄用於擱
毛筆

碟底的花朵凹紋設計，
錦上添花

創意理念

　　「落花生墨碟」這一設計靈感是源於許地山先生的散文《落花生》。許地山先生算得上半個閩南人，自幼便於漳州結下情緣，他筆下的落花生精神更是深深影響著每一位平凡而偉大的閩南人。這一文創產品不僅是為了紀念許地山先生，更是希望傳承落花生的精神。落花生，有落筆生花之寓意，選擇以落花生為形是對執筆者才思俊逸、落筆成章的美好祝願。同時更是激勵每一位文人踏實處世、切實益世，始終牢記落花生的精神，做有用之人。

閩南名人類文創設計：落筆生花——書法墨碟(2)

三 五 夜 緣 燈
——紙 雕 燈

文化元素：陳三五娘
主要材料：桃木、塑料
用途：紙雕燈

30cm

20cm

🈂 文 化 小 故 事

　　「陳三五娘」是在閩南、粵東等地區家喻戶曉的古老民間傳說。相傳，陳三在元宵燈會上與富家女子黃五娘相遇並一見鍾情。但黃五娘的父親貪財好勢，便想將其許配給林大。在林大和五娘新婚之日，陳三和五娘在丫環洪益春的幫助下私奔到泉州。兩人在泉州隱居了一段時間後遇上了元兵入侵，兩人在戰火連天中走散，慌亂中，五娘的一隻繡花鞋不慎掉落在井邊，陳三誤以為五娘失足落井，便跳井自殺，五娘之後亦投井殉情。

閩南戲曲文化類文創設計：三五夜緣燈——紙雕燈(1)

元宵燈節街景
陳三五娘相遇的地方

五娘
閩南歌仔戲「陳三
五娘」中的女主角

陳三
閩南歌仔戲「陳三
五娘」中的男主角

益春
閩南歌仔戲「陳三
五娘」中的婢女

🏮 創意理念

　　陳三與五娘，本應該是一對才子與佳人的美好愛情故事最終卻以悲劇遺憾收場。我們希望將這段美好的愛情故事定格在最初相見怦然心動的一剎那，那最美的一瞬間。所以我們以陳三和五娘在元宵燈會上初次相遇並一見鍾情的畫面設計了這一能永久儲存的紙雕燈，當燈光亮起時，映入眼簾的便是愛情最美的模樣。

閩南戲曲文化類文創設計：三五夜緣燈——紙雕燈(2)

七巧星願

——走馬燭臺

文化元素：七娘媽
主要材料：玻璃、鋁合金
用途：燭臺

25cm

30cm

閩 文化小故事

　　七娘媽的故事是牛郎與織女故事的後續。傳說織女和牛郎相愛生下兩子後，織女被帶回天庭，牛郎卻留在人間。織女是天上的七仙女之一，也是排行第七最小的妹妹，在人間的牛郎名叫董永。織女的六位姐姐看董永一個人獨自撫養兩個小孩十分辛苦，就暗中幫助這兩個小孩，保佑他們平安長大成人。所以，七仙女就成了關懷照顧庇佑孩子的神明，是美麗、善良、慈愛的化身，民間稱這七位仙女為七星娘娘或七娘媽。傳說七月七日是七仙女的生日，所以民間把這一天也稱為「七娘媽生」。

閩南歲時文化類文創設計：七巧星願——走馬燭臺(1)

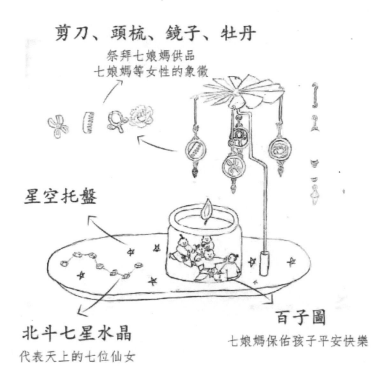

剪刀、頭梳、鏡子、牡丹

祭拜七娘媽供品
七娘媽等女性的象徵

星空托盤

北斗七星水晶

代表天上的七位仙女

百子圖

七娘媽保佑孩子平安快樂

 創 意 理 念

　　七娘媽走馬燈燭臺是將傳統七娘媽故事與現代加工技藝巧妙地融合起來。燈柱上的小銀片裡雕刻著鏤空的梳子、剪刀、鏡子等圖案，是以七娘媽為代表的女性的象徵，也是古代女子勤勞與賢慧的體現。在燭臺的托盤上鑲嵌了北斗七星形狀的水晶，通過北斗七星與天上的七位仙女相呼應。燈檯燃燒時，七顆水晶折射出柔和的光就如同七娘媽對孩子溫柔體貼的愛。選擇將燈檯與七娘媽聯繫在一起，是暗喻為人父母對孩子默默無聞無私的愛，他們像七娘媽一樣庇佑著孩子們平安健康快樂的成長。

閩南歲時文化類文創設計：七巧星願──走馬燭臺(2)

並蒂纏枝
——多功能化妝盒

文化元素：纏花

主要材質：桃木

用途：化妝盒

30cm

30cm

30cm

閩 文化小故事

　　纏花也稱作「春仔花」，是閩南地區帶有吉祥寓意的花式製作手藝，距今已有三百年的歷史。閩南藝人在已經剪好花狀樣式的紙模上通過捏、繞、纏、搓、撚、綁等手工技藝來製作成各種花卉的造型，然後再用竹籤或者鐵絲纏繞在彩紙上，便於進行鞏固，最後做成頭飾等裝飾品。在閩南傳統婚禮習俗中，新娘在出嫁時，由娘家人為她戴上纏花來表達對新娘的祝福，這時的纏花也叫做「新娘花」。新娘在結婚當天送給婆婆一只纏花，來祝福婆媳之間相處和諧、心心相印。

閩南生命禮俗類文創設計：並蒂纏枝——多功能化妝盒(1)

30cm

30cm

✿ 創 意 理 念

　　我們結合纏花在閩南禮俗上的美好寓意，將纏花元素和作為新娘嫁妝的梳妝盒進行一個文化與工藝的融合。在構造上，正、側面的抽拉式的構造，最大化利用盒子的空間。正面小抽屜用於放置較小的裝飾品或化妝品。側邊抽屜用來放置口紅。梳妝盒上，有一層折疊式的梳妝鏡設計。另外，在裝飾上，我們在兩處地方融入了纏花元素。一是抽屜的把手，是鑲嵌纏花樣式的玻璃圓球，既美觀又實用。二是折疊鏡上，我們設計成纏花繞「囍」的圖案，表示對婚事的祝福。

閩南生命禮俗類文創設計：並蒂纏枝──多功能化妝盒(2)

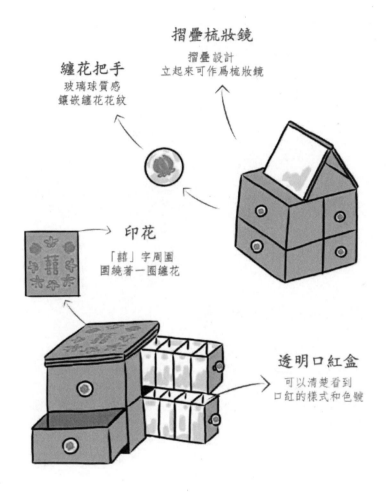

摺疊梳妝鏡
摺疊設計
立起來可作爲梳妝鏡

纏花把手
玻璃球質感
鑲嵌纏花花紋

印花
「囍」字周圍
圍繞著一圈纏花

透明口紅盒
可以清楚看到
口紅的樣式和色號

閩南生命禮俗類文創設計：並蒂纏枝——多功能化妝盒(3)

安心好食餐具盒
——多功能餐具收納

文化元素：惠安女形象
主要材質：陶瓷、壓克力
用途：吃飯用的餐具

30cm

15cm

🀫 文 化 小 故 事 ▯▯▯▯▯▯▯▯▯▯▯▯▯▯▯▯▯▯▯

「當洞簫和琵琶在晚照中，喚醒普遍的憂傷，你把頭巾一角輕輕咬在嘴裡，這樣優美地站在海天之間。」這是舒婷筆下的惠安女。這群生活在福建泉州惠安縣海邊具有特殊民間風情的女人，以奇特的服飾和勤勞的精神聞名海外。黃斗笠，花頭巾，紅臉蛋，藍布衫，黑寬褲，銀褲鏈，構成了獨具特色的惠安女服飾。衣服美，人心更美。當家中的男子出外謀生或出海打漁時，她們便成了家中的主力，挑石，捕魚，織網，曬鹽……樣樣精通，柔弱的雙肩扛起家庭的重擔，燦爛的笑容洗去一天的疲憊，她們踏著浪花款款走來，成就了一段巾幗不讓鬚眉的佳話。惠安女的形象成了閩南文化的一張名片，也是閩南人愛拚才會贏精神的真實寫照。

閩南工藝類文創設計：安心好食餐具盒——多功能餐具收納(1)

飯碗
造型選自惠安女頭上用於
防風遮雨的黃斗笠

筷子

湯匙

胸前裝飾小花
造型選自惠安女頭巾上
花式圖案

菜碗
造型選自惠安女身穿的「浪費
褲」，並由惠安女常年生活在
海邊，配以海浪的波紋

麵碗
造型選自惠安女可愛的臉
蛋和包裹的頭巾

湯碗
造型選自惠安女身穿又
短又窄的「節約衣」

茶杯
造型選自惠安女為幹活
方便露出的肚皮

閩南工藝類文創設計：安心好食餐具盒──多功能餐具收納(2)

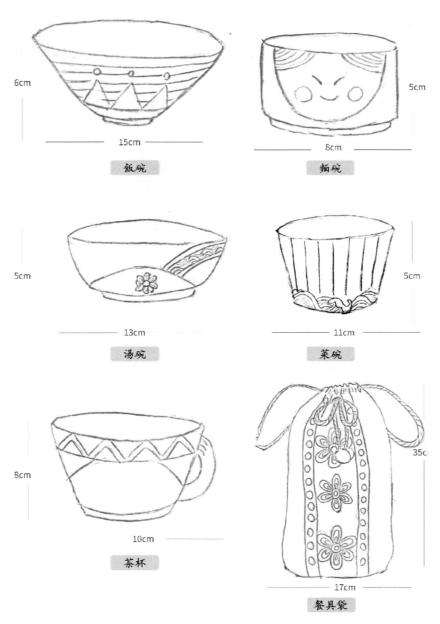

6cm
15cm
飯碗

5cm
8cm
麵碗

5cm
13cm
湯碗

5cm
11cm
菜碗

8cm
10cm
茶杯

35cm
17cm
餐具袋

閩南工藝類文創設計：安心好食餐具盒——多功能餐具收納(3)

文化元素：惠安女服飾
主要材質：棉布
用途：收納袋

🍴 創意理念 ▢▢▢▢▢▢▢▢▢▢▢▢▢▢▢

　　那些被人們讚美的煙火，其實並非全然的美麗，就像惠安女一樣，一日復一日的風吹日曬，辛勤勞作，伴隨著的不只是歡樂與美好，還有對生活的苦澀與無奈。柴米油鹽的一輩子，酸甜苦辣的一生，我們在惠安女的生活與飯菜中的百味找到了連接點，設計出了以惠安女為形象的「安心好食餐具盒」。

　　炊煙嫋嫋，飯菜飄香，有位佳人站在廚房中央。提起便當盒，我們很容易會在腦海中浮現出一位勤勞能幹的女子，這與吃苦耐勞的惠安女的形象相契合。惠安女的生活雖辛苦但也安穩，就像小小飯盒裡裝著一日三餐，簡單但也容易讓人滿足。

▢▢▢▢▢▢▢▢▢▢▢▢▢▢▢▢▢

閩南工藝類文創設計：安心好食餐具盒──多功能餐具收納(4)

百年好「盒」
——甘果盤

文化元素：詔安傳統小吃
主要材質：塑料
用途：放置甜食和糖果

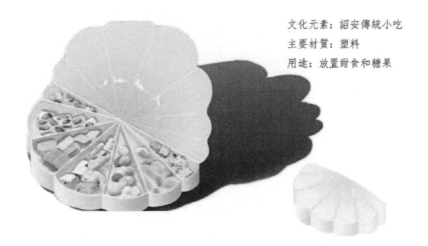

閩 文化小故事 ●●●●●●●●●●●

　　清代時，詔安一位名叫陳山的廚師誤會其妻子不貞，將其休掉，但後來發現是自己錯怪了她，悔不當初，便向其妻賠禮道歉。其妻發誓說除非屋前的荷葉高過牆頭，否則不可能回到他身邊。陳山靈機一動，將麵揉成荷葉的形狀，包上香甜可口的餡料，放至妻子的窗前，其妻賭氣就將其扔到牆外，日積月累下，積累的荷葉包真的高過了城牆。她的妻子被他真摯的心所感動，便與他和好如初了。

閩南飲食文化類文創設計：百年好「盒」——甘果盤(1)

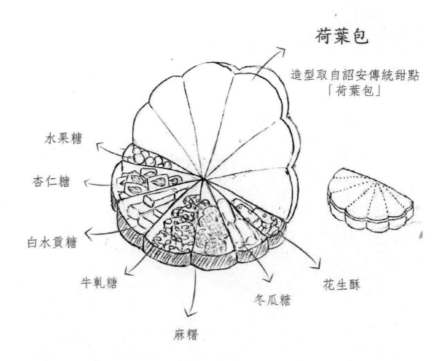

荷葉包

造型取自詔安傳統甜點
「荷葉包」

水果糖

杏仁糖

白水貢糖

牛軋糖

麻糬

冬瓜糖

花生酥

創意理念 ●●●●●●●●●●●

　　「百年好盒」的外殼形似荷葉，取自福建漳州詔安傳統甜點
「荷葉包」的形象。荷葉包是極具閩南特色的傳統風味小吃，寓
意婚喜的荷葉包，是閩南人傳遞幸福的見證。荷象徵「合」，它
有團圓平安之意，又有「百年好合」之說。「荷葉包」在詔安已
有百年歷史，是家喻戶曉的糕點。它的背後還隱藏著一段有趣動
人的愛情故事，所以我們選擇了具有閩南地域特色的甜食和糖果
代替荷葉包中的餡料，打造成一個精緻的糖果盒，是借「糖果之
名」將男主公的赤誠之心注入其中，同時也寓意著甜美、美滿
的愛情生活。

●●●●●●●●●●●●

閩南飲食文化類文創設計：百年好「盒」——甘果盤(2)

僑影
——閩南特色眼影盤

文化元素：僑派建築
主要材質：金屬
屬性：美妝

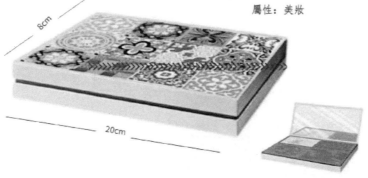

8cm

20cm

🈁 文化小故事

　　從明朝到民國這一段歷史時期，閩南一帶的老百姓為躲避戰亂、維持生計，一次次到南洋謀生。閩南人下南洋過番的歷史有數百年。漂洋過海奮鬥，歷經艱辛，功成名就後，回鄉起大厝是他們心願。華僑們將他們耳濡目染的洋樓樣式與閩南傳統的紅磚騎樓相融合，使得中西結合的僑派建築如雨後春筍般湧現。僑派建築集合了歐亞各地不同時期、不同風格的建築，體現了世界各地的歷史資訊和文化內涵。

閩南僑鄉文化類文創設計：僑影——閩南特色眼影盤(1)

鏡子

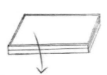

眼影盒的外殼以番仔樓
建築中的花磚拼接而成

邊框採用金色質感的邊框

天使白
以體現巴羅克建築風格的
小天使雕像為其代表圖案

胭脂磚紅
以體現閩南元素紅磚騎樓元
素的磚紋塊為其主要圖案

原鄉土
以中國傳統的裝飾紋樣
─花鳥紋為主要圖案

夕陽金
以古代中國吉祥的
雲紋為主要圖案

創意理念

　　將閩南傳統古民居與南洋建築風相結合的僑派建築是閩南建築
風格的「點睛之筆」,我們以此為設計靈感,將其與賦予眼部立體
和美感的眼影盤相結合。眼影盤的外殼以僑派建築中各種石雕、磚
雕、彩畫、拼磚等的花紋拼接而成,中西合璧,韻味無窮。

　　此設計是希望將思緒牽回到那段華僑在異國他鄉含淚打拼的心
酸史中去,每一棟被稱之為傳奇的精美僑派建築,其背後都藏一個
個生離死別、孤立無援、顛沛流離、白手起家、榮歸故里的故事。
我們以僑派建築為形,是向每一位敢拼才會贏的閩南人致敬!

閩南僑鄉文化類文創設計:僑影──閩南特色眼影盤(2)

仙人指路，閩南領航

──《閩南文化與創意設計》代序

　　閩南，既是福建南部地域空間的指稱，概括不同地理狀態（海洋陸地、山河聚落），也是中原河洛的歷史連續文化脈絡（西晉以來的多次南移及搬遷與海外拓展），亦是地方多元族群融合（閩越）且再展延，以共同原鄉地而展開的持續文化的過程。「閩南在中國，而閩南文化卻在世界」本書開宗晾出閩南是個全球的、複合式的概念，點亮閩南所具有的文化傳播、繼承與開放。

　　若學術成林，每一種植物都是文化的生命細節，以往學界的論著，多以切面或圈點深度點評，見樹不見林，閩南師範大學副教授李姿瑩老師為閩南這一蓊綠豐美的文化森林種種知識集結成禮，舉凡傳統民俗時節與文化內蘊，以貼近土地的姿態，為閩南文化各領域，匯聚成林，也是開門見山的好作品，為大眾展開百科全書的閱覽，讓讀者能對閩南文化有更具體認知與全方位思索。姿瑩博學強記，下足功夫，深入淺出鋪陳視野，細膩詮釋之外，也賦予新意。深究之下，每一章節盡是可繼續探尋的好題目。

　　閩諺：「八仙過海，隨人變通」，仙人賀壽渡海，各展神威，本書亦如仙人引路，於閩南啟航，從閩南文化的精神、社會與物質方面，做一綜覽，先對文化創意之間的平衡與兼顧，略述其道，再從有形文化與無形文化各摘論著，分為「閩南建築文化、閩南民間文學、閩南民間信仰文化、閩南名人、閩南曲藝文化、閩南歲時文化、閩南生命禮俗、閩南工藝、閩南飲食文化、閩南僑鄉文化」十個單元，十項議

題恰是分門思考，囊納多元：

其一、「以人為主體」，尋思閩南名人、生命禮俗之各種時節表現與民間習俗，專力於經典傳說人物，如：除了臺灣熟知的國姓爺鄭成功，還有福建泉州李卓吾機智斷案之聰明才慧。也有理學大家朱熹、抗倭名將余大猷、近代大家華僑領袖陳嘉庚、語言文學大師林語堂，皆以成就與傳說，留下史蹟。除了名人，市井小民的生命也應該好好照料，從小到大，從少而老，而有出生、結婚、喪葬等生活禮俗相應而生，是本書款款細論之陳述。

其二、「以文為主體」，策重的是民間文學之精緻及藝術表現。從神話傳說與民間故事出發，探詢精緻文學向度方面的口傳文本，以及合樂而歌的閩南曲藝文化。自創世與滅世神話，除了漢族也略摘畬族神話，述說類同。除了名人傳說，閩南還有諸多名勝傳說（廈門五龍嶼、泉州洛陽橋等），與區域真實的地理情態相互呼應，更有風俗、神明、寺廟、風水、奇案傳說等，與在地軼聞連脈相繫。最後有幻想、生活、巧女、機智等類型民間故事，見證閩南口傳多元、巧造敘事、唸謠諺語等文藝之多面性。此外，閩南曲藝文化特有的歌仔戲，係撰者姿瑩關心主題，從落地掃到電影歌仔戲，述說演出形式之進程與發展。亦有南音（南管）、高甲戲，文武各具風姿。

其三、「以文化情感凝聚為宗」，一群相同文化背景與思維的人，本身就具認同與情感，拜同一尊神明，過一樣的節日，傳習來自祖宗的舊俗。本書特別著眼於以宗教文化匯聚情感與認同之民間信仰，以及原鄉異鄉傳習不墜的文化習俗，則從民間宗教入手，陳述豐富且經典的民間信仰文化（媽祖、保生大帝、王爺、清水祖師、虎爺、廣澤尊王、關聖帝君、七娘媽等），兼述閩臺名廟。閩南歲時文化，係遵循時節而生的節俗，亦為一年四季文化情感的持續運行與實踐。此外，閩南僑鄉文化章節也流露了文化南下海外、繼續存留傳習的各種

俗情展示，比如過番歌、番仔樓、建築特色與僑居地習俗，盡是文化進行式的狀態，點滴都是情。

其四、「以物為載體」，自有形的物質文化鋪述概論，訴說各種文化物象與人群的關係，特別著墨建築文化、閩南工藝、飲食文化。建築方面，涵括廟宇、民居，脊樑磚瓦盡是部件與術語，各種因應環境經濟要素而生的地區民宅，信手捻來，行雲流水，讓人易懂。閩南工藝舉凡陶瓷、雕刻、瓷塑、泥塑、木偶雕刻、剪紙等類目，舉證漳泉藝術名家，既是工藝名作，題材取材自古小說，但結合文創派生新穎，也成為現代生活美學的日常實用品，映現人與物之間互動的文化情誼。飲食文化方面更是將故事端上餐桌，春天的媽祖愛吃蚵，考究蚵仔煎由來淵源，也說八寶四果湯、秋蟹、薑母鴨、米糕、茶香，飲食裡有閩南文化血緣，每一道都風華絕倫，來歷不凡。

除了閩南文化的百科全書式的關照，姿瑩特別發揮創建，在文前設計多款文化創意作品，讓人神往。先有「文化小故事」，後有「創意理念」，從「建築文化、民間文學、民間信仰文化、閩南名人、閩南曲藝文化、閩南歲時文化、生命禮俗、閩南工藝、飲食文化、閩南僑鄉文化」……等各舉一例，不僅串連了古代傳說文化，也讓古文明有跨越時空來到現代的新應用，設計成創意活用的小物件，兼具生活實用與文化深意。舉隅如下：

在番仔樓古厝守護洋樓的滴水獸，因為疫情的緣故，也設計成實用的「滴鯉鯉」酒精消毒免洗凝膠，帶著鎮煞之氣，「滴鯉鯉」彷彿聽見水滴答答的雨水聲，嬌俏可愛，十分吸睛，滴滴酒精，滴滴殺菌除惡，很有正義感。

魁星站在鰲魚上，踢斗點筆，正是文昌的文化符碼，結合了魁星爺傳說，也連接了學業進步、前途坦蕩的祈願，就是一枚實用的手動削鉛筆刀，創意滿滿。虎姑婆是閩南流行最久也最廣的人形怪獸，原

本是嚇唬侵害民宅的妖怪，姿瑩將此間的虎姑婆之野性，呼應女性魅力，結合時尚，設計為「虎之吻」唇膏，自帶女王氣場，具有震攝全場的嬌貴與霸氣。

　　姿瑩老師是筆者大學時期的導生，已然認識姿瑩十六年光景。姿瑩當年執行大專生參與國科會計畫，是筆者指導，努力的她並獲得該年研究優良成果獎項，倍具早慧與灼見。在大學時期，就已是顯眼亮麗的編劇與演員，臺上臺下十分活躍，當時的她，早已實習著文化與創意之間連結，勤寫劇本（除了校內華語文之夜年年編劇，也獲臺灣教育部傳統劇本創作獎項）、畫貴妃、挑眼眉。姿瑩後來進入成功大學研修碩士與博士，拜師於陳益源門下，更為精進展延。除了學問累積，姿瑩也粉墨登場，以劇本創作獲得教育部文學獎項予肯定。爾後她遠嫁對岸，也找到教職，仍然繼續創作撰寫，比如開漳聖王傳，姿瑩苛求自己，也嚴格待己，溫愛學生，創寫歌詞樂音鼓舞疫情之下芸芸大眾的苦樂人生。

　　姿瑩滔滔的故事，每一橋段，都亮麗得像盞花開的水晶燈。或許就是這麼飽滿晶亮，方能有能量照見更多民俗細節，讓閩南漫濾盈光。以此為序，紀念早春勤奮不懈的各方習俗與學者們。

臺東大學華語文學系副教授

簡齊儒

神遊閩南 從新出發

從小生長在閩南家庭中，俯拾皆是閩南文化的結晶之花，舉凡充滿禁忌的年節習俗、神秘又撫慰人心的民間信仰，四季傳香的應時佳味，還有解釋孩童「十萬個為什麼」最好的答案──傳說故事以及其他許多許多，這些都像呼吸一樣自然，直到我接觸閩南文化的研究才發現，原來我是閩南文化餵養而成的。

雖俯拾皆是，卻總是有遍地繁花的迷亂，大一上了導師簡齊儒教授的民間文學課，我第一次知道這些我所喜愛的故事大有講究，更跟隨簡齊儒老師指導進行大專生國科會研究計畫，碩博班師從陳益源教授，有幸碩一就跟著陳益源教授赴金門田野調查，更是窺見了閩南文化的繽紛多彩，原來我是閩南文化餵養而成，但我並不是那麼熟悉其他面貌的閩南文化，帶著謙卑又期待的心情，一路走來將所見的閩南文化都包攬在懷中，視若如珍。

博士畢業後到了漳州閩南師範大學任教，因緣際會下時常進行閩臺之間閩南文化的研究與對比，我驚奇的發現，這些看似一樣的，其實略有不同，例如漳州的滷麵，不僅是日常的飲食，同時也是喜慶時必備的食物，結婚、入厝、就連閩南師範大學的校慶都會請師生職員吃滷麵，滷麵中可以加入各種自己喜愛的特色配料，讓整碗滷麵豐富又充滿個人特色，每個人心中都有自己喜愛的滷麵搭配；而在臺灣滷麵就不是街頭巷尾都常見的了，但臺南府城這座老城市還保有這個文化，我在臺南求學的階段，就曾吃過廟裡恭祝神誕的滷麵，臺南部分地區也還有結婚分送滷麵的習俗，而臺南的滷麵不一定有漳州的配料，但得要有相對應「五行」的五色食材，寓意內涵深厚。

　　每當我發現閩臺之間閩南文化的差異與變化，都無比欣喜，就是這些同中又異的差別，讓人感覺親切兼而充滿生趣，也深深的喜愛，因為這就是活著的文化呀，我懷中緊抱著太多一路以來撿拾的珍寶，時間一久，我也沒有整理過究竟有些什麼，常常在使用的時候，覺得想起這個又落下那個，因此想為自己也為一樣喜愛閩臺閩南文化的朋友整理一個筆記，便著手進行撰寫。

　　在眾多閩南文化的內容當中我擇取了十個主題，從物質民俗學中的建築、工藝、藝術、飲食追尋生活當中最常見的痕跡；從風俗民俗學中的歲時節慶與生命禮俗觀察我們人生的儀式感與對趨吉避凶的期待；從宗教民俗學中綜覽兩岸常見的民間信仰，並分享當地特色的廟宇，展現地方民眾對於安放心靈的方式與內涵；人是閩南文化的傳播者，歷史上重要的閩南名人也形塑了閩南精神；閩南也是著名的僑鄉，在特殊的年代裡外出打拚的番客們，來往之間也留下了許多獨有文化風華，也很值得分享給關心閩南文化的朋友們。

　　因為個人的經驗，我感受到閩南文化裡的地域特色是如此珍貴有趣，便特別想把這本書介紹給兩岸的朋友，所以在書中也特別標明出兩岸具有代表性的名人相關地景、廟宇以及工藝師等，希望大家都有機會可以去看看書裡介紹的地方。

　　同時因為自己很喜愛文創，臺灣的文創研究行之有年，求學階段也碰巧有機會接觸到許多為文創努力的朋友，他們都在為發揚自己喜愛的文化努力，透過創意設計的方式，總令人會心一笑，愛不釋手，我在閩南師範大學的課程中也安排了文創設計的教學，同學們的創意無限令人欣喜，討論案例的過程中，我時常提醒的同學們，「文創」是文化與創意的結合，因此首先要深耕文化，接著就是結合創意，同時要關心設計，深耕文化我們創作的產品才有內涵而非淺層的表徵，結合創意才能無限突破，而關心設計是要讓創作符合需求，秉持這樣

的信念，發揮創意讓文化可以擁有無限可能，文化是積澱的美好，希望不要沉於記憶長河滔滔湧流中，而是可以在每個時代散發不同面貌的光彩，在本書的十個主題都各設計了一個相關的文創產品，希望可以拋磚引玉，讓閩南文化的創新創意更加發展，除了我自己的設計創作之外，特別介紹了兩個我很喜歡的學生作品分別是「滴鯉鯉」跟「落筆生花」，「滴鯉鯉」從滴水獸的「形」與「用」發想，符合當下防疫衛生需求，化身成隨身的消毒配件，具創意又實用；「落筆生花」則是運用閩南著名作家許地山為題，其代表作即是「落花生」，以花生的外形為發想，做成書法所用的硯台，合題又充滿逸趣，其他作品則是我的創作，聊供讀者參考指教。

本書的完成需要感謝許多人的幫助，感謝家人們在成長過程中，總不吝回答我的各種問題，並且細細指導很多傳統的禮俗與舊慣，讓我有機會接觸更多古俗與古物，總被戲稱「老靈魂」的我，其實是因為有這許多細細關懷的愛，才能浸淫在這傳統的風華裡。

感謝我的啟蒙導師簡齊儒教授，她讓我懂得這些生活上瑣碎是這麼嚴肅且值得深究的，也感謝她總是溫柔的帶領我，多年來未曾停止的支持跟關愛。

感謝我的恩師陳益源教授，他的學術能量與人格涵養是我永遠的典範，是我脖子仰到下腰也無法望其項背的崇高，雖然不才的學生總是不夠努力跟優秀，但卻那麼幸運可以跟隨在老師身邊學習到世界級的閩南文化，讓我懂得我雖是閩南人，但閩南文化不僅是我所熟知的那些而已，永遠要用謙卑的心跟犀利的眼睛不斷學習跟精進。

謝謝我親愛的小助理們，麗媛在我最難最忙碌的時期，幫我處理跟聯繫許多事務，沒有麗媛就沒有這本書，謝謝舒嫻跟思穎接下麗媛的工作，繼續幫助我（笑），還有許多同學的協助，讓忙碌又脫線的老師可以順利把書稿整出來。

　　謝謝我的同事們，建安師、志晃師、瑞松師時常給我幫助跟指導，時常勞煩打擾，真謝謝你們的包容。

　　感謝閩師大的領導前輩們給我的舞臺跟支持，讓我可以探索這片廣袤的閩南大地。

　　謝謝我身邊的好友們老梅、老謝、老許、鵑、老蔡、鮑鮑、瑩瑩，無論是海峽的哪一邊都有你們的溫暖，你們的支持跟期待，讓我有繼續下去的力量。

　　謝謝雁飛的支持跟陪伴，畢竟寫稿的人就是瘋狂的，感謝你包容炸毛的獅子並且餵食，讓獅子睡醒還可以假裝是優雅的貓咪面對世界。

　　感謝所有關心閩南文化跟創意設計的人們。

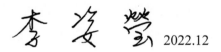 2022.12

目　次

緒　論

　　閩南文化是一個多元複雜的整體。

　　它涵蓋了從閩南族群日常的衣食住行，到所創造的文學、藝術、教育、風俗，再到所奉行的宗教信仰、行為準則、倫理道德等等的方方面面。這其中包含了閩南方言文化、閩南民俗文化、閩南信仰文化、閩南建築文化等等頗具代表性的內容。

　　從歷史底蘊上看，閩南文化則是中原文化、海洋文化與閩越文化的長期交融下所形成的相容並蓄的狀態。文化融合成為伴隨閩南文化形成發展的過程中有著極強影響力的存在。歷史上三次大規模的移民入閩，在閩南這片土地上不同文化的融合開始風生水起。第一次永嘉之亂，文人士族們大量南遷避難，閉塞邊緣的未開發之地迎來了文明開化的曙光，但山高水遠的閩南一帶卻依舊是治理的死角，免不了產生衝突，隨著衝突的蔓延，唐初陳政、陳元光父子奉詔率領著中原的將士連同他們的家眷一同來到閩南平定蠻獠之亂、開屯建堡、安家落戶，一同前來的能工巧匠也為開發閩地各顯神通，據考證，當時入閩的中原人遠比閩南當地土著還要多，這就是第二次中原文化大規模地來閩傳播。隨後，唐末的三王入閩讓文化融合勢不可擋地在這片土地上繼續進行著。閩南文化開始在主流的中原文化的影響下逐漸成型，成為表現出極具地域色彩的物質文明和精神文明。

　　時間上，閩南文化延續千餘年；空間上，閩南文化走向全世界。

　　唐宋以來，閩南地區一直處於比較和諧穩定的狀態，環抱江河又面朝大海的閩南人在傳統航運技術飛速發展的基礎上如火如荼地進行著沿江跨海的經商貿易和對外播遷。一路西行，沿途在潮州、雷州

半島、海南留下足跡。揚帆東渡，在臺灣落地生根。溯遊北上，抵達
浙南一帶。啟航南下，在東南亞安家落戶。在這個過程中，留下「過
臺灣」與「下南洋」的歷史故事，書寫波瀾壯闊的海洋奇緣。

閩南在中國，而閩南文化卻在世界。包羅萬象的閩南文化在歷史
的浪潮中不斷吐故納新。其背後是生生不息的閩南族群乘風破浪地走
出去，又兜兜轉轉地帶回來。

總之，文化的種種都離不開人的行動。

一、文化與文化創意產品

「文化」一詞在我們生活中耳熟能詳，比如中華文化、戲劇文化、
茶文化，甚至遊戲文化、追星文化等。文化就像一個萬能的符號，任
何生活瑣事附加上它，就顯得大有學問。但文化又好像很陌生：你可
以讓咿呀學語的孩童咬一口蘋果，告訴他，這是「蘋果」。但他要是
問你什麼是「文化」，你卻無奈地發現「文化」是看不見摸不著的。
你要是簡單地告訴他，北京的故宮、巴黎的聖母院、中國的京劇、德
國的啤酒等都是「文化」，那麼「文化」就成了人類歷史創造物的集
合，人類世界的雜貨鋪。

我們不能像把握「蘋果」這類名詞一樣來把握「文化」，因為「文
化」不是一個簡單的具象名詞。「文化」，在《周易》中的解釋是：
「關乎人文，以化成天下」，即包含「人文」與「教化」兩個方面。
國學大師梁漱溟關於文化的解釋就更具體易懂了：「所謂文化，不過
是一個民族生活的種種方面。可以總括為三個方面：精神生活方面，
如宗教、哲學、藝術等；社會生活方面，如社會組織、倫理習慣、政
治制度、經濟關係等；物質生活方面，如飲食起居等。」

我們可以把文化分為物質（有形）文化和非物質（無形）文化。
在形態上，文化有器物、行為、觀念三個層面。器物文化，指物質層

面的文化，是人們在物質生活資料的生產實踐過程中所創造的文化內容，包括衣食住行等物質。如農耕用具、傳統樂器等；行為文化，指制度層面的文化，它反映在人與人之間的各種社會關係中，以及人的生活方式上。如宗族制度、八旗制度等；觀念文化，指精神層面的文化，以價值觀或者文化價值體系為中心，包括理論觀念、文化理想、文學藝術、宗教、倫理道德等。

　　文化取之於人，用之於人。我們研究文化的真正目的並非是將其束之高閣，而是要把文化更好地應用於人類社會生活。而文化創意產品正是通過器物來體現行為和觀念，以器載道，起到「教化人文」的作用。在今天這個高度資訊化的社會，縮短傳統文化和現代生活之間的距離，變說教式的概念灌輸為感染式的情感對話，是文化應有轉身。近年來，隨著知識經濟時代的到來，文化創意產品成為文化與商業共同關注的焦點話題。文化創意產品具有歷史性、知識性、藝術性，但是如果缺乏趣味性、實用性、親民性，那麼文化吸引力將大減折扣。因此，必須在注重文化屬性的同時，強調產品的創意性和功能性，通過群眾期待與創意升級的互動，使人們真正感受和正確理解產品所傳遞的文化資訊。

二、文化創意產品的創意來源

　　所謂「文化創意產品」，原因＋過程＋結果。文化要生成產品，必須經過創意。

　　社會高度資訊化發展，知識經濟浪潮到來，文化產業蓬勃發展，這意味著人類生產方式革新，人類創造財富的方式從體力勞動逐漸向腦力勞動轉變。在這樣的時代背景下，文化、知識、資訊作為重要的新生產資料，人類的創意成為經濟動力的重要來源之一，創意也是文化創意產品的關鍵性要素。但文化創意產品中的創意並非憑空產生，

而是有其具體來源。其主要來源有以下三個方面：

其一，文化的精神內核。吸收傳統文化的精髓，找到合適的契合點，與現代產品相結合，使傳統文化走進現代人的生活。

其二，文化的過程現象。尋找事物之間在操作方式、使用方法等暗含的相似性，把一個事物的某種屬性應用在另一事物上。

其三，文化的外在形象。將傳統物件時尚化、現代化；對傳統圖案圖形以提煉概括、打散重構等方式來重新塑造。

文化創意產品通過創意發想，將文化元素融入實用性功能，可供人們使用和欣賞，主要有實體產品、虛擬產品和虛實結合產品三種載體。因此文化創意產品不僅具備了實際使用價值，更多的是以巧妙的創新、靈感、設計將文化融入產品的外在審美價值和內在情感價值，滿足人們在日常生活的精神需求，舒緩生活與工作的節奏。

三、文化創意產品的設計流程與方法

在全球經濟一體化，知識經濟大發展的浪潮下，國際間的商品貿易競爭日益激烈，這種競爭逐漸由單純的價格優勢、技術領先等因素轉化為社會、經濟、文化等綜合因素的競爭。文化創意產品正是以「文化」為核心，突出對文化進行深加工，並通過「創意」與如今的生產生活相結合，從而滿足人們高層次的需求，達到在國際商品競爭中制勝的目的。

我國具有豐富的「文化」資源，如何將這些資源轉化為具有競爭力的文化創意產品，最大程度地發掘我國豐富的歷史文化資源，就需要利用創意方法，並經由一定的流程才得以實現。文化創意產品的創造不能僅靠靈感繆斯的閃現，而是需要以下五個設計流程與方法。

（一）尋找元素亮點

　　頭腦風暴(Brain-Storming)，充分發散思維，聯想一切自己感興趣或者好玩有意思的文化元素。頭腦風暴最早是由美國創造學家 AF.奧斯本於 1901 年提出的創造技法，又稱為腦轟法、激智法、智力激勵法，是一種發揮群體智慧的方法。頭腦風暴由專業範圍較廣泛的互補型人才構成一個集體，少則數人，多至數十人，在明確而具體的思考課題下暢所欲言，從不同角度、不同層次、不同方位大膽展開想像，盡可能標新立異，與眾不同。

（二）明確設計理念

　　通過頭腦風暴得到的創意能夠為文化創意產品的設計提供方向。根據頭腦風暴的結果，對頭腦風暴的關鍵字整理篩選，挑選有價值有意義的設計點，探尋其中的內在分類。如果市場上已有同質產品或不太可能實現的創意點則棄之不用，如果可以實現且市場上還沒有此類產品，則進一步考慮其實現難度與現實需求等因素，從而明確設計理念。

（三）思考設計載體

　　將設計理念或者創新點運用到合適的載體上，不僅是表像，更是產品內在含義。文具用品、生活用品、電子產品、紀念品、文娛產品等文化載體並非一項技術原理的簡單複刻，而是將意象、情趣、感情、信仰等感性成分轉移到具體的產品上，通過色彩、造型以及材質等方式讓使用者產生感性體驗。設計師對設計載體的思考越多，獲得優質文化創意產品的可能性也就越大。

（四）提煉設計特徵

根據事物之間的相似、接近、對比等關聯，將傳統特徵提煉概括，賦予新應用，進行創造。這一環節很多時候是依靠設計者靈敏的直覺和豐富的經驗，但在文化創意產品的具體設計流程中有更為直接的方法。

提煉和概括，以減法的方式，刪除繁複的非本質的部分，保留和完善最具有典型意義的部分；變異修飾，運用變形、變色、變式、變意四種修飾方法；打散再構，三個具體環節包括原形分解、移動位置和切除，即分解重新組合，打散原形組織結構形式，移動後重新排列，選擇美的部分或者美的角度分切，保留最具特徵部分；借形開新，借助一個獨特的外形，或具有典型意義的樣式進行新圖形塑造；異形同構，主要三種同構方式，即異型同構、圖文同構、中西文同構，實質是一種組合方式，組合元素不斷變換，也可以不斷配對重組，促使新圖形產生；承色異彩，或借鑒傳統色彩的配色方式進行設計，或打破傳統色彩的局限，對局部色彩予以變換。

（五）開展設計探索

在這一環節中，產品的雛形已基本呈現。但草圖的表達相對側重於思考過程，片段式的表達輕鬆而隨意，同時也是粗糙的，要成為一個完整的作品還需花心思探索、下功夫打磨。將已有的草圖結合具體情境進行生動設計，深化細節部分，製作出更加豐富飽滿的效果圖。這既有利於設計師對產品設計的進一步推敲，也有利於設計概念的進一步完善。拋開產品的工廠生產和行銷策略不說，再設計探索全部完成後，一個文化創意產品才算面世。

文化是一個國家和民族精神的延續。在我國歷史發展的長河中，形成許多優秀的傳統文化，是我國珍貴的文化寶藏。要讓傳統文化靈

活起來，煥發出時代生命力，就要尋求文化傳播的新出口。優秀的傳統文化借助文化創意產品搖身一變，更加生動活潑、親切自然地發揮文化影響力。

　　文化創意產品不是簡單堆砌文化元素或強硬套入情懷，而是選擇更適合現代社會的媒體傳播內容和產品使用方式，在「討好」現代人的過程中，拉近與他們的距離，引發現代人對文化本身的關注，同時也為普羅大眾、世界人民打開瞭解文化的多元新途徑。

　　與此同時，文化底蘊使設計師從中發掘出數不盡的藝術元素與創作靈感，傳統文化變成了可以觸摸、感同身受的日常生活，傳統民俗有了新的延續形式，越來越多的人通過創意設計與閩南文化對話，並產生深深的共鳴。

閩南建築文化

　　閩南建築由於受到氣候、地形等自然條件的影響，加之自身社會經濟、文化習俗等各種獨特性，在中外建築發展史上獨樹一幟，數千年的發展過程中，擁有很高的技藝進步和藝術成就。閩南建築同時也是閩南人民記憶與情感的延伸寄託，是一份值得永久保存與傳承的文化遺產，承載著古代精神文明和物質文明，蘊藏著大量的歷史資訊，閃爍著古代建築文化的耀眼光輝，在結構技藝、藝術審美和建築藝術等方面有許多突出成就值得稱讚，具有重要的歷史、美學和科學價值。

一、建築特色

　　歷史上數次中原移民入閩，把北方不同時期的建築形式風格帶到了福建。由於地理環境，福建不但對外交通不暢，境內也被山帶水系分成了若干相互阻隔的地區。這種地形地貌特點造成各地方言的紛雜和文化傳統的差異，同時也形成類型眾多、風格各異的建築。

（一）地域性

　　閩南地區依山傍海的區域環境，特殊的氣候和自然條件，造就了其獨有的地域文化，從而形成與眾不同的建築風貌。由於夏季潮濕悶熱，建築中多採取避免太陽直射和加強通風這兩個辦法。閩南民居房屋進深較大，出簷較深，廣設外廊，避免陽光直射室內，使得室內陰涼。另外，閩南建築多以天井組成三合院、四合院，這種典型佈局正是為了加速空氣對流，獲得涼爽的居住效果。再從閩南建築群的佈局上看，由於建築密度大，街巷狹窄，陽光無法直射，達到遮陽防曬的

效果。

在降水量較大的閩南地區,尤其是在梅雨季節,物品容易受潮而發黴腐爛,建築材料表面附著冷凝水,影響建築的居住與使用。因此中國傳統建築中的立面「三段式」構成在閩南地區有著特殊的詮釋。閩南建築中的民居大厝多「白石紅磚紅瓦」三段相間,白色的花崗石台基給人堅實穩固的觀感,同時有利於防雨防潮。紅色的磚石牆身堅固且防風擋雨,紅色的瓦片屋頂做成坡頂,坡度 30°左右,以便排水。

(二)多樣性

閩南地區建築種類繁多,堪稱建築文化的聚寶盆。除了傳統民居建築,還有中西合璧的建築、宗教建築和祠廟建築。民居建築數量最多的是紅磚大厝、土樓和土堡,近代以來,在閩南城鎮地區還出現手巾寮、竹篙厝等街屋。

廈漳泉三地的建築都屬於閩南建築的範疇,建築風格基本相同,但各地因為地域條件的差異,又有各自建築的特點。泉州地區的古建築帶有「皇宮起」的建築風格;漳州傳統建築材料主要是原生木、紅土壤或土坯磚、窯燒磚瓦和花崗石;廈門由於早期作為通商口岸,西方文化的湧入與碰撞,留下較多中西風格的建築。

閩南山區和沿海地區,在建築風貌上也有所不同。以民居建築為例,在閩南山區,如安溪、華安、長泰、南靖等地,為適應山區多丘陵、臺地的地形特點,在合院方面流行三間起、五間起的虎頭厝,後來發展為五鳳樓。

近代以來,由於受到海外文化的影響,閩南建築在材料和表現形式上也相容海外建築的一些特色,但是即便是現代私人別墅,仍然具有傳統古民居的建築風格。

（三）傳承性

閩南建築文化既承載了中原文化，又兼具閩越文化和海洋文化，同時閩南建築文化也隨著閩南人的腳步播遷至海外閩南人的聚居地。

入宋以來，閩南地區戰禍較少，社會比較安定，人口迅速增加，人多地少的矛盾日益突出，部分閩南人開始出洋定居；明清時期，由於戰亂、倭患、海禁、遷界、水旱等人禍天災，大量泉州人出洋到東南亞等地謀生。閩南建築文化也在東南亞各國的華人聚居地得到傳揚，例如麻六甲周邊地區的天福宮、青雲亭等華人廟宇及華人會館的建築，都與閩南地區的建築風格類似。

二、建築材料與技術

中國古典建築的造型特點是相對固定的程式化，三段式構圖由台基、屋身、屋頂組成。中國著名建築史學家梁思成對中國古典建築的三段式構圖方式作這樣一個總結：「中國的建築，在立面的佈局上，顯明的分為三個重要的部分：台基、牆柱構架和屋頂。任何地方，建於任何時代，屬於何種作用，規模無論細小或雄偉，莫不全具此三部；這三部分不同的材料，功用及結構，聯絡在同一建築物中，數千年來，天衣無縫的在佈局上，始終保持著其間相對的重要性，未曾因一部分特殊發展而影響到他部，使失去其適當的權衡位置，而減損其機能意義。」

閩南建築是中國古典建築中一顆璀璨的明珠，中國傳統建築中的立面「三段式」構成在閩南地區有著特殊的詮釋。

（一）台基

建築自身具有一定的重量，為保證建築物建成後不會沉降塌陷，

就需要在建造前製作一個平整堅硬的基礎，稱為台基。台基是建築高出地面的底座，是建築下面用磚石砌成的突出的平臺。台基的主要作用是承托建築物、防潮、防腐。閩南建築的台基易受水受潮，因此多用白石砌成。

1.白石

白石即白色花崗岩石，閩南地區的白色花崗岩產地主要集中在泉州市、廈門市等地。白石以南安的石礱石最為著名，又稱「石礱白」、「泉州白」。南安的石礱石色澤潔白，質地堅硬，宋代就廣泛運用於大型建築工程。

2.石砛

台基側面砌有堵石，上面邊緣砌築一圈石條，安放在堵石之上，即北方所稱的「階條石」，閩南稱「石砛」。「砛」是「廉」的俗寫，「廉」的本義就是堂之邊緣。在閩南傳統建築中，頂廳邊的條石叫做「大廉」或「頂廉」，下廳邊的叫做「下廉」。從天井至正廳，置一踏步，跨踏步而上的是明間的石砛，稱「大石砛」。按照建築禮俗，大石砛兩端須超過明間面闊，且不得拼接，因此大石砛長度很長，是一座建築中最大的石料。大石砛也不能正好與明間面闊相等，避免對著柱子正中，稱「磚目不可對中」。

3.柱礎

柱礎就位於台基與屋身之間，在傳統建築中具有重要作用。以木質結構為主的傳統建築中，屋頂、屋簷、亭臺、迴廊每一種構架都需要一根根的柱子來支撐，而柱礎有著比柱子直徑更寬的面積，從而將柱子上的承重分散傳遞到地面，使整個建築更穩固。

同時柱礎的存在還使木柱不與地面接觸，有利於防潮，延長壽

命。將柱子直接擱置在柱礎上的方式，還能使整座建築在受到地震影響時，通過柱子和柱礎間的摩擦滑移來消耗地震的能量，有效減輕地震的影響。

由於支撐房屋的柱子和地面上的台基都不太適合做太多雕飾，但兩者之間的柱礎既接近人們的視線，又便於加工，就成為房主寄託美好願望和工匠們施展技藝的絕佳對象。

大部分柱礎的結構都可以自上而下分為：頂、肚、腰、腳四個部分。礎肚位於柱礎的上半部，是雕飾的集中之處。匠人們運用浮雕、圓雕、鏤空雕等雕刻技藝在柱礎上創作出了琳琅滿目的紋飾。除了紋飾，柱礎本身的形狀也別有深意，瓜形、鼓形、葫蘆形的柱礎是祈求多子多福；瓶形和鏡形的則是為了祈求生活平靜；還有一些直接做成菩薩、佛祖坐像的柱礎，祈求平安吉祥。

閩南地區多雨、潮濕，木材易腐蝕，且多白蟻之患，有些建築的柱子也用石材代替木柱。石柱礎本來為防潮而設，當使用石柱時，多省去柱礎，石柱柱腳直接置於柱頂石上。閩南近代民居建築中，經常使用一種下方而上圓的石柱，下段三分之一的斷面為正方形，其上過渡為圓形，柱頭又為正方形，外觀穩重而又富於變化，且節約工料。

（二）屋身

1.木構

中國古典建築的木作分為大木作和小木作。中國古典建築的結構體系，可以分解為承重結構、屋面結構、圍護結構以及地基幾個部分。其中以木結構為主的承重結構最為重要，即大木作，是傳統建築建造的核心。大木作指的是承重的木構架部分，由樑、柱、枋、檁等組成。小木作是建築中非承重木構件的製作與安裝。閩南地區分別稱大木作、小木作為「粗木作」、「細木作」。

閩南山區盛產木材，主要的建築用材有杉木、松木和樟木，尤其是杉木，高大挺拔，易於砍伐，便於加工。為了保證建築的使用壽命，所有的木構件都要進行防腐處理。首先要將原始木材的表皮刮掉，然後將起其在太陽底下曝曬，直至曬乾，再放置兩年左右才上油漆。所有這些工序，都是為了防潮、防蛀、防菌類滋生，強化對木材結構保護。

閩南的大木構架大致可分為兩大體系：一種是用於寺觀、祠堂等建築中的插樑坐樑式構架，另一種是用於住宅等建築中穿斗式構架。為了彰顯財力與地位，往往在構架上增加藝術效果。這類構架的雕飾較繁複，樑端、隨樑枋、瓜柱等皆是裝飾的重點。重要建築的樑柱、柱檁交接處保留了斗拱的節點構造，其餘雕飾變化較多較繁複。

2.鏡面牆

閩南建築正面的牆身稱「鏡面牆」、「鏡面壁」。民居建築下落明間的疊壽正面稱「牌樓面」。鏡面牆自下而上分為數個塊面，每一個塊面稱為一「堵」、「垛」，廣東一帶稱為「肚」，主要以白石、青石、紅磚砌成。

鏡面牆的構成由下而上依次是：櫃檯腳、裙堵、腰堵、身堵、頂堵、水車堵。

(1)櫃檯腳

灰白花崗石砌成的台基正面雕有外八字形的腿，故稱為「櫃檯腳」。其石雕常以螭虎為裝飾，故也稱為「螭虎腳」。因形狀各異，故又稱「大座」、「琴腳」、「香爐腳」、「虎腳」、「螭虎腳」、「子午腳」。櫃檯腳在轉角處作口吐獸腳狀，就是借鑒於傢俱的做法——在宋代閩式、廣式傢俱中就已經出現傢俱腿的獅吞樣式，即桌椅腳腿雕成獅首口吞腿爪的奇怪造型，民間稱為「獅吞」、「螭虎吞

腳」。據傳說，獅吞貪食，最後竟把自己也吃掉了，只露出一隻腳爪來。

(2)裙堵

位於櫃檯腳以上，高及人腰，因此得稱。中國北方稱其為「群肩」，同時也叫做「粉堵」、「馬季堵」。大型宅第的裙堵，尤其是鏡面牆與牌樓面的裙堵，多用鑿成板狀的灰白色花崗石，表面打磨光滑，不加雕刻，豎砌且有的每堵只用一塊整石，不作拼接。這種花崗石板材面積很大，只用來砌築外牆面，稱「堵石」。一般房屋的裙堵則用礤石，即條狀石材，表面多不打磨，平置疊砌，在閩南地區稱為「方仔石牆」。次要的房屋就用不規則的方形塊狀石材，以人字砌、方石砌、亂石砌等方式砌成。臨溪的民居也用溪中的鵝卵石砌成裙堵。

(3)腰堵

裙堵以上的狹長狀的塊面稱為腰堵。腰堵用白石或青石製成，一般用線雕的手法刻花草圖案。

(4)身堵

腰堵以上、簷口以下的部位是身堵，也稱為「大方堵」、「心堵」。通常身堵為紅磚牆體，冷色調的白石裙堵腰堵與暖色調的紅磚身堵形成豐富的色彩對比，造成明豔的視覺效果，具有一種活潑的華麗風格。閩南民居最普遍的外牆形式是紅磚牆體，在泉州地區尤為常見。泥水師傅用橫、豎、斜、倒砌的手法將幾種規格的磚料用白灰粘合，組成紅白線條的拼字花圖案，稱為「拼花」。根據組砌花樣叫萬字堵、蟹殼封磚堵、葫蘆塞花堵、海棠花堵等，色澤醒目，花樣豐富。

(5)磚雕

磚雕是磚面上的藝術，通常裝飾在傳統民居的房間入口和廳堂的

重點部位。工匠以磚面為畫布,先繪上圖案,再以浮雕的手法進行雕琢,最後用白灰漿刷在雕去的部位,在紅磚上形成紅、白對比的圖案。其圖案有六角、八角、圓形、古錢幣形、海棠花形等,各種圖案造型有不同的象徵意義,寄託了人民百姓的美好願望。六角形像龜甲,寓意長壽;八角形寓意吉祥;圓形寓意圓滿;蓮花寓意清白;石榴寓意多子多孫;蝙蝠寓意福壽;錢幣形代表財富。拼砌成的各種圖案裏的雙關含義是閩南磚石牆體的特色之一,為建築增添了吉祥喜慶的氣氛。有的磚雕還將書法藝術融於其中,拼出篆體或隸書的對聯或「福」、「祿」、「壽」等吉祥字樣,點綴在紅色調的牆面上,增添建築的藝術美感。

(6)頂堵

身堵以上,如果再用一塊狹長的塊面,便稱其稱「頂堵」。位於牆身最上方、屋簷之下的起出簷作用的一條狹長裝飾帶,稱「水車堵」,也稱「水車垛」。水車堵正面做出線腳邊框,將其作為紅色磚牆與紅瓦屋頂的過渡時,邊框內常用泥塑、剪瓷雕或彩陶構成裝飾帶。

(7)紅磚

紅磚質地密實、堅固耐磨,防水防潮性能好,色彩鮮豔,可以拼貼出各種圖案,也可以雕琢成為美麗的磚雕。閩南建築中的磚石混砌和牆面裝飾及色彩紋樣在中國建築史上獨樹一幟,地域風格鮮明獨特,有學者把這個區域歸為「紅磚文化區」。

閩南地區的紅、黃壤泥土很適合燒製成磚,製磚歷史悠久、工藝高超。傳統的磚主要種類有紅磚、青磚兩大類。紅磚、青磚都以紅壤為原料,區別在於採用不同的燒製工藝。紅磚是在燒製過程中引入空氣,慢慢降溫,使磚坯所含的鐵元素被充分氧化,使其顏色保持不變;青磚是在磚體燒到一定火候時,突然澆水淬火,使磚體和水發生氧化

反應,使其顏色發生變化。青磚的硬度和防水性都比紅磚強一些,但顏色不如紅磚美觀。紅磚成品磚剛出窯時,顏色較紫暗,經過日曬風吹雨淋,脫去表面那層薄薄的白灰,稱為「脫硝」,顏色便開始「返紅」,色澤更加豔麗奪目。

(8)胭脂磚

紅磚因採用特殊工藝,在表面呈現兩三道紫黑色紋理,因此得名,俗稱「雁隻磚」、「胭脂磚」、「顏紫磚」。在燒製紅磚紅瓦時,磚瓦斜向堆碼裝窯,用小火燒三天左右,烘乾至除去水氣。再用大火燒四五天左右,此階段用馬尾松燒火,松枝灰燼落在磚坯相疊的空隙。馬尾松含有松脂,火力大,燒出的磚塊顏色鮮豔,又熏成黑色斜斑紋。

(9)皇宮起

閩南傳統紅磚民居在民間稱之為官式「皇宮起」建築。相傳唐五代時期,閩國(909-945 年)閩王王審知愛妃黃厥(係惠安後邊村人氏),其娘家房屋簡陋,難以抵禦風雨。閩王對黃妃寵愛有加,恩准「賜汝母皇宮起」,即允許黃母按皇宮樣式興建宅第。由於泉州方言中「你母」和「你府」發音相近,當地誤解為「賜你府皇宮起」。「府」在唐代至清代是行政區域名,等級在縣和省之間。於是,「皇宮起」官式民居由黃妃娘家擴散開來,成為泉州府的民居建築樣式。這種高貴堂皇、精美華麗的民居自此遍佈泉州城鄉,繼而傳播至閩南地區及海內外。

3.大壁

閩南建築側面的山牆稱為「大壁」、「大棟壁」。閩南大壁的特色做法有出磚入石、夯土牆、牡蠣殼牆、穿瓦衫等幾種。

(1)出磚入石

一些老式閩南建築外牆的牆體用塊石與紅磚片混築,石豎立,磚橫置,上下間隔相砌,磚塊略突出,石塊略退後,外表不敷石灰,保留原色,紅白相間,當地稱「出磚入石」。據閩南民間傳說,明代萬曆時泉州發生大地震,人們利用地震後遺留的殘磚剩石,混合砌築,不但美觀,而且堅固,遂流傳至今。磚石混砌,石塊大而磚片小,石塊間的空隙正好用磚填滿,既材盡其用,又使牆體更加穩定牢固。出磚入石的牆體運用不同質感、色澤、紋理的材料,成功地發揮了材料的特性。出磚入石流行於泉州地區,漳州地區較少見到,且只用於山牆或圍牆,少見用在正面的鏡面牆上。

(2)夯土牆

閩南的夯土牆與閩西土樓的夯築技術相似,人工層層夯實,俗稱「舂牆」。閩南地區的土壤以紅、黃壤為主,這種土質很適合夯實成牆。閩南沿海一帶夯土所用的「三合土」以黃土、沙、大殼灰配製。大殼灰是由蚌殼、牡蠣殼等多種貝殼燒製的殼灰,相比於石灰,大殼灰可以有效抵擋海風吹來而造成的酸性腐蝕。還有的夯土混合以石灰、粘土,加入糯米、紅糖、稻草、碎磚瓦片等其他材料,用於修築牆體。糯米和紅糖的比例越大,牆體成型後就越牢靠。這樣的夯土牆建築節約成本又堅實耐用。經過幾百年風雨的閩南建築裏,木構架可能早已坍塌或蕩然無存,但夯土牆可以較完好的保持,巍然挺立。

(3)牡蠣殼牆

牡蠣也稱海蠣、蠔,是固著在沿海岩石上生活的貝類。勤勞又有智慧的閩南人民就地取材,在沿海一帶用牡蠣殼來砌築外牆,砌築時用灰泥漿粘結,這種古厝稱為「蚵殼厝」。有的牡蠣殼牆用銅絲穿過蠣殼,使其成為整體。牡蠣殼一般只用於圍護與裝飾,內部多用土坯

承重，是一種混合砌法。整個牆體的轉角處以磚石疊砌。這樣的做法既利用了鄉土建築材料，節約成本，又解決了廢料的處理問題，保護環境。

(4)穿瓦衫

閩南民居建築的外壁經常採用紅色或黑色的板瓦、魚鱗瓦飾面，瓦用竹釘釘在木牆、土坯牆或夯土牆上，瓦四周以殼灰勾縫，稱為「穿瓦衫」，主要出現在泉州的永春、惠安及莆仙等地。將板瓦排列整齊，牆面形成白線紅底的方格狀；用魚鱗瓦的則上下搭接，整個牆面猶如鱗甲披身，可以有效地防止雨水的沖刷侵蝕。

4.門窗

閩南民居、祠堂及廟宇的外門、側門常用板門。板門堅固耐用，由數塊木板拼合而成，背面用數根穿帶固定，再安裝門閂。板門正面平整，用油漆塗刷得光滑無縫，再繪上門神，稱為「鏡面板門」。其中，正門用雙開門扇，每扇門用四塊木板拼成，兩扇共用八塊木板，故稱「八仙大門」。

一般木板厚度在一寸八以上，寺廟的木板在兩寸以上，厚實笨重卻耐用。板門在開啟閉合時，門軸旋轉而發出吱吱的大響聲，民間以此為吉利。有的民居大門在上下或左右設置門栓以防盜，有的在連楹上再做一道木樑，裝上滑輪，地面有相應的石作凹槽軌道，中間連接推拉門，擋住外面的板門，這樣便形成兩道門，加強防盜。

板門正面在適當位置設上門缽。門缽用銅皮或鐵皮衝壓而成，加上門環，作為鎖門、叩門之用。門缽的形狀很多，常見的有八角形、圓形、獅頭等。

串連門楣與連楹、固定連楹的構件稱為「門簪」，民宅多做兩隻或四隻門簪，有圓、方、八角、龍首、鯉魚首等體式。

5.裝飾

閩南建築重視藝術裝飾，充分發揮各項工藝的特點，在木雕、石雕、彩畫等各種裝飾裏有許多中國傳統圖案的原型，使建築具有鮮明美感，與周圍環境相協調，形成閩南特有的地域風采。

(1)木雕

閩南建築重要的裝飾手段之一，最早源於日常傢俱、神像的雕刻上，屬於小木作部分。大木作工匠將樑枋等構件做好後交給細木作工匠進行細節加工，雕刻各式圖案，所以細木作師傅也被稱為「雕花師傅」。

閩南民居的大木構件一般不做過多雕刻，僅在樑頭、柱頭等處做些線腳或曲線，以免降低承重結構的穩定性。木雕在建築裝飾中基本用於細木構件，常起聯繫作用。精緻複雜的細木構件，既可以很好地解決木構件的收口及交接頭等地方的銜接難題，又能體現木雕的工藝之美。

在不同的構件和部位，工匠採用不同的木雕手法以巧妙地處理不同的裝飾題材。建築的細部如垂花、托木、束隨等，很多都是透雕加工，工藝精湛。雕刻的形象有龍鳳、鼇魚、花草、仙人、力士、螭虎等，並常常結合彩繪貼金等工藝，更顯華麗氣派。木雕工藝是大戶人家展現財力不可缺少的建築形式，也是民間工藝師傅匠心與技藝的較量。

(2)石雕

閩南建築最主要的裝飾技法之一，是福建省深負盛名的民間工藝。台基、石柱、牌樓面中的櫃檯腳、裙堵、水車堵等，都是工匠施展各種石雕技藝的地方。石雕分為惠安石雕和壽山石雕，惠安石雕主要用於建築造型，壽山石雕則用於工藝美術領域。

石雕主要採用白石和青石。上文提到的用於台基和石柱的白石，其雕刻追求細膩而簡潔有力。雕刻工匠如果過分炫技，就有可能使構件降低穩定性，反而破壞了建築的整體效果。

(3)青石

青石紋理細密，質地堅實，非常適合細部雕刻。青石是呈脈狀產出的輝綠岩，外觀草青色，所以也叫「青草石」。閩南地區的青石主要產於晉江、惠安交界的惠西仙林山，此地又名玉昌湖，所以也叫「玉昌湖石」。

閩南廟宇大殿的一對外簷柱，必雕刻成龍柱，民間稱為「雕龍柱」「蟠龍柱」。兩隻蟠龍分別繞柱心盤旋而上，龍首相向，栩栩如生，神采飛揚。閩南建築朝外的門窗一般也用石材製成，以加固防水，主要有條枳窗、竹節枳窗、螭虎窗等形式。

(4)彩畫

閩南的彩畫是中國南方彩畫中的特殊流派，是建築中具有強烈地方特色的裝飾藝術。一般的民居建築中，有的木材或呈現本色，或只以桐油塗飾，不施彩繪。富裕之家則多施黑色、紅色油漆，木雕部分貼金。

閩南廟宇、祠堂的木構架繪以彩畫，閩諺稱「紅宮烏祖厝」。「宮」指廟宇，多以紅色為主色調，局部黑色，「祖厝」指宗祠，多以黑色為主色調，局部紅色。閩南油漆作的行話是「紅黑路」。木構部分施以油漆彩畫在一定程度上加強了建築防雨、防潮、防蛀的能力。

閩南彩畫題材自由，有傳統國畫中工筆重彩技法，也有水墨渲染技法。彩畫中用的退暈，閩南工匠稱為「化色」。化色是在大面積的原色顏料如紅色、青色、黑色等，中摻入白色，使其淡化，形成粉朱、粉青等顏色，慢慢過渡到白色的邊緣，不露痕跡，有如同水墨渲染的

效果。彩畫中有一種做法是「撒螺鈿」，即在漆面未乾時撒上螺鈿片、貝殼粉、彩色砂粒等，稱，此法多用在門楣、大通、瓜筒、籠扇及匾額等一些顯目的位置，閃閃發光，引人注目。

（三）屋頂

有人把屋頂比作是中國建築的冠冕，屋頂不僅是建築為發揮使用功能而不可或缺的一部分，還是表現建築形象的重要因素，因此屋頂的藝術展現更為多姿多彩。

1.瓦作

瓦作是屋面鋪裝的統稱。瓦作按瓦型分有筒瓦、板瓦。筒瓦形如竹筒，橫截面為半圓形，直徑在一釐米左右。板瓦在早期製作有一定弧度，晚期變得較扁平，弧線平緩。按顏色分有紅瓦、黑瓦，紅瓦顏色紅豔，黑瓦外觀青黑。

通常來說，筒瓦規格高於板瓦，紅瓦等級高於黑瓦，規格越高，瓦的重量越重。紅色筒瓦等級較高，多為廟宇、祠堂、官邸使用。泉州的安溪、永春、德化等山區用黑瓦，漳州地區用紅色板瓦。瓦片的使用不僅之間反映了經濟水準，其中還有氣候條件和環境因素。

瓦作構件

閩南建築的瓦作的主要構件有勾頭、望磚、滴水。勾頭，閩南稱「花頭」，即瓦當頭，是蓋瓦最下面一塊，正面呈圓形，下緣也如滴水一樣如同伸出的圓舌形狀，用來蓋住椽頭，防止雨水倒灌；望磚，大約一釐米厚，閩南稱「養仔瓦」、「瓦養」，用以承受瓦片的重量，同時阻擋漏下的雨水，防止透風落塵，古建築中也有用厚度較小的望磚代替板瓦的做法；滴水，閩南稱「雨簾」、「垂珠」，是底瓦最下面一塊，呈圓舌形，用來將屋面雨水順暢排出。這一連串的接雨、排

雨、導雨的瓦作構件設計，體現了閩南建築順應自然的生態智慧。

　　鋪瓦無論採用哪種樣式的瓦件，都是自下而上地鋪，先將微凹底瓦順著屋面的坡放上去，上一塊壓著下一塊約十分之七的位置。每趟底瓦鋪好後再鋪下一趟，一趟瓦稱為一隴。最下面一塊鋪滴水。然後鋪蓋筒瓦或板瓦，最下面一塊用勾頭。

　　在閩南的沿海地區有雙層夾空瓦的建造技法。在鋪好屋面後，相鄰瓦隴上再鋪一層板瓦，即瓦隴上再做瓦隴，使中間形成一道空氣層；或者鋪兩層板瓦後，其上再鋪蓋板瓦或筒瓦，防止漏水、增強隔熱效果。雙層夾空瓦屋面，上端與屋脊結合，不留開口，下端至簷口處留有開口，以排上層漏雨。從防雨功能來看，相當於做了兩層屋面，上層屋面可以排出大雨和久雨，下層屋面可以應對滲漏，所以防雨效果好。從隔熱效果來看，因為比單層屋面多了夾層熱阻，提高熱阻抑制了熱量的傳遞。

　　泉州南安一帶有板瓦屋面、筒瓦作邊的做法，即只在屋面靠近垂脊處鋪設三至五道筒瓦，其餘為板瓦屋面。而晉江與南安屋瓦做法不同，屋面基本鋪設筒瓦。按照「皇宮起」的民間傳說，泉州百姓因誤傳皇帝「賜汝府皇宮起」而大興土木。皇帝獲悉後，急忙下令停止，此時南安因建造不及，只做出三道筒瓦，而晉江屋頂已全換成筒瓦。南安一帶大多只在屋頂靠近兩山處作出筒瓦，但不一定正好三道，有三、五、七道等實例。板瓦作屋面，可提高穩定性和便於維修。筒瓦作邊，則使屋面富於變化。

2.屋脊

　　閩南傳統建築屋頂的正脊稱為「中脊」，四面垂下的稱為「歸帶」。中脊兩端起翹，由屋脊中央開始生起，在整體上形成一條弧線，俗稱「蝦蛄脊」。廟堂殿宇、廳堂住宅等主要建築的正脊不分段，稱為「一

條龍」。廟宇、民居、祠堂大門由於等級形制上的要求，很多屋脊的正脊被分成三段，稱為「三川脊」或「三胎脊」。一般來說，正脊會在每段的分隔處做出垂脊，同時垂脊的下端至簷口留有一定距離，使整個屋頂有了四、六條垂脊，稱為「四脊厝」、「六脊厝」，屋面主次分明又富於變化。燕尾脊和馬鞍背是閩南古厝的屋頂的基本形態。其中燕尾脊用於主厝，馬鞍背用於護厝。

(1)燕尾脊

正脊兩端的線腳向外延伸並分叉，在簷角處形成燕尾形狀，稱之為「燕尾脊」、「燕仔尾」，常使用在廟宇、祠堂及大厝。按照閩南民間的說法，只有舉人以上的官宅才可營造燕尾脊。但實際並非完全如此，泉州地區的民居使用燕尾脊的現象也十分普遍，所謂的「皇宮起」大厝，大多使用燕尾脊，稱為「雙燕歸脊」，寓意子女不管飛出多遠，總要歸來。這種落葉歸根的思想對遠涉重洋的番客影響深遠。漳州、同安一帶的民居則使用相對少。

燕尾脊的屋頂形狀源自宋代建築，並且根據閩南自然地理條件產生適應性變化，有利於屋面處理雨水、消減風力及避雷，簷角上翹以滿足排水和採光的需要，並且大大降低了屋脊的重心，加強了屋蓋的穩定性。在視覺上，翹起的簷角克服了正脊的僵直感。這樣的設計集實用與美觀於一體。

(2)馬鞍背

除了採用燕尾屋脊的建築，閩南建築的山牆因形如弓起的馬背，故稱為「馬鞍背」。馬鞍背有多種造型，依五行風水分為：金（形圓）、木（形直）、水（形曲）、火（形銳）、土（形方）。各種馬背的細節構造由於地域差異而略有不同，但總歸在這五種形式的變化之內。大戶人家或經濟比較好的，多用馬背並帶有複雜的裝飾，雕縷彩繪花

鳥魚蟲，小戶人家則以簡單的瓦鎮處理。

官紳大厝及宮廟祠堂常在屋脊上，尤其是燕尾脊加上吻獸作為裝飾。吻獸陶製，呈灰黑色，立在脊端，其形狀似龍，呈坐立狀，稱「龍吻」、「龍隱」、「龍引」，俗稱「泥虎」，早期是手工塑製，加以彩繪，後來多用陶製品或剪粘代替，也有人稱它為「辟火獸」。屋頂用吻獸裝飾的做法，普遍見於閩南古建築的祠堂、文廟之中。一些民居正脊正中還有「鎮風獅」，亦為陶製。

按照閩南建築習俗，民居建築為提防工匠「做寇」，即防止工匠設計不吉利的尺寸或暗中放置厭勝物破壞風水，常在屋脊中部放置「五寶瓶」。「五寶瓶」即在瓶內放置五穀、錢幣、毛筆、銅鏡之類的五種吉祥物。五穀祈求風調雨順、五穀豐登；錢幣祈求財源廣進；毛筆寓意人文薈萃，文化昌明；銅鏡用以驅邪鎮宅。

3.裝飾

(1)泥塑

泥塑又稱「灰塑」、「灰批」、「彩塑」，是閩南傳統建築主要的裝飾手法之一。泥塑以灰泥為主要材料，灰泥由石灰或蠣殼灰、砂和棉花或麻絲按照一定的比例混合而成。有時添加糯米漿、紅糖水，攪拌、捶打，以增加粘度。有時也會加入煮熟的海菜汁，以延緩乾燥，減少裂縫。泥塑工藝一般先用竹條、木條、鐵絲或磚瓦搭出骨架，再敷上灰泥，由內向外地邊批邊塑，直至成型，最後在半乾的泥塑表面塗刷顏料進行彩繪。彩繪的色粉和膠水攪和後才能固定在泥塑上。有的泥塑在灰泥中直接調入礦物質色粉，常用的基本顏色有紅色、綠色、黑色。泥塑是趁濕時製作，相比於磚雕、石雕可塑性較強，有很大的藝術創作空間。

泥塑在閩南建築的裝飾上運用很廣，常用高浮雕的藝術形式表現

山水、人物、花鳥等各種題材，在身堵、水車堵，山牆的山尖處以及牆上大幅的裝飾等處都可以見到泥塑。但泥塑畢竟沒有經過入窯燒造，硬度不夠，存在易風化褪色或脫落的缺點，因此也有在水車堵外加玻璃罩子以防風雨侵蝕的做法。山牆的山尖處，沿用唐宋建築稱呼為「懸魚」，閩南稱為「規尖」、「規尾」，這個位置常裝飾以獅頭泥塑，獅子口銜綬帶，帶端懸掛著葫蘆、花籃、磬等物，四周圍繞雲紋、螭虎紋等紋飾。

(2)剪瓷雕

剪瓷雕為閩南古建築上的一種裝飾工藝，因主要的技法為剪與粘，故又叫「剪粘」。閩南還稱之為「堆剪」、「堆花」、「剪花」或「貼瓷花」。剪瓷雕的技法也流行於廣東的潮汕地區，當地俗稱為「聚饒」、「嵌瓷」、「貼饒」、「扣饒」等。

剪瓷雕以胎薄質脆的彩色瓷碗為原料，用鉗子、木錘、砂輪等工具剪、敲、磨成形狀大小不等的瓷片，得到各種形狀，然後用再用水泥、貝殼灰、麻絨、紅糖水攪拌而成的粘膠，把它貼到以瓷條、鐵絲、殼灰捏就的胚胎上，砌粘出人物、動物、花卉、山水等各種造型。或鑲嵌於民居的照壁，或聳立於寺廟、祠堂的屋頂、屋脊、翹角、門樓以及牆面的水車垛上。

剪瓷雕的工藝類型分為平雕、疊雕、立雕、圓雕、半浮雕。平雕重於構圖，一般用於近景；疊雕重於層次，片片彩瓷片表現細膩，栩栩如生，多用於高處屋頂的奇珍異獸和花卉樹木。立體雕難度最大，表現力最強，多用於古裝人物，甚至可以將武將的盔甲，文官的蟒袍，才子佳人的寬衣窄袖等服飾細節表現得神形兼備。

剪瓷雕是泉州以南地區寺廟建築特有的裝飾方式。這些剪瓷雕裝飾的題材通常具有祈福教化、趨吉避凶與自我表彰的思想內涵。傳統

民間信仰重倫理秩序、善惡分明，所以最常見的表現內容是符合祈福教化的戲曲故事，人物題材多古聖先賢、忠孝節義的故事，如媽祖廟常以媽祖傳說或二十四孝為範本，關聖帝君廟常以三國演義為題材。飛鳥走獸題材也有深厚的歷史淵源。如龍為四靈之首，民間傳說將其裝飾於屋頂，形象奔騰或飛舞，可以防止火燒；鳳凰為鳥中之王，象徵高貴與美麗。麒麟、象、獅、虎、鹿、羊、騾、豺被稱為「八瑞獸」；極富裝飾韻味的唐草紋曲條優美，多頭尾相連，纏繞往復作九連環狀，鑲嵌搭配各種造型，象徵著連綿不斷；花瓶取其諧音，有「平安」的寓意。這些剪瓷雕都帶有趨吉避凶的意味，折射出民間信仰與群眾心理。

　　泥塑與剪瓷雕這兩種手法經常一同使用，結合泥塑豐富的造型與剪瓷雕豔麗的色彩，塑造出具有鮮明特色與地方風格的藝術形象。

(3) 交趾陶

　　交趾陶是一種低溫彩釉軟陶。「交趾」按《禮記》所記載「南方曰蠻，雕題交趾」，指南方蠻人額頭上刺花紋，坐臥時兩足相交。在清代，這種陶藝由嶺南、閩南兩地引進臺灣，廣泛用於民居、廟宇建築裝飾上。日本引進這種彩陶後，又稱為「交趾燒」。日本殖民統治臺灣時，臺灣將其簡稱為「交趾」、「交趾尪仔」、「交趾仔」。臺灣近代以來則籠統地稱為「交趾陶」。

　　交趾陶以 800℃至 900℃的溫度燒成，釉層較軟，釉色豐富，色彩美觀，外觀溫潤，沒有高溫瓷器的冰冷之感。但受低溫燒製的工藝限制，堅硬度不高，容易斷裂，製作尺寸有限制，大尺寸的作品需要分解成數塊燒製，再拼接安放。

　　交趾陶製作的建築構件以實用為主，材料較為粗重，工藝不如灰塑精緻。為了避免碰撞損毀等原因，交趾陶一般安置於屋脊、垂脊正

面鏡面牆等只可遠觀的部位,且大都以鑲嵌技法及淺浮雕方式來呈現。

　　泥塑、剪瓷雕、交趾陶是閩南民居中最常用的陶瓷裝飾藝術,三者在建築裝飾中相得益彰。對於技藝嫻熟的匠師來說,往往三種工藝都很精通熟練,同時得心應手地將其裝飾於不同的建築部位,充分展示閩南民居豐富多彩的藝術。

三、民居建築類型與代表

閩南民居建築

　　閩南地區建築種類繁多,堪稱建築文化的聚寶盆。民居建築是閩南建築中數量最多、分佈最廣泛的一種類型。「紅磚白石雙坡曲,出磚入石燕尾脊,雕樑畫棟皇宮起,土樓木樓還有中西合璧。」短短的一句話高度概括了閩南幾種典型民居建築的特徵。閩南民居建築數量最多的是紅磚大厝、土樓。近代以來,在閩南城鎮地區還出現手巾寮、竹篙厝等街屋。旅居海外打拚的華僑回鄉起大厝,在閩南土地上留下中西合璧建築濃墨重彩的一筆。閩南傳統建築在中國建築史上獨樹一幟,從形式到用材再到工藝都有著強烈的地域色彩,凝聚著閩南人的智慧。

1.紅磚大厝

　　紅磚大厝構造精湛、裝飾華麗、造型靈秀,是閩南城鄉一道亮麗的風景線,是東亞文化之都泉州重要的文脈。在中華傳統民族建築之林獨樹一幟,躋身世界文化遺產名錄。在泉州「言古民居必稱楊蔡」,楊指楊阿苗民居,蔡指南安官橋蔡氏古民居,紅磚民居中的典範當屬楊阿苗民居和蔡氏古民居。

楊阿苗民居

楊阿苗民居坐落於泉州鯉城區江南鎮亭店村,現列為福建省級文物保護單位,是一座以木構架為主要結構方式,輔以石材、木材、磚等建築材料而建成的典型閩南古民居。由菲律賓著名華僑楊阿苗建造於清光緒至宣統年間,前後歷時 13 年。

楊阿苗民居坐北朝南,平面呈方形,占地面積為 1349 平方米,為三進五開間帶雙護厝的閩南式大厝。依循閩南傳統民居的建築形制,建築形制獨具匠心,形成方正嚴整的群體佈局與組合。採用中軸對稱,沿中軸線展開,依次有斗門、門廳、天井、大廳、後軒,每進大小廳和後軒的兩側各設 2 個房間,天井兩側有廂房帶前廊、通廊,分別有小邊門通東西護厝。由此形成大天井以外,廂房與門屋、正屋間又有四個小天井,稱之為「五梅花天井」,構成豐富的院落空間,精巧獨到。房屋的分區佈局與使用功能主從分明、尊長有序,和睦交融、各居其所,體現了閩南傳統民居著意營造的禮樂倫理秩序。

楊阿苗民居裝飾精美,用料上乘,工藝精湛,幾乎集中了閩南民居所有的裝飾手法,如同一個閩南建築裝飾工藝品的博物館。內部裝修精益求精,木構件的雕刻、彩繪以及石構件的雕刻細緻入微。石雕、木雕、磚雕、交趾陶的圖案有珍禽異獸、花鳥蟲魚、人物山水、歷史故事等,生動豐富。宅內檻窗、隔扇多用楠木、樟木製作,雕刻的木構件千姿百態,栩栩如生。廳堂內還有粉彩畫、描金畫和木雕掛聯,充分展示了工匠高超嫻熟的技藝。地上鋪有 100 多年前從南洋進口的花磚,至今仍然色彩鮮豔。外部裝飾也十分精緻,門、窗、裙堵牆體、水車堵等裝飾精細。正立面外牆是最為精彩的部分,紅磚拼花貼於牆面,簷下水車堵有輝綠岩浮雕、剪瓷雕、交趾陶等裝飾交相輝映。楊阿苗民居中還摹刻有顏真卿、蘇軾、張瑞圖、吳魯、林翀鶴、曾振仲等歷代著名文人墨客的書畫作品及各類對聯、詩文,具有深厚的文化

底蘊。

　　楊阿苗故居既是經典的閩南民居建築，又是紅磚建築文化的傑作，全方位詮釋著多元的中國傳統民居文化，洋溢著人文氣息。整座建築富麗堂皇，具有極高的藝術與文化價值，在閩南建築中並不多見。

2.手巾寮

　　中古漢語「寮」指「僧舍」，後通稱小屋為寮。泉州話中，「寮」指搭蓋在田間休息、看護莊稼或收藏農具的小屋，也稱為「草寮」，後泛指小屋。

　　手巾寮，顧名思義，是因為房子的形狀像一條長長的手巾而得名。手巾寮以小天井、巷道來組織、聯繫前後，但兩側的櫸頭或過水廊往往只保留一側或省略不設，形成平面狹長的建築格局，使得這種房子在閩南各地有著不同的叫法。在泉州稱為「手巾寮」，在漳州叫做「竹竿厝」，而在與晉江一水之隔的臺灣，又叫做「一崁店」。

　　手巾寮在明清時期大量湧現，存在於南方傳統工商城鎮中，是一種規範而又有靈活變化的建築形態，地域性強烈。當時經濟高度發展，城市沿街的地價昂貴，為了節約用地，這種店宅合一式的手巾寮建築應運而生。隨著商品經濟的不斷發展，只有單一層的手巾寮已經難以滿足城市商人的需求，於是，商業街上逐漸出現了雙層手巾寮。現在，泉州安海的三里街、西宮，龍湖的中山街、通安街等地還能見到各具特色的手巾寮式建築。

　　手巾寮式店屋建築門面不大，平面向縱深方向發展，一般是「前店後家」的組合。廊子在閩南方言中稱為「巷路」，天井則稱為「埕」、「深井」。其基本佈局，第一落是門口廳，廳前為簷廊，廳側為巷路，廳後為深井。第二落為祖廳、大房，側面為巷路，後面又為深井。第三落是大房、後房、後院、水井、廚房等。如進深再長時，還可用巷

路、深井貫穿第四落、第五落。

手巾寮的各房間通過巷路聯繫。巷路的形式有兩種：一種是前後貫通的直線型，從入口即可看到後落，作為店宅時，筆直的巷路方便貨物的搬運，但居住的私密性大大降低。另一種巷路是轉折型，一般在祖廳後，巷路隔開天井後即改換至另一側。轉折的巷路便阻斷了前部店鋪與後部生活用房之間的視線，不僅保持了後部住宅的私密性，也增加了空間的變化。民間的說法是，巷路的轉折，是出於「門路不可相沖相對」的風水上的考慮，以免「漏財」；閩南古諺說：「前通後通，人財兩空」，意即門不可與門對沖；又曰為「長廊是穿心劍」，表明巷路不宜過長。實際上，轉折的巷路也有避免冬季過於猛烈的穿堂風或安全防衛方面的考慮。

閩南地區氣候濕熱，夏長冬短，住宅對隔熱、通風的需求遠比爭取日照來得迫切。手巾寮自前落至後落，有數處天井貫穿，加之巷路聯繫，可以較好地解決通風、採光等問題，適合南方氣候。但存在底層潮濕、排水不暢等缺點，只能向天井排水。

手巾寮比起古大厝的莊嚴，更富有市井的生活氣息，承載著更多老閩南人的生活回憶，有在窗戶櫃買東西的過往，有一家人共居一室的溫馨，有鄰里之間的和睦，共同交織成一幅美好的生活畫卷。

3.土樓

閩南土樓主要分佈在漳州的山區，集中於南靖、華安、平和、詔安，其中漳州土樓民居將近 2000 座，僅南靖縣就有 1300 多座，堪稱「土樓王國」，也是全國土樓最多的地方。土樓或建造於依山傍水的坡地，或臨近於溪山谷中，或選在山巒、河流、田野相和諧的地理環境之間，自然環境優美宜人，形成獨具特色的閩南田園風光。

「四菜一湯」田螺坑土樓群、「東歪西斜」裕昌樓、「七星北斗」

河坑土樓群、沼澤地上的和貴樓等都是土樓建築的精品。土樓以充分的經濟性、良好的堅固性、奇妙的物理性、突出的防禦性，屹立於世界民居建築藝術之林，是人文內涵豐富、造型功能獨特的傳統土生建築奇跡。

外界對瞭解、研究土樓的時間比較晚，直到上世紀五十年代，人們才知道它是福建西部永定縣客家人的住所，所以得名「客家土樓」。到了上世紀八十年代，人們發現福建南部漳州的 10 個區縣也有土樓，不僅是客家人，許多閩南人也居住在土樓中，於是又改稱「福建土樓」。

土樓在時間的長河裏沉寂了許久，一旦揭開歷史的塵封，它的風采便驚豔了所有人。日本建築學家茂木計一郎稱讚土樓說：「好像大地上盛開的巨大蘑菇一樣，又像是黑色飛碟自天而降，那真是不可思議的景象……我們都看呆了」。英國科技史學家李約瑟在《中國科學技術史》中將土樓稱作「中國最特別的民居」。

福建土樓雖然發軔甚早，卻在明代中葉以後才開始興盛發展。根據族譜上的零星記載，自從秦漢時期中原漢族大規模入閩，直至元代，寨堡已時有興築。明代中葉以後，福建民間面對山賊、海盜、倭寇的侵擾，同時滿足聚居和防衛兩大需求的土樓建築應運而生。閩西、閩南的沿海地區以鄉族為組織，利用鄉族的力量，迅速形成一個築堡自衛的高峰期。

土樓有方形和圓形，閩南地區以圓樓居多，方樓較少。圓樓全封閉圍合，沒有拐角，更加易守難攻。並且在同等周長下，圓樓的面積是方樓的 1.273 倍，這意味著用等量的建築材料，圓形土樓可以得到更為寬敞的內部空間。

隨著社會秩序的安定，舊有的臨時性寨堡大多廢棄，圍城式土堡和鄉族武裝有了有嚴重的地方割據性，一方面威脅著官府的統治，另

一方面造成鄉族之間「強欺弱、眾暴寡」的局面。隨著中央集權對地方勢力控制的加強，閩南沿海地的土堡、土樓在清代康熙以後日漸衰落，保留到今天的只有為數不多、規模較小的土樓。在閩南山區，如南靖、雲霄、平和、詔安、華安等地，土樓仍時有築造，不過其防禦性已逐漸弱化，而實用性大大加強。

二宜樓

二宜樓坐落於福建省漳州市華安縣仙都鎮大地村，是第一座被列為全國重點文物保護單位的土樓。二宜樓是福建省內同類建築中單體最大的雙環圓形土樓，素有「神州第一樓」、「民居瑰寶」等諸多美譽，是難得的建築精品。

二宜樓於清乾隆五年（1740 年）始建，集祖孫三代之力，歷時 30 年，落成於清乾隆三十五年（1770 年），占地面積 9300 平方米，直徑 73.4 米，高 16 米，週邊牆基厚 2.5 米。二宜樓樓名取「宜家宜室，宜山宜水」之意，軸線末端的祖堂有對聯曰：「倚杯石而為屏四峰拱峙集邃閣，對龜山以作案二水瀠洄萃高樓」，頗具文意地描繪了二宜樓四周的山川形勝，也體現了因地制宜地建築形式。

二宜樓是一座雙環單元式圓樓，由四層的外環樓和單層的內環樓組成。二宜樓是單元式與通廊式結合的典範，全樓有 16 個單元，共有房間 244 間，樓內共存壁畫 226 幅，彩繪 228 幅，木雕 349 件，楹聯 163 副，內容有花鳥、山水、人物等。外環樓為主要居住用房，內環樓設廚房。外環樓共 52 間，祖堂、正門及兩個側門各占 1 間，其餘 48 間又分成 12 個單元。每單元內設置獨立天井、獨用樓梯，自成獨立小天地，互不打擾。這些獨立的單元房都面向土樓中間面積超過 600 平方米的中心庭院，形成一種極強的向心性。農閒時老少婦孺齊聚於此，其樂融融。第四層有一條隱蔽的通廊，連接各單元。在危險

的防禦狀態裏可以運送物資、彈藥，如果土樓被攻破則可以作為逃生通道。

　　二宜樓的防禦性體現在建造技術和材料上。外環樓牆腳之上是夯土築成的牆身，由黃土、石灰、砂子三者按比例攪拌，中間還夾以石塊、竹片，成為「竹筋土牆」，類似現在的鋼筋混凝土。土牆厚達2.53 米，為土樓牆身厚度之最。牆身一至三層都不設置窗戶，只在第四層開出小窗。少量大窗兼具瞭望臺功能，臨敵時可居高臨下進行防守。大門門框用花崗岩砌築，上方設置水孔，如遇火攻即可放水滅火。牆身上方還覆蓋著巨大的屋簷，僅伸出牆外部分就寬達兩、三米，使站在牆下之人都不由得心生敬畏。土樓內可以儲藏糧食、飼養家畜，還有兩眼公用水井，生活物資應有盡有。一旦遇敵攻擊，土樓關閉，可維持數月之久。

　　除此之外，還不得不提二宜樓的特殊設計。它的外牆牆腳中留有不起眼的小洞口，是「之」字型傳聲洞，從小洞口看不到室內，聲音卻可以傳入，平時樓內居民晚歸，可以通過小洞叫自家人出來開門。

　　於亂世之中建成「宜家宜室」的二宜樓建成至今已有 200 多年，如今亂世遠去，聚族而居、集體防衛的需求被更小的家庭單元所打破，土樓的建設已經失去了它的軍事防禦需求。只有那默默矗立的夯土牆，見證了血與火的往昔。

四、建築傳播與發展

　　「十戶人家九戶僑」，這是用來形容閩南沿海地區華僑多的一句俗語。歷史上幾次大規模的「下南洋」移民潮，使得閩南一帶成為全國著名的僑鄉。遠渡重洋的華僑在榮歸故里的時候，也將僑居地的文化帶回閩南，在與本土特色結合後，形成了別具風情的華僑建築。

（一）騎樓

　　騎樓是我國沿海僑鄉特有的南洋風情建築，現在在閩南、東南亞以及臺灣地區都可以看到，一種在亞熱帶氣候和地理條件下非常適用於商住的街市建築。從外觀上來看，第一層臨街部分沒有設牆，建成行人走廊，由支撐柱組成，好比「馬腳」。第二層猶如「騎」在走廊上方，有騎在馬背上的感覺，所以這樣的樓稱為「騎樓」。

　　騎樓作為一種典型的外廊式建築，最早可追溯到的淵源是大約2500 年前的希臘「派特農神廟」。現代意義上的騎樓最早起源於西元十八世紀下半葉，英國人在印度南部建造了外廊式的建築，在住宅前加了一個外廊，稱之為「廊房」。十九世紀初，總督萊佛士設計新加坡城，新加坡才出現由廊柱連接構成的 5 英尺寬的外廊結構的建築。設計規定所有建築物前都必須建造一道有頂蓋的、寬約 5 英尺的人行道或走廊，既可防雨防曬，又便於展示櫥窗，招徠生意。

　　福建人將英文的 Five-fort way 翻譯成「五腳基」、「五腳氣」、「五腳架」。在十九、二十世紀時，從南洋返鄉的華僑們把這種寬五英尺廊道的建築規範回僑鄉時，不再成為強制性的尺段，不管是手巾寮連排式店屋式的騎樓還是單獨的洋樓建築，可以根據需要靈活調整。五腳基進入福建後，開始稱為「騎樓」，被整合進傳統民宅之中，發展成為近代閩南僑鄉的一種地方建築類型。

　　傳統的騎樓都是磚木結構，其中承重的柱子採用磚砌築或砌塊砌築，樓板結構、屋架用木作共同構成，這種建築方式的特點是建造簡單，材料容易準備，費用較低。騎樓是商住一體的建築。騎樓之間跨人行道而建，在馬路邊相互聯接，形成可自由步行的長廊。騎樓一般分為樓頂、樓身、騎樓底三部分。樓上住人，樓下當商鋪，其跨出街面的騎樓部分，既擴大了樓上的居住面積，又延伸了樓下與顧客的共用空間。晴天遮陽，雨天防淋。臨街正立面全用作店面，裡間及樓上

則用作倉儲和住所，使用效率極高。但從現代居住的角度看，騎樓也存在著不可忽視的缺點，比如採光通風條件較差、幾乎沒有公共空間。

閩南地區較早開始的騎樓建設在漳州。漳州騎樓的主要材質分別為紅磚、木材和水泥，穩固性較高，應用廣泛。外來的騎樓樣式與地方的傳統街屋形式初步結合，並逐漸吸收、融合了外來的建築樣式與技術工藝，形成具有明顯地域特徵的漳州騎樓樣式。

騎樓是西方古代建築與中國閩南居住環境相結合演變而成的建築形式，是閩南文化和東南亞文化相結合的產物，具有閩南僑鄉人民和海外僑胞共同珍視的情感價值和歷史意義。

（二）番仔樓

番仔樓又稱「番客樓」，是南洋歸國華僑建造的洋樓。在閩南習慣把東南亞一帶稱為「番片」，將我國旅居東南亞的華僑稱為「番客」，這些「番客」從南洋衣錦還鄉之後，帶來了融合歐洲住宅建築特色的所謂「殖民地外廊樣式」的建築，再與傳統民居相結合，「番仔樓」因此得名。番仔樓是一種中西合璧的閩南民居建築，集閩南傳統古厝與南洋建築風格於一體，既有南洋熱情和西洋古典的異域風情，又傳承了閩南紅磚建築的傳統風格。

番仔樓最早可追溯到清朝時期，閩南華僑到南洋一帶創業打拚，歸國後建造番仔樓，且建築材料多從南洋運輸而來。現存的番仔樓大部分是在清末到 1950 年代前後所建。番仔樓按照營造技藝不同，大致可分為兩類，一類是採用傳統木結構營造技藝所建造，即利用大木作為受力結構，立面多採用傳統的紅磚。另一類是採用鋼筋混凝土所建。外觀可見，按照傳統木結構營造技藝所建的番仔樓包含更多的中式元素和閩南傳統工藝。

天一信局

天一信局是漳州九龍江畔漳州市臺商投資區角美鎮流傳村的一座聞名海外的番仔樓，也是我國歷史上規模最大、機構分佈最廣、創建時間較早的民間僑批局，現已成為全國重點文物保護單位。天一信局比清光緒二十二年（1896 年）成立的大清郵政局還早 16 年，被中國國家郵政博物館認定為「有記載的中國最早的民間國際郵政」。

天一總局總建築面積 4495 平方米，主要由宛南樓、北樓和陶園三個部分組成。宛南樓是早期辦公、居住合一的地方，後來全部改為居住用。北樓為總部業務經營辦公大樓，也就是現在「天一總局」的標誌性建築，整座建築南洋風格濃厚，為西式磚木結構二層樓房，外牆有中西各式的雕刻，中式圖案有荷花、蘭花、菊花等，西洋雕像有天使、和平鴿、騎車郵差，室內裝飾工藝精湛氣派，至今還保留著當時極少有的須彌柱、彩繪瓷磚、進口藍色玻璃、磨砂玻璃等裝飾。陶園原占地面積 3000 多平方米，由一座二層西洋式建築和一座花園組成，建有亭臺、樓榭、假山、魚池、猴洞、花圃、石砌小道等，頗具雅趣與意境。

歷經百年，天一信局早已貌非昔比，沒有了往日的繁榮，但從其高大的廊柱、精美的浮雕中，今天的人們依舊能夠深切地感受到其恢宏的氣勢和曾經的輝煌。至今在閩南僑鄉提起天一信局，人們還翹指稱讚。

（三）嘉庚建築

著名華僑領袖陳嘉庚心繫鄉梓，一生傾資辦學，在家鄉廈門投資創立並親自規劃建設了著名的集美學村和廈門大學兩處校區，建成了一批風格獨特的中西合璧建築，被稱為「嘉庚建築」。這些建築，經歷了早期的南洋殖民地樣式到晚期中西結合的轉變，記錄著陳嘉庚先

生的生活經歷,反映其建築思想,是近代中西文化交融史的特殊標本。

嘉庚建築遍佈集美學村與廈門大學,都有一個共同的特點:屋頂是中式的,屋身卻是西式。高高翹起的飛簷以及紅色的斜屋頂是明顯的中國印記,羅馬式立柱和西洋式屋身,或西洋式側樓是西方建築的標誌,兩相結合就成了「穿西裝,戴斗笠」的嘉庚風格。嘉庚建築還具有南洋風格,有南洋的拼花、細作和線腳等,白岩紅磚琉璃瓦,紅白綠三色搭配,具有南洋的亞熱帶風情。

嘉庚建築從 20 世紀初開始建設,1921 年到 1926 年的五年,被稱為「嘉庚建築興建前期」。以經濟實用為原則,陳嘉庚大量運用閩南當地產的青石花崗岩和紅磚,並發明了「嘉庚瓦」。同時,為適應當地高溫多雨、濕熱的氣候特點,並與自然環境相協調,創新了「外廊」、「連廊」結構。在建築外型上,「嘉庚建築」將閩南屋頂與西式屋身巧妙結合,形成閩南古民居「飛簷翹脊」的屋頂造型和西洋「白牆石柱」的屋身結構。

嘉庚建築在 50 年代走向成熟,並達到頂峰,具有濃厚的時代特徵。1950 年,擴建,陳嘉庚親自主持了廈門大學的擴建工程。這一時期的建南樓群和芙蓉樓群的建築風格較之建校初期也有所突破:白石紅磚琉璃瓦,騎樓走廊綠欄杆,既具傳統民族風格又不乏亞熱帶南洋風情,紅綠白三色調和,鮮豔奪目,成為嘉庚建築的新典範。特別是集美學村的南薰樓,從 1959 年落成後,在長達 29 年的時間裏,一直是廈門乃至整個福建令人仰望的第一高樓。

學者莊景輝在《廈門大學嘉庚建築》中,闡述了「嘉庚建築」的特點:

　　一是因地制宜佈局,注重人與自然、建築與環境的和諧的「生態適應」關係,強調校舍建築的一直線(群賢樓群)、二

弧線（建南樓群）、三 U 線（芙蓉樓群）的整體性佈局；二是
合理創新結構，對於校舍建築的空間結構、尺度大小，陳嘉庚
有獨到的見解和革故鼎新的想法，基本採用西洋建築的平面佈
置形式，如內廊式、外廊式、內外廊結合式的幾種結構類型，
通風好、光線足，適應「新式教育」的需要；三是經濟實用建
造，以「經濟」「實用」為原則，「建築之費用務必省儉為第
一要義」；四是取用地產物料，開採石料，乃至設廠燒製「煙
炙磚」和「嘉庚瓦」，堅持就地取材；五是閩南匠心工藝，每
座建築無不體現閩南工匠的嚴謹精緻、實用美觀的匠心匠藝；
六是中西合璧風貌，出自陳嘉庚獨特的設計理念和建築思想，
形成了嘉庚建築的民族性、地域性和「南洋風」特色。

　　陳嘉庚雖不是專業建築師，但嘉庚建築以其美觀大方、典雅莊
重、經濟實用、堅固科學的鮮明風格而享譽海內外。嘉庚建築是陳嘉
庚個人審美品位與當地能工巧匠智慧碰撞的結晶，是閩南建築與異域
建築在實踐中結合、發展的成功範例。

五、結語

　　閩南建築以其鮮明的地方特色、獨特的地域個性及豐富的人文內
涵，展現出獨特魅力，又彰顯了融古開今、集中外建築之大成的熠熠
華彩。閩南大地上守望千百年風雨的建築，有著歲月賦予的凝重和深
情，在歷史長河中歷久彌新，厚載水土之德，蘊含木火之理，傳承中
華建築之美。

閩南民間文學

閩南民間文學是中國民間文學的重要組成部分，它不僅有著中國民間文學的普遍特徵——變異性、口頭性、集體性以及流傳性，它還具備著獨屬閩南地區的地域特色，其人文情懷，和那些獨屬當地的民間風俗習慣。

從歷史和源頭來看，每一個地域的民間文學都不是單一的、獨立的，每一個地域的文化在歷史的長河中不斷與外來文化進行交流才逐漸形成了如今的豐富的文學，閩南的民間文學亦是如此。除閩南當地在歷史進程和現實生活中不斷想像創作並廣爲流傳的民間文學作品外，還包括了歷史上中國其他地方進行移民南遷時帶來的其他文學作品，這些作品與閩南地區的文學文化相交流融合，逐步「本土化」，也成了閩南民間文學的一部分。

一、神話

神話，是一種由人們集體，運用豐富的想像力，口頭創作的一種超脫於現實或不斷將現實進行神化的故事載體。神話的產生多來自於遠古或封建時代，由於當時文明初生，人們對未知的天地自然懷有崇拜與敬畏之心，不斷進行探索却始終不得其解，故而虛構或半虛構出一些故事對當時人類的未解之謎進行解說，抑或是對當時的英雄人物進行神化，表達了當時人們對世界，對英雄人物以及理想目標的內心定義。

（一）創世神話

　　相傳言，混沌之初天地未分，人類爲探究天地起源，就有了不同版本的開天地創世之說。在中國的神話傳說之中，以盤古開天爲主要傳說，在閩南亦流傳著具特色的神話。

1.兄弟倆造天地

　　相傳，混沌之初不見天地，玉皇大帝派一對兄弟下凡，在八十一天之內創造天地。大哥領一碗白土和一碗水造天，小弟領一碗黃土和一碗水造地。大哥沉穩，勤勤懇懇工作，提前完成了玉帝所交代的任務，把天造的均勻又平整，還剩下了兩塊泥巴，大哥又捏造出了太陽和月亮高高懸掛在天上。小弟却十分懶惰，工作不積極，直到期限快到，唯恐玉帝責罰才急急忙忙開始趕工。他手忙脚亂地造地，將碗中的黃土大塊小塊蘸水就扔，使得地面高低不平，也就有了現在的山峰和峽谷。期限已至，玉皇大帝見小弟還沒有回來覆命，就派雷神和閃電來催。霎時，閃電「劈里啪啦」甩起了電鞭子，雷神「轟轟隆隆」敲起了雷大鼓，這電閃雷鳴，讓小弟慌了神，急急忙忙往回趕，却一不小心踢翻了造地的那碗水，水流順勢而下，填滿了還不曾創造的地方，也就成了現在的江河湖海。

2.鯀造山，禹鑿河

　　傳言盤古開天地後，原沒有山河湖海，有一年世間洪水泛濫，玉帝的侄兒鯀投胎爲人，獨上仙山偷取了一樣寶貝，然後將其拋入人間，於是人間疊起連綿不絕的山脈，受苦的百姓有了避難之處。然而鯀却因此觸犯了天條，被壓歸天庭斬首。誰料他死後屍首七天不腐，玉帝命人剖腹查看，「腹開，腹腔中飛出一條烏龍，背馱一紅纓少年往東而去，這便是傳說中的鯀之子——禹」，禹來到凡間，繼承了父親治水的大業，開山闢嶺，根據水流特點加以引導，使得平川之上的

洪水彙聚成河，而後又將其引入海中，最終平息了這場天災。從此，大地上有了山河湖海，高低有序，人們多居住在平原，且有了對抗洪水的辦法，就這樣一代一代繁衍了下去。

（二）人類起源

我國人類起源的神話主流是女媧摶土造人。「傳說天地開闢，未有人民。女媧摶黃土作人，劇務，力不暇供，乃引繩于泥中，舉以為人。」我國位於亞洲，屬黃種人，所以在我國的神話傳說之中是女媧是用黃土創造的人類，是我國民族的特色體現。

1.皇天爺與皇天姆造人

在福建的畲族也流傳著一個摶土造人的傳說。據傳天地初分，天上有神仙居住，地上却沒有半點人種。皇天爺和皇天姆就下凡到地上使用五色土造人。皇天爺專門捏男孩，皇天姆專門捏女孩。就這樣捏啊捏，但是不久就捏得手脚酸麻。於是皇天爺和皇天姆決定用篩子來篩。皇天爺捧來一個湖面大的篩子，皇天姆拿來一個一下能鏟幾百擔土的大鏟子，兩個人你鏟我篩，東邊篩黃土，西邊篩紅土，北邊篩棕土，中間篩黑土。篩過的土紛紛揚揚，隨著風長大成人的模樣，還依據不同土地顏色分成了不同的人種。

但是剛創造出來的人並沒有靈性，皇天爺皇天姆又各自呼出一股靈氣，有了靈氣的男男女女會哭會笑了。可是皇天爺和皇天姆還是不滿意，覺得要教他們說話，讓他們做事。於是皇天爺用竹枝抽打著各色的男男女女，把他們趕到各色泥土的地方去做世界。皇天姆也用幾根長短不同的竹管、竹哨，吹起來教人學說話，每到一個地方就吹一種調子，教會了許多許多地方的人講許多許多不同腔調的話。

因此世間人無論什麼地方，無論講哪一種話，哭聲和笑聲都是一

樣的，而大地上的凹凸不平則是皇天爺和皇天姆取土造人導致的，後
來那些高的也就變成了山峰丘陵，低的也就變成了溪河湖海。

這一神話內容極其豐富不僅解釋了人類的起源，還進行了人種之
分，男女的性別之分，以及語言之分，更重要的是爲人類在世間辛苦
勞作的目的做出了解釋──爲了做世界，就是要創造一個人類自己安
居樂業的世界。

2.盤瓠傳說

在畲族的信仰裏有這樣一個圖騰，似龍非龍，似犬非犬，又不是
麒麟，被稱爲龍麒，這也就是我國古代神話中的盤瓠。在畲族流傳的
衆多故事裏，盤瓠的傳說也與人類的繁衍息息相關。

遠古有帝名高辛，其皇后耳痛三年，取出一硬甲蟲，放入瓠瓢之
中，不久化身爲犬，其毛有五彩之色，得名「盤瓠」。當時戎吳部落
作亂，高辛下旨凡可斬下吳將軍首級者，賞金千兩，封邑萬戶，並將
公主許配於他。後盤瓠得戎吳將軍首級，銜至大殿之上，高辛無奈將
女兒許配給他。但盤瓠沒有人身，在高辛帝允諾將女兒嫁予他時，曾
推遲婚期七七四十九日，要求高辛帝將他罩於瓠瓢之下，待到四十九
日之後便可化爲人形，此間絕不可被人打擾，否則便會功虧一簣。高
辛帝照做了，只是待到最後七日之時，公主難忍自己的好奇心，悄悄
掀開了瓠瓢，最終導致盤瓠變身失敗，成了一副擁有俊朗的男子身
材，却始終保留著一個狗頭的形象。後來公主隨盤瓠登高山入深谷而
居，育有六子六女，成爲畲族始祖。

以上就是在閩南地區有關人類起源的神話傳說，而除了起源之
外，閩南的神話裏還有關於人種、性別的劃分。

3.烤出來的膚色

傳言上帝捏泥人之後要烤製成人，結果第一次的時候烤的時間太

長，燒焦了，就成了黑人。第二次稍微烤了一下，時間又太短了，就成了白人，最後仔仔細細烤了一周時間，最終成了剛剛好的黃種人。

這體現出了人種的分化，還在一定程度上表現出了黃種人的種族驕傲。

4.被劈開的另一半

最初的人類是男女同體的，被天神劈開後，才成了男人和女人。然後天神又遠拋近撒，所以此後世界上的人有要歷盡辛苦，才能找到他的另一半，有的找到了也會因格格不入而離異。

這個神話和西方的聖經有異曲同工之妙，都對男女之間的愛情和婚姻進行了解釋，只不過一個是被抽出的肋骨，另一個卻是被劈開的另一半，總之命中注定的兩個人或許從最開始就是一個人，而這也就是跨越千山萬水後能得到的最美愛情。

（三）滅世神話

與創世神話相同，滅世神話也廣泛流傳在我們的民間文學之中，其中大多數是洪水、天火等天災滅世。洪水神話是中國乃至世界大多民族都擁有的，主要情節大致是由於人類犯錯，天帝怒而降大水淹沒世間作為懲罰，僅有兄妹二人躲在某處，如大葫蘆，大盆中活了下來，後不得已結為夫妻，將人類繁衍下來。而與洪水滅世不同，在閩南畬族和附近漢族之中還有大量天火滅世的神話傳說。

油火燒天下

傳言某財主家有一丫鬟，習慣在正午送飯時將一飯團塞入門口石獅子的嘴中。長此以往，在五年後的一個晚上，丫鬟夢中驚醒，只見石獅子活生生的蹲在自己床頭，開口告訴她說，由於世間人作惡太多，天庭大怒，決定降下天罰。明日會下一場六月裏的鵝毛大雪，凡

人看見是雪，實際上落下來的是棉花；後日會下一場傾盆大雨，實際
上是天上倒下來的油；到了第三天天上就會降下熊熊大火，將凡間燒
得一乾二淨。石獅子爲感謝丫鬟的送飯之恩，告訴丫鬟在第三日雞鳴
三遍之時鑽進他嘴裏，可保性命無憂。丫鬟心生不安，第二日却見昨
天還是艷陽天，今日却大雪紛飛，第三天又像獅子所說的那樣下起了
傾盆大雨，於是徹底相信了獅子的話。第三天當晚丫鬟徹夜難眠，雞
鳴兩遍，就急匆匆的來到門口，在雞鳴三遍之時奮力鑽進了獅子的肚
子裏。獅子帶著丫鬟跑啊跑，直到來到了大海邊，撲通一聲跳進了海
裏。丫鬟在獅子肚子裏躲了一天一夜，再出來時只見這世間被燒得乾
乾淨淨，連海水都少了數尺之多，不禁悲痛萬分。而這時，正巧玉皇
大帝前來查看情況，見此女大難不死，是有天福之相，於是下令天狗
下凡，化作一後生與其相配。二人一起重新開荒種地，繁衍生息，又
讓凡界有了衆多人類。

　　這樣一則天火滅世的故事實際上與閩南的人文歷史和地理環境
息息相關，尤其是畲族人多生活在山區之中，刀耕火種，茂林修竹，
使得天火的威力遠遠比洪水可怕得多。而且上文中有提到畲族流傳著
關於盤瓠的傳說，所以與犬婚配也成了當地神話傳說中的一大特色。

二、傳說

　　簡單來說所謂的民間傳說就是人民大衆所創造並賦予的，一些人
或地點或事物所承載的具有傳奇色彩的民間故事。它們大多基於現
實，又被加以民衆自身的想像力，再經過藝術加工形成了我們如今的
傳說。

（一）人物傳說

　　英雄人物的傳說故事是所有民間文學中不可或缺的一部分，在閩

南民間文學中也不例外，更甚者占據了相當大的一部分比重。在這些人物中有才子、名士，也有官員、將士，他們或功績斐然，或名垂青史，更或者只是一個被虛構出來，並不一定真實存在，却有著傳說的特殊人物，他們都爲這本傳說史冊添上了或濃或重的一筆。

1.鄭成功‧父子相爭

在閩南地區提到人物傳說就不得不提到鄭成功，他原爲中國南明政權的大將軍，後來稱爲東寧王朝的開國君王。世稱「國姓爺」、「鄭國姓」、尊稱「延平郡王」、「開臺尊王」、「開臺聖王」等，是一個不可不說的傳奇人物。

鄭成功從小讀書勤奮且聰穎異常，但是他的父親却希望他成爲一名武將。一日他父親鄭芝龍遊江一時興起，出上聯「兩舟並行，櫓速不如帆快」一語雙關，表面說船帆與櫓杆的速度之比，實際上却是借魯肅與樊噲暗喻「文官不如武將」。鄭成功一聽，靈機一動，對到「八音齊奏，笛清難比簫和」，表面指笛聲不比洞簫的聲音來的動聽，實際上却借狄青與蕭何暗指「武將難比文官」。當時跟隨的幕僚聽罷，暗自贊嘆，又趁機提出一聯「凍雨灑窗，東二點西三點」，鄭成功沉著應對「切糕分客，上七刀下八刀」。如此一來衆人皆對他的文采贊不絕口，他的父親也改變了初衷，不再干涉他讀書寫字，最終將鄭成功培養成了一個文武全才的英雄人物。

2.鄭成功‧國姓井

鄭成功作爲閩南人口中的國姓爺，曾留下許多遺址，最廣爲人知的就是分布於各地的「國姓井」。而位於鼓浪嶼的怡園之中就有這樣一口「國姓井」，被譽爲怡園「三寶」之一。

據說，當年鄭成功帶兵駐扎於五龍嶼之上，爲解決士兵吃水的問題，下令尋找水源。當時駐守在「小桃源」附近的士兵就近挖井，可

勞心勞力挖了三天，才有三尺深，底下盡是石頭，不禁想要放棄。正巧鄭成功巡視軍營，聽說了此事，怒斥士兵：「幾塊石頭就怕了！怕不怕清兵，怕不怕紅夷？」說罷就抽出佩劍，大喊：「頑石何所懼！」舉劍劈向了頑石，只聽「轟隆」一聲，頑石開裂，湧出了清冽的泉水，後來士兵紛紛把這口井叫作「劍泉」。

鄭成功一生傳奇無數，投筆從戎，有勇有謀且廣招天下賢士，其最大的功績就是收復了當時被荷蘭占領的寶島臺灣。在他的一系列故事裏，我們不僅能看到一顆赤誠的愛國之心，凜然的民族志氣，還有不畏艱險的勇毅和心懷天下的仁愛之心，這些高尚的品格成就了他一番偉大的事業，也讓他成爲了人民大衆所崇敬的英雄人物。

3.李贄‧智斷紛爭

除了鄭成功大愛報國以外，在明代福建泉州還曾出現過這樣一位才學淵博却離經叛道的人物，他就是李贄，李卓吾。在其年少之時就已經展現出了出色的洞察力和判斷力，善於利用自己的聰明才智解決一些問題，或爲一些案件提供簡單可行的偵破方式。

其一叙述有人偷挖別家的蘿蔔被抓獲，失主找少年李贄評理，李贄讓偷挖者把框中蘿蔔倒出，然後就一眼斷定他是偷的。圍觀者有人不解，李贄就解釋說，倒出來的這擔蘿蔔有大有小，最小的恍若手指頭那般粗細，如果是自己家的蘿蔔的話，又怎麼會將還沒長大的蘿蔔挖出來賣呢？衆人一聽都點頭稱是。

其二則是一位老婆婆說一位大姐偷她的雞，請李贄評理，大姐拒不承認。李贄則問二人是用什麼飼料進行餵養，然後爲了證明兩人中有人在說謊，李贄表示要把雞肚剖開取證。老婆婆不捨自家雞被殺，李贄則說，取證要緊，最後誰偷的誰賠償就是。話音剛落，旁邊的大姐就心虛的表示認錯了自家的雞，然後倉惶逃走。

　　兩則小傳說將聰明機智的少年李贄形象描繪了出來，他的這種敏銳的洞察力和判斷力更是爲他成年後追凶斷案提供了極大的幫助。

　　在閩南還有一些傳說是帶有一些積極的生活作風和態度的，閩南人肯定和贊揚這一類優良作風和態度，向人們宣揚生活需要智慧，要保持踏實肯幹、積極進取，謙遜認真態度與作風，才能有所成就。有一個關於蔡新的傳說，極富趣味性又容易惹人深思。

4.蔡新拜師

　　傳言蔡新早年家貧，雖學習尤爲刻苦，但科舉屢試不第。這一年科舉他又來到了每年都路過的點心店吃湯圓。瞭解並同情他遭遇的老闆給他出了一個上聯——「九龍嶺下月月冬至」，聲稱蔡生若是對不出下聯也不必費力進京趕考了。蔡新絞盡腦汁，却苦思不得，感慨十年寒窗却在這九龍嶺下栽了跟頭。但幸運的是蔡新這次終於考中了進士。返鄉途中，夜晚登上六鶴碼頭，望見海上漁火星星點點，好似閩南元宵鬧花燈的模樣。這一幅美麗璀璨的六鶴海景，讓蔡新瞬間想到了一個絕妙的佳對——九龍嶺下月月冬至，六鶴海上夜夜元宵。留在心底的一個心結終於打開，後來蔡新到家祭祖，邀請了點心老闆前來，自認才疏學淺，當衆拜師，在場的人大爲震動，此後關於蔡新拜師的消息不脛而走。

　　這一則傳說的存在價值不僅僅是一個人物的傳說，或是一個對對子的故事，這個故事涉及了兩個階層的互動。中國古代階層由高到低爲士農工商。可在這樣一則故事裏，作爲士族階層的蔡新却選擇拜了一名商販爲師，這無疑是讓人震撼不解的。但這樣一個商販能出一聯讓蔡新苦思冥想的對子，就證明了他在某一方面是比蔡新強的。這也就恰恰說明了古時那樣按士農工商來進行階層排序是不合理的，階層沒有貴賤，只是在不同方面有所側重罷了。而在那樣一個等級森嚴的

封建社會，已經晉升爲「老爺」的蔡新能够完全放下自己的身份和面子去拜一名商販爲師，又何嘗不是一份大度的胸襟，認真好學的求學態度。

閩南地區有關人物的傳說故事還有很多很多，他們都在歷史的長河之中占據著屬自己的一席之地，那些傳說故事既在一定程度上展現了歷史中才子、名士的真實面貌，又反映了在傳說被創造過程中，人民大眾對這些人的想像和期待。

（二）地景傳説

所謂地景文化淺顯來說就是一個地方的山河湖海等各種風景，或者是一些坐落於風景之中的建築，與當地的歷史背景文化等相結合的產物。地景傳說就是那一道道風景、一座座建築背後的故事。不是每一處地景都存在傳說，但是每一個傳說中的地方都是自然和歷史贈與我們的瑰寶，閩南就是這樣一個擁有衆多瑰寶的地域。

1.廈門五龍嶼

傳說早先廈門島周邊並沒有存在什麼小島嶼，而是海面寬闊，水深浪平。東海龍王有一日帶其五位龍子路過此地甚是喜歡，便佑其風調雨順，助其魚糧豐收。而廈門的子民爲感謝龍王的庇護，就在島上蓋了一座水仙宮，爭相祭祀，香火不斷。不料三年後玉帝巡視發現廈門有水仙宮，却不供奉他玉帝的廟宇，惱羞成怒，降旨龍王罰廈門島大旱三年。龍王不敢違抗只好停止耕雲佈雨。從此廈門島上每天烈日炎炎，百姓顆粒無收，民不聊生。終於一日龍王不忍曾經的一個寶島如今哀鴻遍野，使得百姓終日祈禱，決定逆反天條驅風降雨，解除了廈門的旱情。而玉皇大帝，得知東海龍王私降甘露，大怒之下將其斬首，又降旨將五位龍太子終生監禁於黑龍潭。龍王死後頭顱滾落到廈

門島的西南海面，五位龍太子掙扎著爬到父王首級旁邊，最終暈了過去。此時龍王口中所含的那顆明珠慢慢滾落，却並未沉入海底，而是化為一座島嶼浮出海面，把老龍王的首級托得高高的，化為一座小山聳立島上，五位太子躺到的地方也化作了五個小山坡，中間隔水，遠遠望去就好似五龍臥崗。因此，被人們稱作五龍嶼，也就是現在廈門著名的鼓浪嶼。

　　這一則故事為本就是廈門著名景點的鼓浪嶼又增添了許多傳奇色彩，更具文化意義。

2.洛陽橋‧觀音籌款

　　福建泉州的洛陽古橋坐落於洛陽江水之上，素有「海內第一橋」的美譽，是中國四大古橋之一。蔡襄於泉州做太守，到任後，就籌集資金準備建橋。而關於洛陽橋的建造，更是所謂蔡襄建橋，八方來助，這座跨江接海的大石橋在幾經波折之中完成，自是留下了許多傳說。

　　洛陽橋的工程浩大，建造不久後蔡襄籌集的資金沒有了。正巧南海觀音駕雲來到洛陽江上，知曉這一事情，便隨手拔了只金釵，幻化成彩船。自己則化為一位美女，獨坐於船上。彩船緩緩行至江邊，觀音許諾若誰能用金銀投中她，她就嫁於誰為妻。這一消息迅速散播開來，許多的財主老爺和富家公子，觀其美色，驚為天人，就將一車又一車的銀錢運到江邊，拚命地投擲，那銀錢像雨點一樣落在船上，可就是沒有人能投中她。就這樣，日復一日，數日後彩船裝滿了銀錢，南海觀音就將它送給了蔡襄作為建橋的費用。

3.洛陽橋‧龍王退潮

　　當時的洛陽江，潮漲水深，且有龜蛇二怪作亂，建橋工事難以推擠。蔡襄百思不得解，忽然記起八仙中的呂洞賓曾贈與他一套筆墨，說是可用來解決為難的事情。黔驢技窮之下，蔡襄不得已用這套筆墨

寫了一份文書，請求海龍王退潮三日，露出江底，以便奠基砌墩。文書寫好後，蔡襄要尋人下海投書，便問：「誰下得海？」恰巧有一衙役名叫夏得海，忽然聽見喊他，趕忙應道：「小人夏得海。」本是烏龍一場，夏得海却不得已接令行事，帶著文書來到海邊。本以爲必死無疑，所以他臨去前買了酒，然後就醉醺醺地倒在海灘上，等海水來將他卷去。恍惚間好似覺得兩個蝦兵蟹將帶他去見了龍王。然後猛然驚醒，就發現手中有了一份回信，單寫了一個「醋」字。蔡襄看到後大喜，原來這「醋」字拆開來，正好時「廿一日酉時」，這就是龍王約定退潮的時刻。果然，待到到了二十一日酉時，海水退盡，露出了灘底。一連三天，都沒有漲潮，蔡襄親自帶領大家日夜苦幹，最終將橋基打牢，砌起了一座座的橋墩。

4.洛陽橋‧八仙相助

除了龍王和觀音之外，傳說中蔡襄建造洛陽橋時，張果老曾幫忙運載過木石器材，鐵拐李打造了千萬只錘釬，呂洞賓和漢鍾離幫忙築橋基，韓湘子用那把雪帶，掃來牡蠣粘在每座橋墩上，使每塊石頭都緊緊地膠合在一起。曹國舅則幫忙將一塊塊的大橋板頂托到橋墩上面，幫助工民建橋，就連何仙姑和藍采和都爲了改善民工的生活弄來了無數猪養雞鴨和新鮮的魚蝦供民工們食用。就這樣在多方相助之下，洛陽橋終於竣工了，後來人民大眾在洛陽橋邊設立了「蔡襄祠」，壁上刻畫了八仙的形象，廊下還有著夏得海的塑像，紀念這一偉大的功績，也是紀念這一極具傳奇色彩的故事。

5.林道乾埋金

此外在閩臺兩地因爲隔海相望，還流傳著大量的海盜寶藏的傳聞，其中最爲著名的就是林道乾的埋金傳說了。

相傳明朝有一海盜叫林道乾，因敗於大將俞大猷手下，避走臺灣

打狗山。一日遇一仙人贈與他三只刻有林道乾名字的神箭和百粒大米，告訴他要口含百粒米睡百日，在最後一日錦雞鳴叫之時向京城方向射出神箭就可以殺死皇上，然後奪取天下。林道乾得知此事大喜，回家後告知妹妹金蓮，好好照顧錦雞，自己更是每日含米入睡，如此度過九十九日。可到了最後一天，兄妹二人都太過激動，徹夜未眠，金蓮也因此早早地就把錦雞抱了出來。誰知被移動的錦雞卻誤以爲天色將亮開始大聲鳴叫。而林道乾聽到雞鳴立刻起身向京城射出三箭，卻因時辰未至，沒能殺死皇帝，只是射中了龍椅。

再說皇帝早朝之時發現龍椅上射有三只神箭，大怒，下令徹查。林道乾在打狗山外圍發現官兵之時也知道大事不妙，趕忙回家通知眾人收拾東西，準備明天一早錦雞啼鳴之時出發。金蓮也知道此事的嚴重性，晚上把錦雞餵得飽飽的，唯恐第二天出現差錯。可誰知由於前一天錦雞吃得太飽，第二天睡過了頭，啼鳴之時已是天色大亮，林道乾的隊伍早已被官兵團團圍住。

兩次的重大錯誤讓林道乾憤怒至極，而金蓮也對此愧疚不已，自覺表示要留下來看守因爲倉促來不及轉移的十八箱半的黃金，等待林道乾的歸來。而林道乾則是揮劍把打狗山砍出一道裂縫就此逃亡而去。

後來，有樵夫稱自己在柴山砍柴之時，遇見一位美女邀請他到山中的家裏做客，前去發現她家中有十九個蓋的嚴嚴實實的箱子，還有一隻羽毛分外艷麗的雞。樵夫酒足飯飽之後沉沉睡去，醒來卻發現自己睡在了村口的大榕樹之下，這才知道原來自己做了一場夢。夢中的女子就是金蓮，那隻羽毛艷麗的雞就是錦雞，而那十九個箱子裏就是林道乾未能帶走的黃金。也正是因爲這個傳說，柴山又得名埋金山，裏面埋藏著林道乾留下的寶藏。

（三）風俗傳說

　　中國自古就有重視風俗的傳統，而在閩臺兩岸數量衆多且內容豐富的的民間傳說故事，也爲這兩地的風俗習慣增添了新穎且獨具特色的一筆。這其中在臺灣地區就有著名的「椅仔姑」的傳統習俗。

　　這一風俗此前臺灣多是在正月十五，三月初三和八月十五這幾日舉行。每當此時一群年輕女孩多會圍坐在一起，在中間擺放一個小竹椅四脚朝天，披上一件女童的衣裳或是把飯匙用紅花綁在椅子上，并在上面畫上人的眼、耳、口、舌，以此比作椅仔姑本人。而後在幾名女子分提著凳脚的同時，齊聲以臺灣閩南語反復吟唱某歌謠進行召喚，一直到感到椅子變得沉重，也就表示椅仔姑降臨了。這時觀衆就可以開始問事了，椅子會用敲擊聲來表示回答。觀衆的問題多半是姻緣之事，而且女性們在作此術時，必須未婚並且不可提到「嫂」，否則術法就會失敗，椅仔姑就不會降臨了。而這一風俗的背後則隱藏著一個相對悲慘的傳說

椅仔姑

　　相傳椅仔姑生前是一個三歲女童，父母雙亡，同她的哥哥嫂嫂一起生活。但是她的嫂嫂並不喜歡她，經常趁著她哥哥不在虐待她。一日寒冬，嫂嫂還逼迫小小的椅子姑必須生火，生不起火就不能離開廚房，椅子姑就坐在一個小小的竹凳上凍斃了。而死後她的嫂嫂爲了避免暴露，直接把屍體埋在了豬舍裏面，向她的哥哥謊稱小女孩自己離家出走了。

　　也有部分臺灣民間認爲椅仔姑與阿秀姑娘、陳姑娘是三位專門保護那些可憐的寄人籬下的養女的守護靈，她們有著相似的遭遇，生前都是別人家的養女或童養媳，但是最後都受盡虐待早早結束了年輕的生命，差別在於椅仔姑是還是兒童的時候被虐待而死，屍身埋在了豬

舍,而陳姑娘和阿秀姑娘則是選擇了投湖輕生。

這樣的一則傳說久而久之就演變成了當地的一個習俗,專爲女性設立,有守護,祭奠,問姻緣之意。不過遺憾的是目前這一習俗已經在漸漸失傳,越來越少的人會那些儀式裏的歌謠並參與到儀式裏去。

閩南的風土人情極具特色,這裏是一個信奉神明的地域,宗教文化往往會出現「淫祀」的現象,不同於我國大部分其他地區一座寺廟只主供一個神明,閩南地區的神明眾多,廟宇極多,同樣在一座廟裏供奉的神明也會很多。在很多情況下閩南人去廟宇所做的「拜拜」可以一下子從結婚生子拜到孩子金榜題名。在閩南地區各種神明共住一廟,「拜拜」可以「一次性拜完」已經成爲了當地的一種宗教文化的區域性特色。

(四)神明傳說

提到閩南的神明,就不得不說起東南沿海地區的海神信仰——媽祖。又可稱作天妃、天后或天上聖母。而福建作爲媽祖的出生地,可以說是信仰最爲集中的地區,廟宇眾多,香火十分旺盛。據傳媽祖出生時就有流星降世,紅光耀天,飛升之時年僅二十八歲,更有群眾說看到媽祖逝世當天山上有彩雲冉冉升起,恍若升仙。媽祖這短暫的一生,通水性,精藥理,行善救人,引導人們避凶趨吉,死後更是有人稱常見她身著紅衣飛翔於海上,救助那些遇難之人,受眾人供奉,多次受到皇帝封賞,是閩南民間影響深遠的神祇。

1.媽祖‧空手接炸彈

二戰期間,美軍轟炸臺灣,空襲警報響起一時之間人心惶惶,四處逃竄,不知道噩夢到底在什麼時候降臨。但奇怪的事發生了,命令下達以後,也有目擊者看到炸彈升空,可是無論是軍方還是百姓都沒

有等到炸彈爆炸。大家百思不得其解，後來據當時一位正在巡航的美
軍飛行員所稱，他看到了一位穿著紅衣裳的婦女，憑空而立，在半空
中用手接住了來勢洶洶的炸彈，而後又莫名消失。一時間所有人議論
紛紛，而在當地的居民也突然發現，寺廟裏供奉的媽祖神像竟莫名斷
了一個手指，衣擺上也好似沾染了硝烟的氣息。所有人終於恍然大
悟，堅信是媽祖顯靈爲他們擋下了這一場災禍，這一故事也被廣泛傳
播，臺灣民衆都萬分感激媽祖對他們的保護。

2.保生大帝‧揭榜醫皇后

傳言宋仁宗時期皇后病重，太醫們束手無策，仁宗無奈下發皇
榜，天下求醫。吳本在雲遊之時順手揭了宋仁宗的皇榜，並通過高超
的醫術成功醫治好了太后的病症。宋仁宗大喜，決定賜封其「御史太
醫」賞賜大量金銀財寶，但吳本以其志不在此婉拒了仁宗皇帝。仁宗
皇帝贊賞其高尚的品德，就賜封他爲「妙道真人」。據傳，吳本死後
百餘年，宋高宗還特意派人前往青礁，大興土木，仿照皇宮，爲吳本
賜建「慈濟宮」，各地百姓也紛紛效仿、供奉，後多稱其爲「保生大
帝」。

3.保生大帝‧香茹能解鬱

南宋時期，當時宰相兵敗南撤到到閩南地區，正值六月暑天，將
士們大多不適應當地高溫氣鬱中暑。宰相正擔憂之時，有一道者求
見，道者將一束青草拿給宰相，說：「這太武香茹煎茶能解鬱，解熱
祛暑，同車前草一樣功效，而這香茹在這對面文圃山上隨處皆可采
到，宰相何不一試？」宰相聞之大喜，下令歇馬三日，采香茹煎茶，
三日後將士們果真恢復了精神。後來宰相想親自道謝却發現道者早就
不知去向，派人打聽之時聽聞文圃山下有一座「慈濟宮」，於是帶人
前往進香禮拜，在瞻仰神像之時才恍然發現，那天所見的道士像極了

這供桌前的吳道人。

　　這兩則傳說向我們展現了真人吳本醫術之高超，藥理之精通，且品德高尚，懷有一顆愛人之心，逝世後仍屢展神迹，顯靈於世間救助百姓的病痛之苦，被閩南的民眾視爲神明，是治病救人的醫神，廟宇中香火不斷，展現了有關「保生大帝」信仰的深厚。

（五）寺廟傳説

　　閩南的寺廟傳説多具神聖性，還被賦予了濃郁的神奇色彩。首先泉州開元寺的建寺傳説就十分有趣。

1.開元寺建寺

　　傳言道開元寺所占得一方土地原是泉州「紫雲黃氏」之基祖黃守恭的百畝桑園。一晚黃守恭夢到一位和尚向他化緣要土地，黃守恭承諾若三天內桑樹開出白蓮花就把桑園獻出來。三天內桑樹真的開出了白蓮花，黃守恭萬分驚奇，但也守諾將桑園交給了再次入夢的和尚。當二人談及獻出的土地大小之時，和尚將袈裟拋出，佛法顯靈後籠罩了百畝桑園，這也就是開山寺建寺所占的百畝之地。

　　在這個傳説裏無論是和尚夢中化緣，黃守恭夢境成真，還是最後袈裟圈地竟籠罩方圓百畝之地，都使得開元寺的建寺傳説更添了一份佛性和神聖感。

　　除開山寺建寺以外關於漳州三平寺的選址和建造也有著著名傳説。

2.三平寺之選址建寺

　　據傳有僧名義中拜大顛法師爲師。潛心修行，不僅修證了佛法，還精通醫道和武藝。一日韓愈來訪請高僧除惡。義中和尚瞞著大顛法師大戰鱷魚精，將其滅殺。本是爲民除害，其師父却大罵孽徒，怒其

欺瞞、殺生，搶過他手中的禪杖猛地朝東方擲去，讓他在落地處拄錫。
而這禪杖一直飛出數百里，到了漳州的三平山半雲峰下才停下來。義
中和尚也就在此創建了「三平真院」，這就是我們如今的三平寺。傳
言三平寺的建造非常人之功，而是當時毛氏洞裏一群被當地人稱作
「山鬼」的原始毛人，自願爲菩薩贖罪而建造的。本要義中和尚閉目
修行七日，但在第五日時義中彷彿心有所感，微睜雙目，目光如炬，
一下子照亮了整個寺院。提前了兩天睜眼也就導致了寺院並沒有修建
完整，所以三平寺迄今只建好了三殿半。

　　有關三平寺的傳說，無論是被扔出千百里的禪杖尋址，還是被譽
爲「山鬼」的原始毛人建寺，後又被收爲侍者，以及迄今爲止都是三
殿半的建築都使得它在寺廟的建築群體中別具一格，有著自己獨特的
意蘊所在。

3.南山寺之延祐銅鐘

　　據傳當時寺廟住持讓寺廟僧人去化緣、勸募以重鑄大鐘。和尚化
緣之時一位貧窮的孤寡老阿婆捐贈了她唯一的一支銅簪子，一位殘疾
人捐贈了他乞討得來的兩枚銅板。但化緣的僧人並看不上這三樣東
西，將他們隨手扔在了寺院的角落裏。後來說也奇怪，鑄造銅鐘，上
面總是會出現一道裂縫和兩個小窟窿。住持無奈之下只好帶著眾僧人
燒香拜佛，請求佛祖指點迷津。後來真相大白，住持教育眾僧人要去
除勢利心，平等待人。將三種銅器投入銅爐後果然造出了一口好鐘，
而最後「延祐銅鐘」的鐘面之上清晰留下了一支銅簪，兩枚銅錢的印
記。

　　這則傳說表面是將勸募鑄鐘，實質上卻是利用一口鐘的鑄造告訴
眾生一個道理：佛渡眾生，在佛法面前不存在高低貴賤之分，只有做
到眾生平等，才能真正的領會佛法的奧義，引得佛法真迹顯靈。而跳

出佛法義理，這個道理在任何時候都是適用的，人生而平等，我們要學會關愛身邊的每一個群體，戒驕戒躁，可以比旁人優秀，但從不代表比旁人高貴。

（六）風水傳說

所謂風水本是一種相地之術，也就是我們所說的一種考察地理的方法。從現在科技看來風水實際上是一種研究環境與宇宙規律的哲學，但在我國的文化之中它屬一門歷史悠久的玄術。作爲我們文化中的一種玄學，它的民間傳說更是數不勝數，閩南地區也不例外。

1.林半仙與七鶴金臉盆

相傳在林園，有一個廖姓的貧窮人家求林半仙幫忙尋塊穴地。林半仙雖看出他不是良善之輩，但還是因同情他的遭遇，將他們家的祖墳遷到了傳說中的「金臉盆穴」之地。却也因此瞎了雙眼，但姓廖的承諾一定報答林半仙，奉養他終身，絕不敢忘恩負義。

此後這廖姓人家突然發達了起來，起初對林半仙感激不已，事事供奉，但時間一久就覺越發不耐煩，開始日漸怠慢。一天晚上，林半仙吃過晚飯，對婢女誇贊今天的乳羊特別鮮嫩。誰知下女告訴他這羊是剛從肚子裏生出來然後跌落到冀坑摔死的，奉主人之命做給他吃。林半仙一聽十分生氣，知道是姓廖的欺他看不見，已經不願守諾侍奉他了。

次日清晨，林半仙找到姓廖的告訴他，他們先祖的風水出了變動，最好找個良辰吉日重新安葬，才可以保持家境富裕。姓廖的不疑有他，立刻按照林半仙的指示去做。

改造當日，林半仙帶著法器，來到穴地將墓桌翹了開來，取出桌子底下的一盆水洗眼，眼睛頓時復明，林半仙飄然遠去，金臉盆穴也

就因此破了風水，廖家便漸漸敗落了。

2.朱熹與塔口庵

南宋紹熙元年，朱文公治漳州郡，使得漳州的地方風俗發生了很大變化。而關於風俗的改變其中被廣為傳播的一件事就是有關塔口庵的來歷。

相傳最初時候漳州的北門地區一帶淫穢事件接連發生，而且官府屢禁不止。為了解決這一現象，朱熹決定微服私訪，探究其根源所在。後來他沿著北橋街一直走，直到走到北橋街的中段，看到一座小廟，綠瓦紅牆倒是顯得十分清淨。在寺廟的斗室裏，一個瞎眼和尚正盤腿坐在佛龕下，白鬚垂眉，氣度非凡。朱熹見此就上前詢問此間民俗為何如此放蕩。瞎眼和尚讓他從廟前一路向南，勘察此處的地形，此處地形正如女子仰臥，並為他解惑說道：「廟前的井是美人穴，井中的水為桃花水，這裏的居民每天都喝這桃花水，怎會不做出傷風敗俗之事呢？」

朱熹聽後恍然大悟，連忙回府推行了一系列政策。先是找人在井上建了一個小小的石塔，將井口封閉，然後又倡議家家戶戶在門口掛上竹簾防止外人窺視，等等一系列措施，大大改變了漳州當地的風俗，為眾人所傳頌。此後那個小廟也正式被命名為塔口庵，再後來連帶著廟宇附近的街道也用此命名。

3.江夏侯斷風水

相傳在明代初期，當時皇帝擔心民間有了好風水，平民受風水庇佑，奪取他的帝位，所以派遣江夏侯前往各地破壞能生天子的吉穴。江夏侯一路巡遊來到了泉州，發現這裏山川秀美，風水極好，隱隱有魚躍龍門之氣象。

原來泉州城的建築形勢，整體呈現出一條鯉魚的模樣，城池和城

外的東湖相連恰似鯉魚吐珠。而與泉州相鄰的永春州，建築却好似一張漁網，限制了鯉魚的活動。但泉州的開元寺建造了東西雙塔，正好破開了永春州的網。

江夏侯知道此間風水的關係，一心要把東西雙塔破壞掉，重新用漁網限制鯉魚活動。於是就命人拾來許多柴草放到塔下，然後放火焚燒。可這雙塔異常堅固，且有神明護持，所以在大火初起之時就天降大雨把火光撲滅，中斷了江夏侯的計劃，使他不得不另尋他法。至今東西塔的下層還留有黝黑的痕迹，就是江夏侯焚燒過這裏的證據。

（七）奇案傳說

離奇的案件的故事在民間故事裏並不罕見，而爲了增加案件的曲折性和傳奇性，奇案傳說紛紛湧現，爲民間故事增添了虛幻離奇的一筆色彩。

臺灣所流傳著這樣幾則著名的奇案傳說，其中《林投姐》、《周成過臺灣》兩者都恰好是與「過臺灣」的歷史相關的負心漢類型傳說。

1.林投姐

清末時有一寡婦李招娘靠著亡夫遺産獨自撫養三名幼子。而丈夫生前的好友周亞思常來家裏慰問，時間一長李昭娘就對其生出情愫，後改嫁給了周亞思並將亡夫的財産交給他打理。

誰知周亞思用李昭娘的錢財獲得暴利之後，立即回到原籍汕頭並另娶新妻。遠在臺灣的李昭娘毫不知情。幾年過去，亡夫所剩無幾的遺産被用完了，三個孩子相繼死去，李昭娘也走投無路最後吊死在林投樹上。此後，這附近就常有女鬼出沒，用冥紙買肉粽，惹得當地民衆人心惶惶，便稱女鬼為林投姐。

又是幾年過後有新到任的衙役聽說了此事，就與林投姐商議幫祂

調查此事。林投姐知道周亞思早已另娶新妻後悲憤不已，幾近化身厲鬼。衙役及時制止了她並許諾說她若不再擾亂民眾的生活，待到自己任期滿後就帶她前往汕頭報仇。

衙役任期滿後帶著李昭娘的冤魂抵達汕頭，然後周亞思在家中看到李昭娘的魂魄大吃一驚，驚懼之下精神失常，不時在廳堂之上喃喃自責，最後拿起菜刀殺死自己如今的妻子和兩名幼子，然後自殺了。

2.周成過臺灣

傳聞說清代有一唐山男子周成，告別妻子和父母前往臺灣做生意，生意非常興隆，賺了錢。但周成沒有選擇返家，而是迷戀上煙花之地的女子，就在臺灣娶了這名煙花女爲妻。此時他在唐山的父母相繼去世，留下元配月里孤身一人無所依靠，所以決定渡海前往臺灣投靠夫君。夫妻二人相見，月里發現夫君已另娶煙花女大失所望，但又不得已只能暫住下來。誰知那個煙花女心思狠毒，不滿月里的到來，使毒計將她殺害，最後棄屍到了古井之內。因蒙受冤屈而陰魂不散的月里，最終附身到周成身上，手刃了煙花女，爲自己報了仇。

三、故事

民間故事是民間文學的重要組成部分，民間故事是人民大眾在一些特定的民俗語境中以口頭的形式進行講述，口口相傳並代代相承的一種敘事散文作品。廣泛意義上的「民間故事」，主要包括了神話、傳說、故事三種不同體裁。而狹義上的「民間故事」，則特指除了神話和傳說之外的那些民間口頭的敘事作品，這些作品從內容上來看大體包括了民間幻想故事、民間寫實故事（亦稱民間生活故事）、民間笑話和民間寓言等等。這裏我們所關注的就是狹義的閩南民間故事。

狹義上的民間故事不同於神話和傳說，大多是一些涉及人們日常

生活小故事、小智慧，或是一些瑣碎的家長里短以及人與人的情感世界。它沒有確定的人或者時間，也不存在一些被銘記、標刻的地點或是代表物件，多是一個泛指，某地某天某人都可以隨意發揮。

1.蛇郎君

　　從前，有一個老貨郎，家中有三個女兒，大的米篩臉，老二鴨蛋臉，小的雞蛋臉。一日晚上，老貨郎路過一戶人家，誤採了蛇郎的一朵花，蛇郎就硬要老貨郎嫁給他一個女兒。最後雞蛋臉知道了，為父分憂嫁給了蛇郎。過了幾個月，米篩臉來到蛇郎家，看到雞蛋臉的生活富裕且幸福，嫉妒得不行，趁機把雞蛋臉推下了井取而代之。

　　誰知蛇郎君回到家後，井內飛出一隻小鳥不停對他唱歌，想拆穿米篩臉的陰謀。米篩臉把小鳥捉下來殺了，放到鍋裏煮。結果吃的時候却發現自己碗裏都是骨頭，蛇郎君的碗裏全是肉！氣得把兩碗鳥肉統統倒入後門水溝。

　　第二日，水溝長出兩株竹。蛇郎君走過，竹竿不搖不動；而米篩臉走過，竹竿就會彎下來打她。於是她砍了竹子，做成兩把竹椅。但竹椅成型米篩臉一坐上去，就會摔倒在地，所以米篩臉又掄起斧頭，把兩張竹椅劈了當柴燒。

　　幾日後隔壁的嬸婆來討爐火，米篩臉叫她去爐洞掏。嬸婆掏呀掏，却掏出一個紅粿。米篩臉想：一定又是小妹作怪，便送給嬸婆避免再生出事來。嬸婆將紅粿拿回家不捨得吃，又怕涼了就放在被子下面蓋著。不一會兒，她小孫子回來了，嬸婆就叫他去拿來吃。小孫子來到床邊，掀開被子一看，哪有什麼紅粿，是雞蛋臉躺在被子下呀！於是嬸婆趕忙把蛇郎君請來，夫妻二人痛哭一場，拜謝了嬸婆之後雙雙回家了。

　　而米篩臉看見蛇郎君和雞蛋臉回來，知道事情敗露，倉皇逃走，

結果一下子失足掉到井裏淹死了，從此雞蛋臉和蛇郎君便幸福的生活在一起。

2.虎姑婆

　　傳說深山裏住著一戶人家，一天晚上，父母不在家，只剩下姐姐和弟弟。家裏突然有人敲門，姐姐就問：「是誰呀？」門外答：「我是你們遠房的姑婆，你父母讓我來陪你們，還帶了糕點。」姐姐很奇怪，但是貪吃的弟弟一聽有糕點吃，就趕忙把人迎了進來。

　　這個姑婆打扮的十分奇怪，大大的頭巾遮住了整張臉只留下一雙眼睛，長長的袖子蓋住了手，進來後也不坐椅子，而是坐在大水缸上面。原來這個所謂的姑婆是山上的老虎精變的，她用大大的頭巾遮住自己滿臉的鬃毛，用長長的袖子蓋住自己尖銳的指甲，又用大水缸隱藏自己長長的尾巴。可弟弟不知道這是老虎變的，不停地纏著虎姑婆要吃糕點，虎姑婆就說：「今晚上誰跟我睡，我就給誰糕點吃」，貪吃的弟弟立刻跑上前和虎姑婆睡一張床，姐姐只好自己睡另一張床。

　　到了半夜，姐姐突然被一陣好像吃東西的聲音吵醒，就問虎姑婆「姑婆，姑婆你在吃東西麼？可不可以給我也分一點。」然後就看見虎姑婆遞過來一個東西，姐姐一看，發現竟然是弟弟的手指。頓時直冒冷汗，弟弟一定是被可怕的虎姑婆吃掉了，自己要趕緊逃走，就對虎姑婆說：「姑婆姑婆，我想去廁所」。虎姑婆一聽，擔心姐姐逃走，就找了一根繩子把姐姐拴上，陪著她一起去。然後虎姑婆在外面等了好久好久都不見姐姐出來，進去一看，發現姐姐早就把繩子拴在了柱子上，不見踪影了。虎姑婆趕忙跑出去追，只見姐姐躲在了大樹上，氣得大喊道：「你快下來！我要吃了你！」姐姐眼看隱藏不了了就衝著下面喊道：「我的肉不好吃的，不如你去燒一鍋油來，炸熟了就好吃了。」虎姑婆一聽覺得有理，就去燒來一鍋油搬到樹下，這時姐姐

又說了：「虎姑婆，你把油鍋吊上來，等我把自己炸熟了，再跳到你的嘴裏讓你吃，這樣你只用張嘴就好了。」虎姑婆一聽又覺得這個方法不錯，就把油鍋吊了上去，然後站在樹下張著大大的嘴巴等著姐姐跳下來。而聰明的姐姐看著樹下的虎姑婆，一腳把吊上來的油鍋踢翻，滾燙的熱油全倒進了虎姑婆的大嘴裏，就這樣凶惡的虎姑婆被活活燙死了。

虎姑婆的故事在各地都流傳著不同的版本，多是長輩講給小輩的，情節內容大相徑庭却極具代表意義，貪吃的弟弟和聰明的姐姐有著完全不同的結局，給孩子們起到警示作用，告誡他們不要輕信陌生人的話，面對危險要冷靜應對，用智慧解決困難，才能成功化解危機。

（一）生活故事

在人民大眾的日常生活之中，善惡有報雖是最樸素且簡單的願景，但很多時候世事是無情的、複雜的，世態炎涼，大道上行走的人多是好壞參半。奸商、惡徒、暴吏、貪官、吝嗇鬼、不孝子，世間有太多不如意的人或事，人民群眾將對此最直觀的所見所聞，喜怒哀樂進行集體的加工創作，口口相傳也就形成了這一類鞭諷現實生活的民間故事了。

流傳於杏林、集美那一帶有一個令人震顫、恐怖的民間故事。

1.萬民無辜

據傳有一個萬民村，這一日來了個遊道的老和尚，在樹下喝茶時被樹上玩耍的孩童撒尿到了頭上。老和尚笑容不改，反而慫恿他們三日後再來，有賞。果不其然，三日後受邀與老和尚喝茶的御史大夫被尿了一身，大怒。老和尚沒有爲孩子們遮掩，反而點明其來處，並暗指小孩當下如此將來說不定就造反了。御史大夫更加怒火中燒，不曾

去探明真相就爲整個村子扣上了罪行。對此老和尚假裝不忍，悔悟自己又犯殺戒，却也不曾阻止，直接離開了。而後御史大夫奏明皇上，皇上直接下令連夜圍剿，上萬無辜民衆一夜之間無一生還，血流成河。

這是一則充滿著惡念的故事，黑暗、血腥、恐怖。從一開始孩童無意間的錯誤，就導致了一整場悲劇的誕生。在這則故事裏除了無辜慘死的萬名民衆，其餘全是惡徒。老和尚作爲出家人本應慈悲爲懷，却揪住幼齡孩童的錯誤不放，睚眦必報，僞面僞善，蓄意害人，毫無憐憫之心。御史大夫身爲百姓的父母官，心胸狹隘，識人不清，糊塗愚蠢且殘忍暴戾。而皇帝則是昏庸無道，與官吏一樣殘忍暴戾，這般統治之下的社會無疑會讓百姓血流成河，民不聊生。這是批判現世黑暗不公的故事，底層的民衆因朝廷無道，佛門不淨慘遭毒手，值得同情，更應引起社會的反思和改變。

還有一則名爲《目金，錢做人》的故事，大約百年前流傳於廈門同安地區。

2.目金，錢做人

相傳有一讀書人，家貧，父母早亡。二十幾歲却在族中輩分極高，但族人多因其家貧而輕視於他，不呼正名，反而稱其爲「臭賊」。一次祭祖，因指出由族長負責監建的祖廟大門門檻彎曲而被打，鄉親明知那人是對的，却因爲不敢得罪族長顛倒是非。於是他憤起出走，意外來到海外。三十年後榮歸故里，正好趕上一年一度的祭祖，歸鄉的讀書人故意打造了一個「目金錢做人」，即雙眼用純金製作，渾身用銅錢穿連而成的菩薩。被當年的族長客客氣氣的迎進祖廟。他舊事重提說門檻有點歪，而這次族長則看都不看一眼就低聲應和起來。當初的讀書人反手還了族長一個被打了三十年的巴掌，怒斥道：「當年你怎麼不說是彎曲的！」

　　這一則故事通過三十年前後那個讀書人的境遇做對比，深刻諷刺了當今社會「狗眼看人低」、「只認錢不認人」的勢利眼的惡風惡行，讓族長仗勢欺人的醜惡嘴臉，鄉親顛倒是非的炎涼世態和欺弱怕強，欺善怕惡、欺窮畏勢的人性弱點得到諷刺和鞭撻，也展示了閩南地區人士對善良純粹、熱情美好的生活的濃濃嚮往之情。

（二）巧女故事

　　在閩南的民間故事中有不少描繪女性形象的。古有言「女子無才便是德」，實則不然，富有才情，風流伶俐的女子也是被眾人所欣賞的，所以在閩南的民間故事裏就有著大量這樣的存在，我們統稱為「巧女」故事。

1.猜姓聯姻

　　古時有一大戶人家的姑娘到了婚配年齡，決定進行猜姓聯姻。當時一位著名的秀才聽說後決定前來提親，入門前用自己的姓氏編作謎題「一港水成三股流，一斗米擱田埂上。」秀娘稍加思索「一港水成三股流」不就是「氵」麼？「一斗米擱田埂上」恰好成了一個「番」字，很快就猜中了秀才姓潘，然後又給出與自己姓氏相關的謎題：「一斗半兩斗半，三斗半四斗半。」秀才收到謎題後百思不得其解，最終敗北而歸。數日過去，在姑娘一家舉家離去之際，秀才才知道秀娘姓石，那個謎題中斗數相加正好是十斗為一石。不禁心生感嘆「巾幗勝鬚眉。」

　　這是一篇贊頌女子聰明才智的民間故事，二人鬥智，最終女子一方略勝一籌。實際上受中國古代長期以來男尊女卑的思想影響，我國民間文學中以女性為主人公的故事雖然不少，但大多是悲劇角色，或依附於男性而存在，缺少女性其自身的「獨立性」與「自主性」。這

則故事則不同，從一開始故事的女性角色就牢牢把握住了主動權，且最後也不再是爲男性角色做鋪墊，而是以女性身份勝出，充分展現出「誰說女子不如男」的機智和聰慧。

2.媳婦、婆婆與老婆婆

有大家三世同堂，孫媳婦聰明伶俐且心地善良，但是她婆婆就經常虐待老婆婆，給她一塊帶著大缺口的粗碗吃飯，並威脅她倘若打碎了就什麼都沒得吃了。孫媳婦見此情況心生不忍，就想出了一個妙計。她暗中交代老婆婆打碎粗碗，然後在婆婆面前大聲斥責她「你把這塊可以一代一代傳下去的粗碗打破了，叫我以後用什麼給我的婆婆吃飯呢？」婆婆聽到心下一驚，然後幡然悔悟，立刻改正了錯誤，然後這媳婦、婆婆和老婆婆開始了和睦相處，這個家也成了十里八村中令人羨慕的好家庭。

這則故事是家庭中兩代婆媳關係的體現，孫媳婦孝順善良，且十分聰慧，面對婆婆和老婆婆之間的矛盾，巧妙地運用一句話，讓婆婆聯想到自己的晚年，從而正視自己的錯誤，並改正，最終成就一個和諧的大家庭。這也闡述了一個道理，在處理婆媳關係時一味的爭吵和強力的抗爭往往是不可取的，要學會運用智慧的力量，才能讓生活變得更加美好。

（三）機智故事

機智人物的故事是以某個機智人物爲中心編撰而成的系列故事，在閩臺地區「白賊七」就是這樣一個家喻戶曉的類似的民間故事。「白賊」在閩臺地區的語言中是指說謊的意思，所以「白賊七」一詞就成爲了說謊者的代稱。而白賊七的故事就是由一系列騙局組成的，結尾又往往以白賊七受到懲罰來達到勸人向善的目的。

白賊七與高個一

　　相傳在很久很久以前，閩南山區有個山莊，村頭住了個白賊七，整天騙吃騙喝，而村尾住了個高個一是個老實又本分的傢伙。

　　一天白賊七在村口晃悠，正好遇到了往外走的高個一就問他要去哪。高個一說要去集市買東西，白賊七眼睛一轉就與高個一一道去了集市。到了集市後，白賊七又騙高個一自己有錢，然後強行拉著高個一去了酒樓，點了一桌好酒好菜，就開始大吃大喝起來。待到酒足飯飽之後，白賊七對高個一說要去廁所，讓高個一等等，結果就從酒樓的後門溜走了。

　　高個一等了又等，許久不見白賊七回來，去找也不見人影，這才發覺自己又被白賊七騙了。沒辦法只好代替白賊七付了酒菜錢。在酒樓這麼一耽誤天也黑了，東西也沒買成，高個一生氣極了，決定要回去找白賊七算帳！

　　待到月亮升起來了，高個一來到白賊七的家裏，却看到白賊七一身狼狽地坐在門口，雙手捂著嘴，一直滴血。原來白賊七在回來的路上遇到了老虎，慌不擇路間跌下了懸崖，把嘴裏的牙撞斷了好幾顆。高個一聽罷不禁感慨：這可真是惡人有惡報啊！

四、歌謠

　　歌謠也是由人民創造出來的，是民歌、民謠、兒歌、童謠的總稱。被看作民間文學中最貼近民眾生活的文體，它通過最直接的方式表達人民大眾的內心世界和不同的意志願望。下面我們就主要從童謠兒歌、儀式歌和愛情歌三方面來進行敘述解析。

（一）兒歌童謠

　　童謠兒歌是民間文學歌謠的重要組成部分，它們多是由長輩唱給

小輩，再通過孩子們稚嫩的歌聲傳唱開來。內容通俗易懂，節奏、曲調朗朗上口，而且存在著一定的趣味性，可以激發孩子們的興趣。在閩南的眾多童謠種最爲著名的有一首客家童謠《月光光》，這也是客家族中最廣爲人知、分布範圍最廣泛的童謠，在不同的地方有著多個版本。

1. 《月光光》版一

　　月光光，秀才郎，騎白馬，進書堂，

　　書堂深，好栽葱，葱發芽，好泡茶，

　　茶花白，桃花紅，七姊妹，七條龍，

　　七轉灣，生判官，判官出來見小姐，小姐眉毛彎又彎。

2. 《月光光》版二

　　月娘月光光，老公仔仝菜園，

　　菜園掘松松，老公仔欲種葱，

　　葱無芽，欲種茶，茶無花，欲種瓜，

　　瓜無子，老公仔氣甲欲死。

3. 《月光光》版三

　　月娘月光光，起厝田中央，騎白馬，過東莊，

　　東莊娘仔拗起官，起官吃不飽，掠來做紗絞，

　　紗絞不紗絞，掠來做工叉，工叉不叉草，

　　掠來做糞鬥，糞鬥不裝土，掠來做葫蘆，

　　葫蘆不鴿藥，掠來做刀石，刀石不磨刀，

　　掠來做竹篙，竹篙不晾衫，掠來做扁擔，

　　扁擔不擔粟，掠來坐大燭，大燭點不亮，

　　掠來做矸落，矸落釘不轉，掠來做酒俄，

酒俄不激酒，掠來做朋友，

朋友兄，朋友弟，牽兄牽弟做遊戲。

歌謠包括一些民間故事在內存在異文都是很普遍的現象，一是因爲這些往往是口頭傳播，所以傳播過程中時常會出現一些變化，還有就是因爲絕大部分人會根據當地的地理位置、社會情況或者歷史背景進行一些改編，使傳唱的歌謠更貼合不同區域的人。這首《月光光》存在的譯文很多，但總的來說他們的節奏、格式都是大致相似的，在內容上多使用「聯珠」的方式讀起來朗朗上口，可實際上並沒有太多的意義內涵在裏面，這也是童謠的一大特點。

除了以《月光光》爲代表的客家童謠，在閩南著名的歌仔戲之中也存在著數量驚人的童謠篇章，如：

4.《一的炒米香》

一的炒米香，二的炒韭菜，

三的沖滾滾，四的炒米粉，

五的五將軍，六的好子孫，

七的分一半，八的緊來看，

九的九嬸婆，十的撞大鑼，

打你千打你萬，打你一千零一萬。

這讀起來好像是小朋友進行拍手或其他遊戲時的小歌謠，這種情況在童謠裏也是十分多見的。還有一些童謠是專門在一些節日或者特定場合唱的，比如：

5.《拜年拜年》

拜年拜年，福壽雙全，

鞠躬行禮，紅包見禮，

拜年拜年，拜到老灶前，

不要你的糍粑粿，只要你的挂頸錢。

這簡單又好玩的童謠很有趣不是麼？直接明瞭的告訴你，我來給你拜年啦！你要給我紅包哦！給過年時，小輩們來拜年這一本就喜慶的時刻更增添了一抹樂趣。

（二）儀式歌

閩南地區是一個十分重視禮儀、儀式的地方，在這些大大小小的儀式的場合裏，他們往往會輔以歌謠來表達自己的內心情感。不同於童謠沒有太大的意義內涵，儀式歌的內容往往都包含著一種目的性，或祝福期盼，或哀思追悼，再簡單些會有一些勞動時用來加油鼓勁的內容存在。從儀式歌的實質上來說，有一些類似於民間的禱告祭祀，代表了人類的美好期望，具有濃郁的地域色彩。

在數量衆多的儀式歌歌裏，按照使用場合的不同，大致可以分爲人生儀式歌、勞作儀式歌、迎客儀式歌和祭祀儀式歌。在這其中以人生儀式歌中娶嫁之時的儀式歌相對最爲複雜，男女雙方籌備婚禮，娶妻、嫁女以及成親當天的不同環節都有不同的儀式歌，如：

1.《巧梳妝》

手掏月梳新又新，新人梳妝像觀音。

今日梳妝多福氣，紅羅帳裏放玉瓶。

頭上梳起盤龍髻，新人日後多富貴。

髻上插起龍鳳簪，福如東海壽南山。

再戴百花十件景，新人來年抱玉麟。

2.《迎新娘》

下午五點到，紅轎在路口。門外放大炮，新娘還咧哭。

大轎四人扛，慢步入大門。衆人跑遠遠，捧水澆火光。

翁姑點清香，子婿牽新娘。新娘下轎行，雙雙上大廳。
新娘過烘爐，夫妻相照顧。清香點三支，拜天又拜地。
眾神拜完備，又拜姑妗姨。夫妻入房中，二人相鞠躬。
子婿掀烏巾，近身脫肚裙。夫妻坐四正，永遠相痛疼。
蛋茶吃清楚，祖厝拜世祖。廳中拜公婆，門口勾櫻桃。
櫻桃竹篙貴，勾落去象水。井中噴水花，新娘去飼雞。
雞角角吁吁，新娘去飼豬。宴桌大廳排，新娘回房內。
人客一齊來，子婿去招待。

前一首《巧梳妝》是在婚禮前妝娘為新娘梳妝時所唱的歌謠，字字句句包含了對新娘婚後生活的美好祝願。後一首則是在迎新娘的時候唱的，它將婚禮的整個儀式都從頭到尾生動的描繪了出來，用極具趣味性的語言，表現出了具有當地特色的娶嫁風俗。

（三）愛情歌

提到了娶嫁之喜，就少不得談一談「愛情」。「愛情」是所有文學作品中不可或缺的一個主題，在民間文學裏當然不例外。而歌謠作為民間文學的一個小分支，裏面也有著大量描繪愛情的情歌，他們或許是一個人的相思之情，或許是兩個人的互訴衷腸，還有些則是怨侶間的相互埋怨和指責，總之在那些歌謠裏他們用最樸素或纏綿的語言，描繪出了一個個或悲或喜的愛情故事。

1.《六月茉莉》

六月茉莉真正水
郎君生的真古錐
好花難得成雙對，最克虧

2.《五更鼓》

一更更鼓月照山，牽君的手摸心肝。

君今問娘要安怎，卜愛我君來作伴。

二更更鼓月照房，繡房床中阮一人。

阮今孤單守空房，一瞑睏來像一冬。

三更更鼓月照窗，歸瞑無睏想郎君。

等無郎君心艱苦，郎君爲麼守鳥籠。

四更更鼓月光光，等無郎君心頭酸。

一心向望今日返，怎樣到今無拍門。

五更更鼓月落西，等無郎君返回來。

阮今愈想愈不解，也無批信與阮知。

這兩首歌謠前者講的是青年男女對愛情的濃濃嚮往之情，本應俏佳人配俊郎君，却總是難成雙成對，淳樸又直接。第二首則是閩南地區著名的情歌之一《五更鼓》，這個歌謠也存在著眾多的異文，而展現出來的這一版，主要是描寫戀愛中女子對男子綿綿不絕的思念之情，獨守空房，夜不能寐，極盡愛情中的纏綿悱惻之感。

五、諺語

諺語是民間文學中一種較爲特殊的存在，他們往往過分的短小且精煉，一兩句話甚至五六個字就可以獨立成篇。簡單來說就是諺語是通俗易懂却內含豐富的一種口語形式。而高爾基曾說：「在簡短的諺語中常常包含著可以寫整本書的思想和感情。」這就足以說明諺語的內涵極其豐富。

除了豐富的內涵以外，諺語的分類也是多種多樣的，它基本可以囊括人類已知的、涉及的方方面面，是高度凝練的語言結晶，下面我們就主要通過四大類別對言語進行瞭解和解析。

（一）自然諺語

自然諺語就是指人們對四時、天氣的看法，而後總結凝煉而成的諺語。中國幅員遼闊，地形複雜，所以不同地區的氣候都有其區域特色，閩南地區也不例外，關於不同季節和天氣的狀況，不同於氣候預測時的常態，本地人總是會有著一些切身的感受，然後久而久之成為一則寓言。

1.大寒寒袂死，立春踔踔跳

這一句形容的是漳州的天氣。熟知二十四節氣的應該瞭解，一般來說大寒這一天是一年中最冷的一天，而立春則是要開始回暖了。但在漳州大寒不會太冷，立春時節反而常常是一年中最冷的時候，這句諺語恰恰就提醒著我們漳州這並不太尋常的天氣。

2.芒種夏至，鹽仔出世

這句意思說的是芒種到夏至這一段時間是閩南地區天氣最為炎熱的時候，天熱得能曬出鹽來，運用了誇飾的手法。

3.食過五月節粽，破裘甲嘸放

閩南人稱端午節為五月節，這個諺語表明過了端午節，天氣才會開始整整暖和起來，也就可徹底甩掉厚重麻煩的冬裝了。

4.六月不善北，大水淹頭殼

這是閩南地區對天氣和風向之間關係的經驗總結。表示倘若農曆六月還在刮北風，那麼今年就將雨水成災了，要早日做好準備。

（二）勵志諺語

勵志諺語就是激勵別人的諺語，面對學生激勵其學習，面對成人激勵其努力，面對窮人激勵其致富，總之我們在人生的道路上總要不

斷激勵自己或他人不斷前行，而這時就往往需要一個簡短的警句來時刻提醒著憊懶失意的我們，勵志諺語就是這樣的存在。

1.無下百粒籽，難拍千斤糧

比喻一分耕耘一分收穫，無論是種田還是生活，只有你種下足夠的種子，付出足夠的努力，才能有滿意的成果和收穫。

2.補漏趁天好，讀書趁後生

肯定了讀書的重要性，也告訴我們讀書一定要趁早，每個孩子的發育都是成階段性的，少年是學習的黃金期，所以要趁著年紀還小好好把握住機會，通過不斷學習豐富自己。

3.學習、學習，頭擺生，二擺熟

這句諺語告訴我們學習要不斷重複，只有通過反覆的學習才能熟練掌握知識，更不要因為初次陌生的知識就心生退卻，要不斷努力前進。

（三）交往諺語

交往諺語即是有關人際交往和人際關係的諺語，這一類諺語數量眾多，是前人對人際交往和關係中的現象的一種總結和概括，也對後人進行了提示和勸誡。

1.翁唱某隨，無食也肥

比喻夫妻關係和睦的話，哪怕十分窮苦也是幸福滿足的。

2.好布也著好紗，好新婦也著好乾家

比喻一個新嫁娘家庭的和諧需要婆媳雙方共同努力營造，在我國婆媳矛盾是絕大部分家庭的主要矛盾，所以處理好婆媳關係是非常重

要的。

3.行要好人伴，住要好厝邊

形容了一個人周身環境對他的重要性，要與好人爲伴，要與好鄰爲友，鄰里和睦，友人相親，會爲一個人的社交環境營造良好的氛圍，好人好鄰的親近也會拉動一個人的進步。

（四）經驗諺語

事實上民間諺語多是前人對生活的總結，他們把自己的經驗賦予其中，試圖讓後人少走一些彎路。而閩南地區海岸線長且多丘陵，正所謂「靠山吃山，靠海吃海」，所以留下了許多與海洋和水產品有關的諺語，還有一些對勞動工作以及人生的經驗總結。

1.大海無風不起浪，大樹無風不搖指

這句諺語簡單明瞭的指出了風的重要性，風要有，但過猶而不及。最初在海上航行時，大多是帆船，無風無浪船難走，狂風巨浪不能走，所以每次出海都要重視風的存在，充分體現了閩南民間諺語的地域特色。

2.菜頭小人參

這是閩南地區人民總結的養生經驗。菜頭就是指蘿蔔，在閩南人看來他就好似小人參一般的存在，不僅僅是外形相似，更是因爲蘿蔔含有很多對人體有益的元素，能够增强免疫力，還有清熱解毒等諸多功效，深受民衆的喜愛。

3.易流易轉山坑水，易反易復小人心

這句話告誡我們要提防小人的心思，因爲小人心容易反覆，就好似山中坑澗裏的水，容易流走並不停地進行轉道。

4.一等二看三落空，一想二做三成功

　　表示成功總是留給有付出的人的，做事情不要總等著、看著，而
要抓住機會勇於付諸行動，強調實踐的重要性。

閩南民間信仰文化

　　在閩南民間的信仰中，不僅有深居內陸的民間信仰，亦孕育出了
海洋信仰，眾多不同類型的信仰彼此促進，相互融合，共同形成了閩
南地區豐富多彩而又互生統一的信仰體系。與此同時，信仰文化也有
著豐富的物質載體，從內在的信仰外化為具體可見的實體。

一、媽祖信仰

（一）媽祖

　　媽祖信仰是閩南地區最負盛名的信仰。媽祖信仰始於宋代，在廈
漳泉臺等地廣泛傳播。媽祖原名林默娘，於宋太祖建隆元年（960 年）
出生，在宋太宗雍熙四年（987 年）飛升成神。於她生前，民間就一
直流傳著她行善救人於海上的傳說，在宋徽宗宣和五年到同治年間，
為多位皇帝褒封，封號從「夫人」「妃」到「天妃」「天后」，直至
「天上聖母」，閩南沿海的漁民人數十分多，海上風險無數，他們十
分強烈地渴望海神的庇佑。每當出海捕撈時，都自然而然祈求媽祖保
佑，以保平安。隨著時代的發展，媽祖成為了他們信仰，也隨著移民
流傳到海外，成為閩南人重要的信仰依託。

（二）湄洲島祖廟

　　湄洲祖廟位於福建省莆田市。創祀於北宋雍熙四年（987 年）。
是史上第一座媽祖廟，也是全世界媽祖信眾心中的聖地。明永樂年間
（1403-1424 年），航海家鄭和曾兩次奉明成祖聖旨來湄嶼主持御祭

儀式並擴建廟宇。湄洲島祖廟是海內外近兩億信眾的精神原鄉。湄洲媽祖廟建築以大殿為中軸，依山而建，縱橫深遠，經多次災難，多次重生，地位尊崇，意義重大 。

（三）大天后宮

　　大天后宮俗稱臺南媽祖廟，建於清康熙 23 年（1684 年），是臺灣重要媽祖廟。原為明寧靖王朱術桂府邸。後清將施琅收復臺灣，將平定之功勞歸於媽祖，便於寧靖王府內供奉媽祖且改名為天后宮，大天后宮原為寧靖王府邸而在政治上亦有重要象徵地位，故施琅當時在此接受鄭克塽的投降並立「平臺紀略碑」，有清一代多次擴建，其規模愈大，地位愈高。大天后宮中藏有「靖海將軍侯施公功德碑記」。

（四）澎湖馬公天后宮

　　相傳始建於元朝後朝，明萬曆二十年（1592 年）重修，位於澎湖列島。馬公原名「媽祖宮」，簡稱「媽宮」，後訛音為「馬公」。馬公島是澎湖列島中面積最大、人口最多的海島，又稱澎湖島。馬公島上的天后宮，是臺灣最古老的媽祖廟之一，也是臺灣歷史最悠久的古蹟。天后宮在每年的元宵節會舉行乞龜的活動，意義為在一年之始祈求平安，每年的這個時候，人們就會用麵團做大烏龜，擺放與前殿至正殿前，還會用紙錢幣折疊及黃金打造的小烏龜點綴其間，人潮洶湧，香燭裊裊不絕，是天后宮一年中最熱鬧的慶典之一。

（五）三月瘋媽祖

　　臺灣民間盛傳俗諺「三月瘋媽祖」，意即為三月媽祖聖誕祭祀之盛況，其中為大甲媽祖進香遶境最為盛大，大甲媽祖遶境進香是臺灣臺中市大甲區的大甲鎮瀾宮於每年農曆二月底至三月初，其確定日期

依每年農曆正月十五日元宵節向媽祖擲杯後定下,全臺信眾則隨媽祖神轎隊伍舉行長達九天八夜的出巡遶境,終點在嘉義縣新港鄉的新港奉天宮,去程駐駕廟宇依序為彰化南瑤宮、西螺福興宮;返程駐駕廟宇依序為西螺福興宮、北斗奠安宮、彰化天后宮、清水朝興宮,每年來回徒步約 340 公里,是全臺灣最盛大的遶境活動,被 Discovery 譽為世界三大宗教盛事,國家地理雜誌曾錄製《媽祖迺臺灣》紀錄片,國際影響力日漸深遠。

二、保生大帝信仰

(一)保生大帝

保生大帝為北宋閩南名醫吳本,又稱「吳真人」、「大道公」,是閩南地區影響最大的醫神。吳本家鄉為泉州府同安縣白礁村,今屬漳州市臺商投資區角美鎮。他生於宋太宗太平興國四年(979 年),升天於宋仁宗景佑三年(1036 年)。吳本在世時道風高潔、醫德高尚。因鄉民頗受吳本生前幫助,故供奉其為地方神祇。隨著時代的發展,保生大帝由一位地方神明,隨著同安移民遷徙而逐漸建立威望且聲名遠揚,傳播到漳、泉二地,信眾眾多。明清時期,神明飄洋過海,更是傳播至臺灣和東南亞各地。保生大帝遂成為閩南地區重要民間信仰,也成為臺灣、東南亞閩南人所虔誠信奉的保護神。

每年農曆的三月十五日是吳真人的誕辰日,民間都會按照慣例為吳真人舉行隆重的誕辰祭祀儀式,這個祭祀儀式始於宋代,場面十分宏大。

(二)白礁慈濟宮

俗稱「慈濟西宮」,位於漳州臺商投資區角美鎮白礁村,始建於

宋紹興二十一年（1151 年），占地 5000 多平方米，建築面積 1915
平方米。整座建築金碧輝煌，依山遞高，正門上懸掛著「慈濟祖宮」
的橫匾，兩側有紫銅色石獅一對，氣派非凡，正殿有一隻右掌有著「亞」
字紋印章的石獅，稱為「國母獅」，據說是明永樂十七年（1419 年），
文皇后徐氏為乳疾所苦，群醫束手，吳真人入夢以紅線搭脈診治，文
皇后為感謝吳真人治癒她的病而贈，因是皇后所贈故稱「國母獅」。

（三）青礁慈濟宮

俗稱「慈濟東宮」，在海滄區青礁村，這是一座聞名於世的奉祀
保生大帝的祖宮，始建於西元 1151 年。1958 年劃經廈門市海滄區，
故歷史上為「漳之祖宮」。清初施行遷界時，青礁慈濟宮棄為荒墟，
幸而康熙卅六年（1697 年），青礁顏氏再發起重修，該次整修留下
的〈吧國緣主碑記〉，留有新加坡甲必丹郭天榜、林應章等東南亞華
僑之姓名，可見當時保生大帝信仰隨著移民傳播到東南亞，此後清代
多次修建。

（四）學甲慈濟宮

位於臺南學甲區，竣工於清康熙四十年（1701 年），為「學甲十
三莊」區域的「人群廟」，也是臺南市安南區「十六寮」保生大帝聯
莊祭祀組織中多數廟宇的祖廟。相傳，明永曆十五年（1661 年），
白礁一帶 300 多名壯士組成一支隊伍，擔任鄭成功收復臺灣的先鋒部
隊，出征前，這些白礁弟子紛紛到白礁宮包上一撮香火，祈求神靈庇
佑，後在學甲安全登陸，為感謝保生大帝的神恩，這些白礁弟子在臺
灣學甲將軍溪畔，仿祖家白礁宮的樣式興建了學甲慈濟宮，並把從祖
地白礁宮帶去的二大帝塑像供奉於廟中。

學甲慈濟宮最為隆重的祭典即是「上白礁」，清代以來每年三月

都要回白礁謁祖，後因種種緣故未能成行，便在將軍溪畔遙拜祖廟，
百年來未曾斷絕，祭典影響深遠，每年朝拜人數達萬人。

（五）臺北大龍峒保安宮

　　臺北大龍峒保安宮位於臺北市大同區，俗稱「大浪泵宮」或「大
道公廟」，清朝時期與艋舺龍山寺、清水巖祖師廟有臺北三大寺廟之
稱。相傳清乾隆七年（1742 年），渡海來臺的福建同安人來到大浪
泵拓墾後，將家鄉守護神保生大帝，乞靈分火至此，名為「保安宮」，
寓有保佑同安人之意，後因神蹟顯赫，信眾聚資建設正式宮廟，是大
龍峒當地的信仰中心，也因為保安宮香火鼎盛聚集人潮，大龍峒地方
仕紳王、鄭、高、陳發起在保安宮西側興建店鋪兩排，每排二十二幢，
兩排共計四十四幢，俗稱「四十四坎街」，商業活動成熟，成為臺北
地區較早發展的商業市街。

（六）祀典興濟宮

　　建於西元 1679 年的祀典興濟宮，俗稱大道公廟，與大觀音亭相
鄰而立，主祀保生大帝，位於臺南市北區是鄭氏時期至今規模最大的
官建保生大帝廟，目前兩廟間還保留當時前來祭祀的官民們更衣休憩
的官廳，與兩座廟宇以八角門互相連通，是目前臺灣難得一見還保有
官廳的廟宇。祀典興濟宮是臺灣極早創建的大道公廟，因地勢較高俗
稱為「頂大道」，有別於臺南府城內另一間稱為「下大道」的大道公
廟良皇宮。

　　光緒年間由於「開山撫番」政策，官兵為瘟疫瘴氣所苦，遂向保
生大帝求藥籤醫治，後感於神恩，日漸香火鼎盛。廟中尚有一珍寶即
為少見的大型保生大帝神褚符版，被視為版畫精品之最。

三、開漳聖王信仰

（一）開漳聖王

陳元光，生於唐顯慶二年（657 年），字廷炬，號龍湖。隨父入閩，唐景雲二年（711 年），「蠻獠」酋領偷襲此地，戰起倉促，陳元光即使努力率領騎兵積極防禦，但仍舊不幸中伏受傷而亡。

正因陳元光開疆拓土，帶來耕織農桑技術，對於漳州開發貢獻深遠，歷代以來都受到追封，從唐代的「潁川侯」到宋代的「輔國將軍」，直到後來被尊為「開漳聖王」，地位不斷提高。自北宋始，凡閩南任職地方官員必聞陳元光將軍開漳事蹟，有感於斯懷，寄情賦詩屬文者大有人在。如嘉慶年間《雲霄廳志》、章大任的《漳州威惠廟記》、朱熹《漳州守臣題名記》、明代李賢的《明一統志》等。上述這些歌頌光輝事蹟與神跡的文字，在傳播雅化了陳元光入閩治閩的事跡，更加推動開漳聖王文化的傳播。

開漳聖王作為開發建設閩南的神祇，更是漳州移民所信奉的祖先神。

（二）雲霄威惠廟

原稱陳將軍廟，位於福建省雲霄縣雲陵鎮享堂村，威惠廟始建於唐嗣聖元年（684 年），曾毀於元代，現存的威惠廟為明成化年間裡人吳永綏重建，後歷經多次重修，廟以聖王陳元光為主神，神殿正中祀開漳聖王陳元光，左祀歸德將軍陳政，右祀「巾幗英雄」魏媽等，被海內外尊為威惠祖廟。

（三）鳳邑開漳聖王廟

鳳邑開漳聖王廟為於高雄市鳳山區。清乾隆三十五年（1770 年）

為一土造祠堂，供奉陳聖王公，香火鼎盛，威靈顯赫。爾後於嘉慶六年（1801 年）鄉人四處奔走，募建新廟，並於光緒七年（1881 年）由一名隱名的商人斥資重建，是目前臺灣規模最大的開漳聖王廟。今日與鳳山雙慈亭、鳳山龍山寺、鳳山城隍廟並稱，人稱「鳳山四大古廟」，又因香火鼎盛，廟產眾多與赤山文衡殿合稱「金關帝、銀聖王」。

四、王爺信仰

閩南地區的王爺信仰主要有池王爺、南鯤鯓、青山王。王爺信仰來源有功臣聖賢、原鄉祖先神、以及瘟神信仰，閩南地區的百姓相信人得病是因為得罪了「王爺公」，所以要用豐盛的祭品和隆重的儀式來敬奉它，以求得「王爺公」的寬恕，俗稱「貢王」。吳增在《泉俗刺篇貢王》中寫道:「有病藥不嘗，用錢去貢王，生雞鴨、生豬羊、請神姐、跳童目連傀儡演七場，資財破了病人亡。」。民間相信王爺有「代天巡狩」之職，神力顯赫，神性威烈，可驅魔鎮邪。

（一）池王爺

池王爺姓池名然，又名德誠，字逢春，祖籍南京。明萬曆年間，池然中文舉人，第二年又中武進士，奉旨調任福建漳州府臺。途經今翔安地界小盈嶺時，他遇到兩名使者，交談後得知他們是奉玉皇大帝之命，前往漳州播散瘟疫、裁減人口。為拯救百姓，他騙來瘟藥吞服，走到馬巷時毒性發作、臉色變黑，在一棵大榕樹下升天。玉皇大帝念他寬厚仁慈，愛民如子，敕封「代天巡狩總制總巡王」，晉爵王爺，派往馬巷為神。當地老百姓感恩池然，為其建廟供奉，這一信仰延續了 400 多年。

（二）馬巷元威殿

元威殿俗稱池王宮，位於廈門同安馬巷鎮五甲美街中心。始建時位於馬巷鎮五穀市，明天啟年間（1621-1627 年）遷建今址。1995 年重修及擴建。《同安縣志》和《馬巷廳志》對池王神歷史淵源記載曰：「元威殿在五甲街，相傳神為武進士池姓，于耆老夢中得之，後現像里社、鄉人鳩眾建廟，遇有疾疫，禱告甚靈，時稱為池王爺。」

馬巷元威殿是池府王爺之發祥地，俗稱祖爐。相傳池王神之正、副駕金身是建廟時根據池王神乩示，定時定刻從金門半山屏海邊逆潮漂來的大樟木雕刻而成，這兩尊金身是池王神發祥地的象徵，是元威殿特有的鎮殿之寶，殿中另祀有池王夫人、池王公子等神將。

（三）臺南普濟殿

位於臺灣臺南市中西區、是臺南府城最早的王爺廟，主祀威靈王池府千歲，建廟傳說創建於臺灣明鄭時期永曆年間，當時稱「普濟寺」，原主祀觀音菩薩，相傳當時曾有同安人借宿時將池府千歲神像因故留祀寺內，之後香火日盛，池府千歲遂成為寺廟主神，使「普濟寺」改稱為「普濟廟」，後改為「普濟殿」，傳說此殿附近街道四通八達，呈現八卦網狀，此殿位置因而稱為「蜘蛛結網穴」。

普濟殿遵循古禮祭祀，現代許多廟宇在送迎神儀式已採掌中戲、歌仔戲等，而此殿一直維持以嘉禮戲敬獻的古禮，包括送迎神、立春（接財神）、天公生都表演傀儡戲，並在在中元普度季節，黃銅山等老師傅，總會於此殿前製作各廟宇訂製、現在已少見的傳統食品米糕栫，為難得一見的傳統習俗。

（四）五府千歲

千歲是王爺廟的統稱，用來監察人間善惡，施福降禍，主要和瘟

疫相關,用以管理鎮壓。大約可追溯到唐朝或更早的秦漢年代。臺灣
千歲信仰,主要分布於臺灣西南沿海,與臺灣漢人的移民潮遷徙而有
關。後面會以「王船」形式,在海上漂流,把王爺送到外地,或者焚
燒送其回天庭。

(五)南鯤鯓代天府

　　南鯤鯓代天府是一座位於臺灣臺南市北門區之王爺廟,因分靈眾
多,又被稱為臺灣王爺總廟,是臺南面積最大的王爺廟。主要祭祀「代
天巡狩」李、池、吳、朱、范府千歲五府千歲。位於臺南榛榔山虎峰,
據說南鯤鯓的王爺,是由王船飄來的,被漁民撿到起廟進行供奉,後
成為現在的南鯤鯓代天府。

　　最為知名的民間傳說為南鯤鯓代天府五府千歲相傳與當地坐化
的牧童「囝仔公萬善爺」同時相中廟地因而以銅錢與銅針為憑證,不
料銅針竟插在銅錢孔洞之中,雙方僵持不下,為爭地理相互鬥法,五
府千歲調動天兵天將、五營神將,囝仔公則調動地方上的陰兵陰將,
夜半刀兵之聲大起,民眾畏懼,兩方難分高下。最終由赤山龍湖巖的
觀音佛祖出面協調,提出「王爺公起大廟,囝仔公建小廟,大廟來進
香,小廟必有敬。」之協議,最後為「囝仔公」建了小廟,並尊為「萬
善爺」。來此祭拜王爺的信眾一定也參拜「萬善爺」,共享香煙萬世。

(六)青山王

　　青山王信仰始於五代,形成於南宋,也盛行於南宋。青山王,又
被尊稱為「青山公」、「靈安尊王」,是惠安主要民間信仰之一。青山
王張悃為閩王部將,在惠安青山抵禦海寇、開墾荒地,死後為當地
人所立祠敬奉。根據明嘉靖年間《惠安縣誌》中的記載:「青山在縣
南,閩時將軍張悃嘗立寨於此,以禦海寇。既歿,鄉人廟而祀之,至

今不廢。」青山王也逐漸成為了當地供奉的神明。

　　青山王信仰已有數千年歷史，信眾分佈廣泛。其中，惠安縣山霞鎮是青山王信仰的發源地。在惠安縣、泉港區等建有青山宮廟的鄉鎮也有許多，主要集中在山霞、張阪、崇武和螺陽四鎮。

（七）惠安青山宮

　　位於惠安縣山霞鎮青山村北，背靠青山，面臨青山灣，始建於北宋太平興國年間（976-984 年），主祀靈安王。青山宮明清時期曾經四次修整，至今建築仍然頗具特色。其屋蓋非常陡峭，且山門、兩廊和天井與前後殿的地面高度也相差甚大，格外高峻斜險。相傳惠安建縣時，首任知縣崔知節前往祭拜張悃之墓，以安民心，墓碑竟突然向前傾倒，見背後刻有一詩：「太平興國間，古縣本惠安，今逢崔知節，送我上青山。」，崔知節見字跡斑駁古老，問詢之下果然有青山地名，認為是張悃顯靈因而將其墓地遷往青山，並立廟祭祀。

（八）艋舺青山宮

　　青山王信仰大概在清代傳入臺灣，多為惠安籍人士祭祀，臺灣最早的青山王廟是彰化縣靈安宮，建於清嘉慶五年（1800 年）。而影響最大的是艋舺青山宮，始建於清咸豐四年（1854 年），直接分靈於惠安青山宮，相傳咸豐初年，艋舺地區發生大瘟疫，百姓一籌莫展只好特地專程從惠安青山宮請來青山王，青山王抵臺後諭示是井中蟾蜍精作祟，便坐鎮在井上，瘟疫也隨之平息，而後要將青山王神像請回祖廟時，神像卻不動如山，占卜後方知青山王要永鎮艋舺，鄉人遂建青山宮祭祀，香火鼎盛。

五、清水祖師信仰

(一) 清水祖師

　　清水祖師法名普足,此外尚有麻章上人、黑面祖師、清水真人,祖師公、蓬萊祖師、昭應祖師諸稱。宋泉州永春縣小岵鄉人,俗姓陳。據史志記載,清水祖師成佛後,神通廣大,有求必應。

　　清水祖師自幼在大雲院出家,後有小成,於是便到高泰山結茅築庵,閉關靜坐,後經大靜山明松禪師指點,參讀佛典三年,終於悟道。清水祖師深得師父真傳,恪守教導,在麻章(現福建永春文溪村)施醫濟藥,普救貧病,因宅心仁厚、醫術精湛,麻章人士尊他為「麻章上人」。宋神宗元豐六年,清溪(福建安溪)彭萊鄉(後更為蓬萊,也是受清水祖師影響)一帶大旱,鄉人請他去祈雨,立刻甘霖普降,後選址清水岩卓錫建寺,因此被尊稱為「清水祖師」。據說清水祖師與山鬼鬥法,山鬼將清水祖師騙進洞中焚之七日,清水祖師毫髮無傷僅面部燻黑,因而又稱黑面祖師。

(二) 安溪清水岩

　　清水岩供奉清水祖師,位於安溪縣城西北 24 公里處蓬萊鎮蓬萊山。於南宋寶慶三年(1227 年)改建殿堂、大藏樓等。每年為祖師慶誕辰時,不但辦豐盛供品到廟宇虔誠承敬,而且還演戲,攻炮仔城,放鞭炮等,熱鬧非常,進香隊伍壯觀,有十八學士、舞獅、蜈蚣旗、八音隊、火鼎公火鼎婆等隨香人員,一派熙熙攘攘的景象。清水祖師公端坐在八抬大轎的輦轎內,由十六人更換扛。每到一個村,村民備供恭迎清水祖師駕臨,每到一個村落,道士把早就書寫好的祈安祈福的疏文於供筵前祝誦,村民各自領鎮宅平安符一張。

　　其中本地區每逢正月初六日有進香習俗,有新春村,蓮美村、柏

葉、龍地雙溪口等地。有的進香後還舉行巡境，此習俗至今不斷。

　　傳播到臺灣的清水祖師信仰，因應臺灣時常地震的特殊地理現象，演變出每逢地震前清水祖師的鼻子或下巴就會掉落以示警的傳說，顯示清水祖師的靈驗與悲憫。

六、虎爺信仰

（一）虎爺

　　是閩南及臺灣地區民間虎神信仰，最早是城隍爺的座騎或土地公的坐騎，後來演變成諸神的坐騎，常常具備守護村莊、城市與廟境之功能。俗話說：土地神轄山中虎。古人認為虎乃是土地之神所管，而被土地公或城隍爺收伏的老虎，具有神力，不但不會傷害人類、牲畜，反而會給人類帶來保護，故人多尊稱其為虎爺，虔誠奉祀。

　　許多廟宇也會祭祀虎爺在主神神龕下，稱為「下壇將軍」以護衛廟宇，也因為虎爺都在座下，與孩童的高度接近，因此也被認為是孩童的保護神，相傳孩子只要得了豬頭皮（腮腺炎），用金紙拂過虎爺下巴，再敷於孩子患處便可消腫，俗稱「虎咬豬」。

　　「吃炮」為臺灣廟會中常見的炸轎儀式，以雲林縣北港朝天宮虎爺將軍最盛。在奉祀過程中，信眾們往往會在轎下燃放大量的鞭炮，以此恭迎神轎的到來，並藉此對神明的庇佑表示感謝，希望虎爺繼續讓讓信徒平安順遂，生意興隆。

　　民間也認為虎口咬財，因此虎爺座前時常擺放一碗水，內有錢幣可供信眾取回作為錢母經商或是放在錢包中，唯一要點就是錢幣幣值需以大換小，不可以貪心以小換大去占虎爺的便宜。

（二）臺南祀典興濟宮

臺南祀典興濟宮中的虎爺於尋常虎爺不太相同，是保生大帝旁邊的白虎，而非尋常的下壇將軍，農曆六月六日為虎爺聖誕日前，臺南興濟宮的虎爺會被請到案桌前來供信徒參拜，往年奉祀虎爺時往往用小三牲（雞蛋、豬肉塊、豆干），但某年一位信眾放了一桶炸雞奉拜，擲杯後得知虎爺遲遲不肯離去，不捨炸雞被收走，從那以後，越來越多人將炸雞作為貢品，場面蔚為壯觀。

（三）嘉義朴子配天宮

嘉義市朴子配天宮的虎爺是全臺少數供奉於供桌上的虎爺，也是全臺唯一由皇帝詔封身穿龍袍的虎爺。傳說早年瘟疫流行，百姓重病難醫，配天宮虎爺借乩降藥，告訴百姓將祂的前腳腿取下，將虎爺的前腳腿拿去當成藥引，來給病痛纏身的百姓們服用，後來大家喝了藥以後，漸漸的病痛都痊癒，為了感念虎爺犧牲自己愛民救民的精神，向上蒼祈求讓原先在神桌下的虎爺，能夠供奉於神桌上，讓更多黎民百姓能夠參拜。因此配天宮的虎爺得到敕封，成為臺灣唯一身穿龍袍的虎爺，且從此供奉於神桌上。

七、廣澤尊王信仰

（一）廣澤尊王

聖號為「威鎮忠應孚惠威武英烈保安廣澤尊王」，簡稱廣澤尊王，此外尚有詩山聖王公、郭聖王、保安尊王諸稱。據傳廣澤尊王寶姓郭氏，名忠福，係五代後晉天福年間人氏，郭子儀十一世孫，開閩郭在嵩五代孫，樂華之孫，理柱之子，時齡十六歲在詩山鳳山寺第二殿左邊大房古址，盤膝於古藤上坐化得道成神。據說郭忠福坐化時，頭垂

下，雙足交疊盤坐，郭母見後伸手將其一足拉下，並扶正其頭，使之目視前方，吩咐道：「你嘴闊食四方，眼睛越大越看遠越好。」故還有翹腳郭聖王之稱，嘴巴十分闊大，眼睛睜得滾圓。據史志記載，廣澤尊王成仙登神後，神通廣大，有求必應。自宋至清，獲歷朝皇帝六次敕封祭典。

由於廣澤尊王少年得道，尚未婚配，人們便杜撰了其妻妙應仙妃以及其子十三太保，讓廣澤尊王「成家」。

廣澤尊王信仰發源於泉州市南安縣（現稱南安市），而後輻射範圍逐漸擴展到福建、廣東各地，最後傳遍海外各國，傳說中廣澤尊王特別庇護流寓之人，因此移民者多信奉之。

（二）南安鳳山寺

原名郭山廟、又名將軍廟、威鎮廟，位於南安市詩山鎮西北角鳳山麓，建於五代後晉天福三年（938 年）。寺廟供奉著郭聖王，素有「閩南宗教第一道場」之美譽，是閩臺和世界各地廣澤尊王宮闕廟宇的祖廟。

（三）臺南西羅殿

臺南中西區的西羅殿，創始於康熙五十七年（1718 年），昔稱鳳山寺、聖王公館，有廣澤尊王「臺灣首廟」之稱，是五條港區域內非常重要的廟宇。在康熙年間（1718 年）由郭姓族人建立，供奉郭姓祖神廣澤尊王，俗稱聖王公廟，廟名約在 1916 年前後更名，相傳說是因為當時的臺南府城已有東嶽殿、北極殿、南極殿（位於法華寺中），尚欠一以西為名的殿，遂改稱西羅殿。歷史悠久香火鼎盛。殿裡有許多匾額，如咸豐皇帝的「恩祐全臺」、光緒皇帝與蔣經國總統各自尊贈的「保安天下」等。

八、關帝信仰

（一）關帝

　　關羽字雲長，漢族，並州河東解（今山西運城）人，三國著名將領。在關羽去世後，後人們逐漸神化了忠義兩全的關雲長形象，歷來為民間祭拜的對象，被尊稱為「關公」；又經歷代朝廷褒封，清代時被奉為「忠義神武靈佑仁勇威顯關聖大帝」，崇為「武聖」，與「文聖」孔子齊名。在現代，漢傳佛教中關帝被尊為伽藍菩薩，是佛教人物中兩大護法菩薩之一，而在道教中被尊為武財神，同時又受到儒家的崇祀。身跨赤兔馬，手持青龍偃月刀，追隨劉備。代表著中華民族傳統美德的完美的關公形象出現在世人面前。

（二）銅陵關帝廟

　　福建省東山縣銅陵關帝廟位於銅山古城中岵嶁山下，始建於明洪武二十年（1387 年），依山臨海，氣派魏然，聞名海內外，是海外關帝祖廟，且具有明古建築藝術價值。主殿的石柱上懸掛著的是晚明武英殿大學士黃道周題寫的對聯，上聯是「數定三分扶炎漢，平吳削魏，辛苦倍常，未了一生事業」下聯是「志存一統，佐熙明，降魔伏虜，威靈丕振，只完當日精忠。」這副對聯精煉概括了關羽戎馬一生的成就，也表達了群眾對關公的仰慕之情。

（三）臺南祀典武廟

　　臺南祀典武廟位於臺南市中西區，又稱大關帝廟，祀典武廟始建於明永曆十九年（1665 年），鄭經與陳永華於承天府署（今赤崁樓）之南，建寧靖王府（今祀典大天后宮）、又於寧靖王府邸後園內建關帝廳和佛祖廳，此關帝廳即為祀典武廟的前身。主要建築有前殿、

初拜殿、再拜殿等，氣氛幽深莊嚴。最有特色的是傳統祭典儀式的堅持。「國之大事，在祭與戎。」，雍正五年，奉旨祀以《太牢》之祭儀，由官方主持春、秋二祭，也是全臺唯一晉升祀典的武廟。

九、七娘媽信仰

（一）七娘媽

農曆七夕是七星娘娘的誕辰。七星娘娘是天上北斗七星的化身，也是傳說中的七仙女，在閩臺稱為「七娘媽」，主管育幼之事。

按照閩臺兩岸習俗，十六歲以下的兒童都受到七娘媽的護佑，所以嬰兒出生滿周歲前，即由母親或祖母抱到寺廟去祈願，並用古幣、鎖牌、銀牌等，串上紅絨線，繫在脖子上，每年七夕更換稱為「換絭」，直到滿十六歲時才在那年的七月初七才能取下，表示已經成年。

閩南人認為農曆七月初七是「七娘媽生日」，俗稱為「七娘媽生」。該神尊為兒童保護神，俗信十六歲以下兒童均受該神保護。當天，民間要敬七娘媽，供奉七位仙女，供品也以七為數。祭畢，將亭、轎和紙錢焚化，胭脂、香粉等則全部投擲於屋頂，也有留下一半自用，據說可使自己更美麗。閩臺地區的民眾在這天為祈求子女長大，祭拜七娘媽。家有成年者，特供七娘媽亭盛祭，稱為「做十六歲」，這在閩南、臺灣諸多地區盛行。祭後，燒金錢同時將七娘媽亭焚燒貢獻。拜後，將生花、白粉、胭脂投擲屋上。

（二）臺南開隆宮

開隆宮位於臺南市中西區，建於清雍正十年（1733年）。主祀七娘媽，同時陪祀祝生娘娘與臨水夫人，是為三大生命之神，當一對夫婦結婚之後須向註生娘娘祈求早生貴子，懷孕之後即向臨水夫人媽祈

求生產平安，等到嬰兒降生到十六歲間均受天女七星娘娘的照顧庇
祐，開隆宮每年農曆七月初七會舉辦「做十六歲」的成人禮活動，熱
鬧非凡。

閩南名人

　　「名人」，它指在歷史發展中起過重要影響，在歷史長河中留下
足跡，閩南地區的文化名人有名亦有實，無論在文化還是學術方面，
都有著充分的研究價值，是先人為我們留下的寶貴財富。人才濟濟匯
閩南，帶給當地人的不僅僅是名揚四海的人名，是前人不懈研究的拚
搏精神，參悟人生的重要道理，治理地方的有效策略和心繫家鄉的美
好情懷。

一、歷史名人

（一）朱熹

　　朱熹，（1130-1200 年），字元晦，號晦庵，生於南劍州尤溪（今
屬福建省三明市尤溪縣），中國思想史上重要的人物。朱熹在政治、
經濟、文學、哲學、教育、史學等方面都有重要貢獻，是儒學的集大
成者，更是閩學派的著名代表人物，著有《四書章句集注》、《周易
讀本》、《楚辭集注》等。朱熹十九歲登進士第，二十二歲授泉州同
安縣主簿。

　　二十四歲時，他求師於李侗，其教導也使朱熹對於理學的研究有
著極為深刻的影響。朱熹在二十八歲罷官回家從事講學時期，仍不時
向李侗請教疑難，直到李侗去世。李侗死後十五年，朱熹復官，但他
被當朝權臣所誣，先後輾轉到南康、兩浙、漳州、建陽等多地，幾經
周折後依舊維持辦學，不曾間斷。青年時期的朱熹在各地的輾轉中留
下了不少的理論與影響，這些理論涉及諸多領域，其中的教育方面在

閩地的影響最為深刻。朱熹在閩任職期間,整頓同安縣學,擴充學舍並重新命名。改變學堂管理機制,設立齋長、齋諭等班級職位,讓品學兼優的學生各得其所,以引領規範整個學堂的學風,他延請對經學研究深刻且進士及第的老學究擔任教師,以傳授他認為極具重要意義的孔孟仁學。朱熹十分注重對孔子仁學的實踐,促進孔孟儒學在當地的發展與應用。

南宋時期,朱熹在同安任職期間,曾多次到廈門和金門兩地采風勸學,推動兩岸地區的文化教育事業發展。晚年遭遇慶元黨禁,被列為「偽學魁首」,削官奉祠。慶元六年(1200 年)逝世,享年七十一歲。後被追贈為太師、徽國公,賜諡號「文」,故世稱朱文公。

1.存天理,滅人欲

朱熹登第五十年,任地方官僅九年,立朝四十六日。他一生頗有作為,為「振舉綱紀,愛養民力」呼籲,要求皇帝「存天理,滅人欲」,奉理學為人的行為準則,他認為人心有了私欲,就會危殆。他期待能夠出現一位明君,改革朝政,更新局勢。曾在詩中強烈的表述這一願望:「誰將神斧破頑陰,地裂山開鬼失林。我願君王法天造,早施雄斷答群心。」(〈壬子三月二十七日聞迅雷有感〉)他以封建的三綱五常來明君臣之義、夫婦之倫、父子之恩、兄弟之情、朋友之信,極為重視禮教。

2.民為邦本

朱熹的政治經濟思想與教育思想有很大的關係,其共同之處都是為百姓提供一個更好的生活環境,他「恤民」的觀念在經濟思想方面呈現在農業生產和節省賦稅兩者。朱熹重視農業,曾頒佈「勸農民耘草糞田榜」,對於指導農業耕種,他廣為張貼指導佈告,讓農民的耕種過程更為專業,鼓勵農民增加產能,使「山原陸地物盡其力」,他

鼓勵墾荒，注意不斷擴大耕地面積，增加糧食產量。為了節省農民的
賦稅，他提出四條辦法：一為選將吏，封兵籍，以節省軍費；二為開
廣屯田以實軍需，三為練習民兵以充實邊備；四為「出禁錢以續經
用」。用著四條辦法開源節流，從各方面作出努力，配合好合理的理
財措施，為百姓省賦。他提出的一個最著名的論斷當屬「經界法」，
是在王安石方田均稅法與李椿年紹興經界法的基礎上發展而來的，其
中仍貫穿著「均貧富」的基本思想。通過經界法，他明確地判斷出汀
州、漳州及龍岩地區的社會問題加以解決，因此深得民心。

3.少有大志

　　相傳，在朱熹剛會說話的時候，父指天示之曰：「天也」，朱熹
隨問：「天之上何物？」其父驚異。五歲讀「孝經」，題其上曰：「不
若是，非人也。」與群兒戲沙上，獨端坐以指在沙上畫八卦，可見他
從小就能專心於學。八、九歲讀《孟子》，十三、四歲讀《論語》。
其父朱松在辭官歸隱後，以讀書為樂，朱熹自幼受父親耳提面命，「熹
之先君子好左氏書，每夕讀之，必盡一卷乃就寢。故熹自幼未學時已
耳熟焉。」

4.丹霞書院

　　在福建漳州存在著很多有關於朱熹文化的相關地景，如丹霞書
院。丹霞書院於乾隆二年（1737年）由權漳州府事（代理漳州知府）
劉良璧所創建。院中祀朱子，左右是書舍作有半月樓，魁星閣，書舍
等閣樓為學生學習之處。可惜的是經歷歲月的洗禮與時代的變遷，大
部份建築或倒塌或被拆除，院中僅剩半月樓這一樓閣。丹霞書院的辦
學頗有特色，它以「傳儒家經典，培養致世之才」為辦學宗旨，並聘
請名師主教，樹立賢良典範。重視立志樹品，塑造有爲之士。丹霞書
院是近現代漳州首座公辦學校，其歷時近200年，學生遍及漳州地區

乃至（長）汀漳（州）龍（岩），對地方教育發展和人才的培養有諸
多貢獻，在漳州的教育史上有著重要地位。

（二）俞大猷

1.抗倭名將

　　俞大猷，（1503-1579 年），字志輔，號虛江，泉州晉江（今福
建泉州市）人，明代著名抗倭將領，軍事家、武術家、詩人。俞大猷
出生在一個世襲百戶的軍官家庭，自父親去世後，家境逐漸敗落，俞
大猷放棄學業繼承父職。心懷壯志的俞大猷不滿於現狀，於是入京參
加武舉會試，終於金榜題名，考中進士，被擢升為千戶，禦守金門。
後又出任汀漳二州守備，任職期間平定多場叛亂，擊退海賊安定局
勢。嘉靖三十一年（1552 年），開始抗擊倭寇，在這段時期內，戰
功赫赫，威名遠揚，解決了困擾朝廷多年的倭患問題，因此也與戚繼
光並稱為「俞龍戚虎」。

　　俞大猷在軍事上傑出的表現，為大多數的學者所認可的，他主張
戰鬥不可許下「虛誇支吾之言」，這樣雖然能夠「順成人意於一時」
卻對於整個作戰計畫的推進與展開不起任何作用，在他認為不僅「獨
關閩省之氣運」而是「天下之氣運實系焉」的行為舉動，需要謹慎以
對。

　　俞大猷雖然戰功彪炳，但由於明朝「以文統武」的軍事制度，武
將的地位受到極大的挑戰，朝堂之上，他多次受到官員排擠，政策的
趨勢又使他不得不與文臣交往，意識到自己的尷尬處境後，他開始轉
變交際方式，借助談論兵法來與上司聯絡感情。

　　嘉靖十六年至十八年間，俞大猷奉命守衛金門，此時金門流行的
疫情使百姓們民不聊生，家破人亡，作為父母官的俞大猷儘管不承認
「疫鬼」的存在，但為了安定民心，滿足群眾的請求，同時給予百姓

一定的心理安慰，抱著「全乎天下者，無所不用乎其情」的心理想法，為百姓寫下這篇祭文驅疫。萬曆七年（1579 年），告老還鄉，病逝於家中，時年七十七歲，獲贈左軍都督，諡號武襄。

2.俞大猷墓

　　俞大猷的墓坐落在晉江市磁灶鎮蘇垵村北。墓碑上刻有「皇明都督虛江俞公墓」幾個字。墓碑原有石馬、石虎、石羊均以被毀，只剩一對石將軍坐落在墓的兩側。1986 年，發現存有墓誌銘一方，後由晉江市博物館收藏。1991 年，福建省人民政府公佈為第三批省級文物保護單位。

3.俞公祠

　　由於俞大猷抗擊倭寇造福了一方百姓，對沿海地區的安定做出了重要貢獻，百姓為了表達感激之情在他生前就有人給他建立祠堂。1994 年，鎮海中學擴建田徑場，在周圍拆遷民宅施工時，發現了俞公祠遺址和石碑。1996 年，俞大猷生祠碑移植於鎮中梓蔭山東北麓，與此同時新建俞大猷紀念碑亭。同年，隨安遠炮臺等鎮海口海防遺址被列入全國重點文物保護單位。

（三）黃道周

　　黃道周，（1585-1646 年），字幼玄，又字螭若、螭平，號石齋，世人尊稱石齋先生。明末學者、書畫家、當之無愧的民族英雄。福建漳州府漳浦縣（今福建省東山縣銅陵鎮）人。明代中後期，社會動亂，民心不安，出生於這個年代的黃道周無論從事哪方面的學問研究都摻雜著忠貞愛國的情感。他自幼敏思好學，十四歲的黃道周遊學廣東，享有「閩海才子」的殊榮譽，二十三歲便開始周遊講學，為他今後在各種領域的成就奠定下紮實的基礎。閩地深厚的儒學仁義思想與漳州

忠義正氣的文化背景，培養出黃道周寧死不屈的民族氣節與剛正不阿的行事作風，也正因如此，黃道周經常被朝堂上的佞黨陷害，多次被捕入獄，飽受刑具折磨。刑具折磨著他的肉體，卻絲毫沒有磨損他的骨氣。作為東南沿海地區的抗擊敵寇的後輩，黃道周給後人帶來的更多是捨生取義，忠肝義膽的民族英雄氣概。

在遊學期間，他執教於漳浦明澄書院、漳州紫陽書院、南溟書院等，弟子廣泛遍佈於東南沿海地區，尤其在閩地，師從他思想觀念的一眾弟子被稱為「道周學派」。他一生研究領域廣泛，涉及天文、地理、政治、理學、文學、史學、軍事等等，成果頗豐，理論成果被後人編輯進《明漳浦黃忠端公全集》當中。

愛國精神在黃道周身上有著非常明顯的體現，清兵入關後，黃道周立刻上述向君主陳述七條有關收復失地的辦法。北上的過程中，黃道周在福州舉行誓師大會，閩地的父老鄉親見後紛紛送自家子弟加入義軍，抗清事業深得民心。戰爭時，黃道周把大軍分為三路，各角度出擊，逐一攻破，義軍首戰告捷。但由於後來敵不寡眾，再加上指揮配合等各種問題，情形逐漸惡化，於是黃道周對將士們說到：「與其坐而潰敗，無以報朝廷，不如一戰決也。」道周便和將士及鄉勇千餘人誓與清軍決一死戰。至婺源明堂里時，義軍被清軍重重包圍，因寡不敵眾，最終被清軍所俘。隆武二年（1646 年）黃道周壯烈殉國，享年 62 歲。後因隆武帝感念其忠心賜謚「忠烈」，追贈文明伯。清乾隆四十一年（1776 年）追謚「忠端」。與劉宗周並稱「二周」。

1.黃道周與木雞腿

黃道周小時候家境貧寒，三餐堪憂，柴米尚且犯愁，更談不上吃什麼魚肉。於是他用畫餅充饑的方法，找來一塊木塊，雕刻成雞腿的形狀，吃飯時便用木雞腿蘸醬油，津津有味地吃起來。有一回，鄰居

阿大家裡丟了一隻母雞，找遍了整個深井村，依然不見雞的影子，想著是不是被別人偷了，挨家挨戶的去看。正走到黃道周家門口時，看見他拿著木雞腿在那吃著，便稱就是黃道周偷了他家的雞，兩人爭辯許久，分不出個所以然來，便到關帝廟去找關帝爺評理。

「關帝爺，請你為我做主，黃道周若有偷我的母雞，你就出個應筊；若沒有偷雞，你就出個反筊。」阿大嘴裡念念有詞，把杯筊往地上一扔，一連三個應筊。

「你看，黃道周，你有什麼好說的呢？」

黃道周急壞了，自己平白無故受了冤屈這可怎麼好，於是一氣之下，收拾書箱前往東門嶼靜養心志，勤讀《易經》和諸子百家之書，著書吟詩。

後來，阿大那隻母雞找到了，他覺得自己不對，去給黃家賠個不是。

正月初四，關帝爺從天上歸來，問廟中小神：「我不在時，有何人來問事？」小神把黃道周和阿大占卦的事一說，關帝爺說：「錯了，錯了！這回可冤枉了這個窮書生。」關帝爺內心有愧於黃道周，就派海龍王每天送一隻大紅蟳給黃道周吃，讓他安心在東門嶼讀書。至今，東門嶼還保留著黃道周讀書遺址「雲山石室」。

2.黃道周祠堂

隆武二年（1646 年）黃道周壯烈殉國，雖僅在朝為官四年，但當黃道周為國犧牲的訃告傳至福建時，隆武帝大為震驚，甚至為悼念他而罷朝，特賜諡「忠烈」，並在福州為黃道周立「閩忠」廟，樹「中興大功」坊，另在漳浦立「報忠」廟，樹「中興藎輔」坊，春秋祭奠。人們為紀念他的賢德，為之修建的祠堂比比皆是，例如漳浦的「報忠祠」、廈門的「忠烈祠」、福州的「閩忠祠」、東山的「黃忠端公祖

祠」等等。

（四）鄭成功

1.復明收臺

　　鄭成功，（1624-1662 年），本名森，又名福松，字明儼、大木。福建泉州南安人，祖籍河南固始。明末清初軍事家，著名抗清將領，民族英雄。其父鄭芝龍，其母名田川氏。弘光時監生，蒙隆武帝賜明朝國姓「朱」，賜名成功，改名朱成功，並封忠孝伯，世稱「鄭賜姓」、「鄭國姓」、「國姓爺」，又因永曆帝封延平王，稱「鄭延平」。

　　據載，鄭成功小時獨愛《春秋》亦喜兵法，但對於科舉必備的八股文，則興趣缺缺。相傳，有一次，學堂老師以「灑掃應對」命題，鄭成功應對如流，回答道：「湯武之征誅，一灑掃也；堯舜之揖讓，一進退也。」這一新奇的回答讓老師歎其用意之新奇，思維之靈活。

　　1645 年鄭芝龍降清之後，鄭成功率領父親舊部與宗族在中國東南沿海繼續抗清，成為南明主要軍事力量之一，他雖曾一度從海路突襲圍困清江寧府，然最終鄭軍遭清軍擊退，僅得憑藉海戰優勢固守廈門、金門兩島。戰後大清重申海禁、頒布遷界令以斷絕沿海居民對其接濟，因此他接受曾任荷蘭通事的何斌提議攻取臺灣，驅逐駐紮在大員的荷蘭東印度公司駐軍，解決糧食問題並建立新基地，1661 年，鄭成功自安平登臺，先後攻佔普羅民遮城、熱蘭遮城，翌年擊敗荷屬東印度公司的部隊，以臺南為基地建立承天府。

2.延平郡王祠

　　延平郡王祠位於南安市石井鎮。清康熙三十八年（1699 年），詔令遷鄭成功靈柩歸葬故里南安鄭氏祖塋，並建祠祀之。祠坐西南面東北，前臨海，後靠鼇石山，沿中軸線自北而南，依次為照壁、山門、

大殿,邊有附屬建築,門前置旗杆石。大殿面闊 3 間,抬梁式木構架,硬山頂,燕尾形屋脊。殿中懸「三世五爵」、「威風雄烈」等匾額,柱鐫歷朝題贊楹聯,中有康熙詔賜鄭成功父子遷葬時所撰聯對,文曰:「諸王無寸土,兩島屯師,敢向東南爭半壁;四鎮多二心,一隅抗志,方知海外有孤忠」。

3.鄭成功石像

鄭成功雕像(巨型花崗岩)於 1985 年 8 月 27 日鄭成功誕辰 361 周年落成,屹立在鼓浪嶼東南端的覆鼎岩。整個岩體高 24 米,面朝大海,背靠鼓浪嶼。石像高 15.7 米,寬 9.2 米,重達 1400 多噸,由 625 塊白花崗雕鑿嵌接而成,共 25 層。其堅實程度可抗 12 級強颱風,8 級以上地震。鄭成功像身披盔甲,手按寶劍,形象挺拔剛勁,氣勢雄偉。雕像屹立在鼓浪嶼海濱,使過往船隻和踏上鼓浪嶼的人們都能看到鄭成功的英雄形象。

(五)李贄

李贄,(1527-1602 年),漢族,字宏甫,號卓吾,別號溫陵居士、百泉居士等。生於福建泉州,明代官員、思想家、文學家,泰州學派的一代宗師。嘉靖三十一年舉人,不應會試。旋棄官,寄寓黃安(今湖北省紅安縣)、湖北麻城芝佛院。在麻城講學時,從者數千人,其中還有不少婦女。晚年往來南北兩京等地,最終被誣下獄,在獄中自刎。

李贄以孔孟傳統儒學的「異端」而自居,對封建社會的假道學、腐敗政治制度與男尊女卑落後思想大加批判,主張揚棄,積極推動新事物的產生與發展,反對思想禁錮。李贄入道很晚,在接近四十歲時剛剛步入王門之學,但他這四十年沉溺世俗的經歷給他的思想形成帶

來了極大的影響。在步入官場的四十年前，有大半的時間停留在泉州。家鄉的自然與人文環境奠定了他人生最初的心理與性情，也讓他形成了獨有的思維定式、特別的性格、與一定的經歷膽識。

李贄善於獨立思考，不受儒學傳統觀念束縛，具有強烈的反傳統理念，嘉靖三十九年（1560 年），擢南京國子監博士，數月後，父病故，回泉州守制，時值倭寇攻城，他帶領弟侄輩日夜登城擊柝巡守，與全城父老兵民同仇敵愾，在泉州帶兵抗擊倭寇的實戰經驗為後來他的軍事思想的產生奠定了基礎，寫出「兵食論」、「孫子參同」等一系列兵法著作。這幾個方面是李贄求道心理的表現，也是後來思想發展的重要原因。李贄的思想在他的代表作《藏書》、《續藏書》、《焚書》、《續焚書》、《史綱評要》中都有較為明顯的表述，而他對於《水滸傳》、《西廂記》、《浣紗記》、《拜月亭》的評點，在當今仍是較為流行的學說。

1.儒家「異端」

李贄的族上自河南遷入泉州後世代經商，家門因此也較為富裕，當到李贄這一代時，早已棄商從文，父親把這種希望寄託在了他的身上，讓他學習四書五經以應試，但他對於事物經典的批判思想並不能讓他完全接受傳統儒學的教育，李贄曾在當時一段學《論語》的情形中，樊遲請教稼穡之事的片段，讓他理解成為樊遲的本意是問歸隱事，孔大聖人罵學生是小人則是完全不當的行為。他指責被奉為「至聖」的孔子，推翻朱子注解。他回憶年少時的學習情景中曾說：「余自幼倔強難化，不信學，不通道，不信仙、釋，故見道人則惡，見僧則惡，見道學先生則尤惡。」三個不信相，足以見得他頭腦中自我意識的強烈，不但對儒、釋、道三大學問不信，三大學問之外的學問他也不信。正是他這種孤獨性格導致了他只相信自己，這也造就他對科

考玩事戲弄的態度。

2.童心說

　　《童心說》是李贄思想的集中體現，在《童心說》中，李贄主張《論語》之類盡是些先賢的弟子依據後世狀況對其表述進行改動後的記述，因此不足以聽信。同時，該文也確立了「童心即真心」的理論，認為人只有有了「真心」，方才算得上「真人」，把「真心」作為道德評價的基礎，即「是非定於童心」。對於王陽明的心學，他所繼承與汲取的大致為三個方面：一是認知宇宙的方法，即認為心外無物，心是一切事物的本源；二是學術路徑，正因世界的一切無不出自於人心，那麼把人心弄透則一通百通，一了百了。因此對於經書，他往往是順從內心的感覺，拋開外人的注解，用自己的真實經歷對作者話語的本意進行推究。三是「致良知」，李贄對於這三個字的解釋曾說：「反覆思惟，使人人知『致良知』三字出於《大學》、《孟子》，則可以脫禍，而其教亦因以行。」

3.李贄墓

　　李贄墓位於北京市通州區西海子公園。李贄去世後，馬經綸遵其遺囑，將其安葬於通州城北的馬廠村。李贄生前留下遺言：「倘一旦死，急擇城外高阜，向南開作一坑，長一丈，闊五尺，深至六尺即止。既如是深，如是闊，如是長矣，然復就中復掘二尺五寸深土，長不過六尺有半，闊不過二尺五寸，以安予魄……未入坑時，且閣我魄於板上，用餘在身衣服即止，不可換新衣等，使我體魄不安……即安了體魄，上加二三十根椽子橫閣其上……使可望而知其為卓吾子之魄也。」如今，李贄墓的周圍已載滿樹木，墓前立一石碑，題曰：「李卓吾先生之墓。」墓前立其好友焦閎書「李卓吾先生墓」碑，碑的後面有詹軫光於萬曆四十年（1612 年）所題的「李卓吾碑記」和「弔李卓吾

先生墓二首」。西邊有通州區人民政府所立的「重移李卓吾墓記」碑，
兩碑前有周揚題「一代宗師」碑。

4.李贄故居

在泉州鯉城區南門萬壽路，這裡便是明代傑出思想家李贄少年時
居住的地方，後人將其居室改為宗祠，加以修葺，並室內懸掛李贄的
畫像、院中坐落李贄的銅像，以供世人瞻仰紀念。

5.湖北麻城芝佛院

湖北麻城閻家河鎮龍湖北岸的一座寺院，李贄辭官後，曾在此著
書講學。芝佛院原名芝佛寺，在河之北岸，因建寺時挖基腳挖出三支
形狀像佛像的靈芝而得名；龍湖寺在南岸，與芝佛寺隔河相望。明萬
曆年間，許多學者慕名前往膜拜，他們拜的不是寺中大佛，而是寺裡
「坐聖門第二席」的「異端之尤」——李贄。

二、近代大家

（一）陳嘉庚

陳嘉庚，（1874-1961 年），福建省泉州府同安縣集美社（今福
建省廈門市集美區）人。華僑領袖、企業家、教育家、慈善家、社會
活動家。陳嘉庚為振興家鄉教育很有理想，他先後創辦由集美小學、
集美中學構成的集美學村、集美大學以及廈門大學，培養了一代又一
代的有識之士，提高了國民的整體素質，開化了國民思想，推動了中
國社會的發展。

1894 年冬，陳嘉庚在家鄉創辦了第一所學校「惕齋學塾」，之後
繼 1913 年創立集美小學後，相繼創辦了多所分管不同領域的學校，
如師範、航海、商業、農林等。除了創辦學校，陳嘉庚還資助了省內

多所中小學，為其設備更換提供了基礎資金，同時還為學校的教學方法給予詳細的指導。在起草廈門大學的建設計畫時，他深知大學的建設不同於基礎教育階段的學校，整體方向的規劃與部分專業的設計對學校的定位起到至關重要的作用，因此，他拿出在新加坡盈利而得的所有財產，甚至拿出一部分家庭財產來為大學的籌辦提供基礎資金，以培養具有專業知識的高素質人才。若沒有當初陳嘉庚先生創辦學校的堅定決心與強大的財力支持，今天享譽世界的廈門大學便也不復存在了。

　　抗戰時期，考慮到學生的家庭經濟狀況，陳嘉庚在廈門大學放出一部分免學費學生的名額，激勵家境貧困的學生努力讀書，吸引了一大批學生前來報考。在那個時期，陳嘉庚的行為在得到國內民眾大力支持的同時，也吸引了外來列強關注的目光，1933 年，陳嘉庚的公司出現一些問題，一家外國壟斷集團提出收購陳嘉庚的企業，將其作為「子公司」進行照顧，但前提條件是關閉廈門大學和集美學校的運作。對於這一要求，陳嘉庚表示氣憤的同時發出強烈抗議，他當即說道：「寧可把企業關閉，也不能停止學校的運作。」可見陳嘉庚對於教育的堅持。

集美學村

　　集美學村是集美各類學校及各種文化機構的總稱，位於廈門集美半島坐落於集美村。它由著名愛國華僑領袖陳嘉庚先生於 1913 年始傾資創辦，享譽海內外。

　　建築為中西合璧的嘉庚式建築，其中南薰樓為其指標性的建築物，集美學村內有一龍舟池，是 1953 年，陳嘉庚親自督造龍舟 10 艘，組織村民和師生進行正規訓練和划船技術，為提供良好的競賽場地。1955 年，陳嘉庚先生親自選址，在臨海風景優美之處，開闢了一個

規範的大龍舟池。

　　嘉庚故居坐落於集美鎮後尾角，今嘉庚路 149 號，是陳嘉庚先生居住過的地方，1918 年建成。故居是一座兩層小樓房，1938 年被日軍機炸毀後重修，直到完工後才重修居宅。

（二）許地山

　　許地山，（1893-1941 年），名贊堃，字地山，筆名落花生，臺灣臺南人，後落籍福建龍溪。許地山一生創作的文學作品多以閩、臺、粵和東南亞、印度為背景，也是二十世紀中國在大學開梵文課的華人第一人和當代華人研究印度學的先行者。

　　生於臺灣，長於閩地，閩臺文化對其影響之深。許地山的很大一部分作品是以底層的小人物作為敘事視角，描寫社會當中的弱勢群體經歷與發生的一切，因此，在他的作品中用細緻的描寫所展現出來的場景是極具真實性與感染力的。許地山將「天行健，君子自強不息」，這一簡單樸素的信條貫穿一生。對待人生的態度並不是趨向對現實否定和非黑即白的絕對性，而是承認局限，敞開自我，擁抱世界。這在其《危巢墜簡》、《落花生》、《商人婦》、《空山靈雨》等作品中都有較為明顯的體現，在他的作品中，存在著不少閩文化的代表要素，像牡蠣煎餅，甘蔗，等都是屬於福建的產物，這些看似是平平無奇的食物，在許地山心中卻是獨屬於閩文化的飲食記憶，寄託的更是他對鄉土的熱愛。

　　在許地山的作品當中，他的語言具有很濃重的閩南方言氣息，比如「小囝」是閩方言中對小男孩的稱呼，這些常見的閩南方言在許地山的作品中，成了最深的鄉情。

許地山故居

　　許地山故居現位於廣東省湛江市徐聞縣署前街，建於清代，為磚木結構住房，門前有小院。掩映在眾多民居中的許地山故居雖不是十分醒目，但還完整地保留著原有的風貌。由於許地山在中國現代文學史上的地位，這裡也成為了文人墨客懷古之地。

（三）林語堂

　　林語堂，（1895-1976年），福建龍溪（今漳州）人，原名和樂，後改玉堂，又改語堂，中國現代著名作家、學者、翻譯家、語言學家，美國哈佛大學比較文學碩士、德國萊比錫大學語言學博士，曾任北京大學英文系教授、廈門大學文學院院長、南洋大學首位校長。於1940年和1950年先後兩度獲得諾貝爾文學獎提名。曾創辦《人世間》、《宇宙風》等刊物。1966年定居臺灣，1976年在香港逝世，享年80歲。在他的代表作品中，小說《京華煙雲》、《賴柏英》；散文和雜文文集：《人生的盛宴》、《生活的藝術》、《吾國與吾民》；譯著《東坡詩文選》、《浮生六記》等都是極為經典的作品。

　　林語堂生於大清福建省漳州市平和縣坂仔鎮，父親是林至誠牧師，從小家庭對他的教育是「中西合璧」式的教育，林語堂學貫中西，對東西方文化均有相當成熟的領悟與見解。在各種中英文著述中，一以貫之的是他對家國故土的熱愛，以及對跨越國族界限的理解與，通過創辦的《宇宙風》等雜誌，他將當時的一些西方理念介紹給中國讀者，同時也將中國的古典文學、傳統文化乃至中國式的生活理念介紹到國外，並始終為此不遺餘力。他的英文著作，在文學界獲得很高的評價，在英語讀者當中也相當受歡迎，遂為西方人士認識中國的一扇窗，他嘗自提一副對聯曰：「兩腳踏東西文化，一心評宇宙文章」是其最貼切的形容。

1.經典語句

主題與節選書籍	內容
1、徹悟與痛苦 《吾國吾民》	一個人徹悟的程度，恰等於他所受痛苦的深度。
2、倘無幽默 《一夕話》	沒有幽默滋潤的國民，其文化必日趨虛偽，生活必日趨欺詐，思想必日趨迂腐，文學必日趨乾枯，而人的心靈必日趨頑固。
3、筆和錐 《未知》	作家的筆正如鞋匠的錐，越用越銳利，到後來竟可以尖如縫衣之針。但他的觀念的範圍則必日漸廣博，猶如一個人的登山觀景，爬得越高，所望見者越遠。
4、與古人面談 《未知》	一本古書使讀者在心靈上和長眠已久的古人如相面對，當他讀下去時，他便會想像到這位古作家是怎樣的形態和怎樣的一種人，孟子和大史家司馬遷都表示這個意見。
5、乘船的旅客 《生活的藝術》	人生真是一場夢，人類活像一個旅客，乘在船上，沿著永恆的時間之河駛去。在某一地方上船，在另一個地方上岸，好讓其他河邊等候上船的旅客。
6、死了三次 《生活的藝術》	凡是談到真理的人，都反而損害了它；凡是企圖證明它的人，都反而傷殘歪曲了它；凡是替它加上一個標識和定出一個思想派別的人，都反而殺害了它：而凡是自稱為信仰它的人，都埋葬了它。所以一個真理，等到被豎立成為一個系統時，它已死了三次，並被埋葬了三次了。

主題與節選書籍	內容
7、老年之美 《生活的藝術》	古教堂、舊式傢俱、版子很老的字典以及古版的書籍,我們是喜歡的,但大多數的人忘卻了老年人的美。這種美是值得我們欣賞,在生活是十分需要。我以為古老的東西,圓滿的東西,飽經世變的東西才是最美的東西。
8、蠶 《生活的藝術》	一個學者是像一隻吐出所吃的食物以飼小鳥的老鷹;一個思想家則像一條蠶,他所吐的不是桑葉而是絲。

2.林語堂紀念館

林語堂紀念館地處福建省漳州市天寶鎮,坐落在他父母長眠的虎形山上香蕉林中,前眺林語堂在漳州的故居,背靠香蕉林,清幽雅致,風景宜人。整個建築的主體為半圓形的二層小樓,其風格借鑒臺北林語堂故居中西合璧的風格特點,在館舍正面的牆上,懸掛著由中國書法家協會主席沈鵬題寫的「林語堂紀念館」的匾額。館前安放一尊高為 2 米的林語堂先生的青石塑像,神態安詳,栩栩如生。紀念館前建有 81 級花崗岩臺階,暗喻林語堂先生 81 年的光輝生命。

3.林語堂文學館

林語堂文學館位於林語堂誕生地原阪仔基督教堂舊址。這裡也是在林語堂的六十部著作、上千篇美文中,關於個人生活他提到最多的一處地點。這裡儘量依據教堂的原貌重建後,展示了林語堂的畢生成就和他與平和阪仔的聯繫,解讀了林語堂從阪仔走向世界的家鄉情緣。

閩南曲藝文化

　　曲藝是各種「說唱藝術」的統稱，它由民間口頭文學和歌唱藝術發展而來，經過長期的演變形成一種獨特的藝術形式。

　　曲藝作為「說唱藝術」，具有悠久的歷史，又有極強的地域性特徵，種類繁多百花齊放，閩南地區的曲藝文化恰是其中一顆璀璨的「明珠」。曲藝文化的興盛是一個地區經濟發展繁榮見證，閩南曲藝在閩南土地上生根發芽，包含著閩南地區獨特的地域文化，記錄著閩臺的地理、歷史、風俗，也映射出閩南人的審美情趣和人文風情。

一、歌仔戲

　　閩南人的「歌仔」是一個既寬泛又模糊的概念，在閩南人的認知裡，小曲、民歌、童謠等都可稱為「歌仔」。歌仔戲便是在閩南歌仔的基礎上，吸收了梨園戲、高甲戲、潮劇等戲曲的營養而發展成一種相容並蓄、內容豐富的閩南方言戲曲劇種。因此，歌仔戲包含更多的內容，形式也更活潑、多元，這是我國眾多戲曲劇種中年輕的後來者。它是現存劇種中唯一源起於臺灣的戲曲劇種，主要流傳於福建省閩南地區、臺灣和東南亞華人聚集地。

1.落地掃

　　歌仔戲的發源於宜蘭，百年前來自閩南的擅長歌仔和車鼓的藝人在宜蘭開班授徒、組成戲班，代表人物有貓仔源、陳高犁等。宜蘭歌仔戲的形成，大約可分為小戲和大戲兩個階段。小戲階段是以源自漳州一帶的歌仔來說故事，漸漸吸收車鼓小戲表演形式，以簡單角色來

演出故事。大戲階段則是在小戲基礎上,不斷吸收流傳於臺灣的北管、南管、四平戲等表演形式、聲腔、曲調等成分,發展為一種相容各家所長的新劇種。宜蘭歌仔戲最初的表演形式是歌仔陣,多在參加廟會活動時的陣頭遊行,邊走邊唱。當陣頭在空地或廟埕停下來,又以竹竿定出四個角落,由演員「踏四門」,劃出表演區來演出,稱為「落地掃」。

當時所有演員均為業餘男性演員,不著戲服,且無裝扮;演出前先由一演員出場沿表演區四周走臺步,並提綱契領演唱劇情作為開場。最早演出的傳統戲碼是《山伯英台》、《什細記》、《呂蒙正》及《陳三五娘》稱為《歌仔戲四大出》。

2.邵江海

邵江海 1913 年出生於廈門,當時臺灣歌仔戲藝人到廈門歌仔館表演,他深深被其吸引,因而投身歌仔戲演藝事業,30 年代後,邵江海已成為一名頗具盛名的民間歌仔戲藝術家,他不僅建立戲班,撰寫劇本將當時通常都是幕表戲演出形式的歌仔戲帶入定型劇本的時代,他所創作的劇本對後世的歌仔戲演出影響深遠如《李妙惠》等。

好景不長,抗日戰爭時期,當時政府認為歌仔戲是「亡國調」,臺灣歌仔戲在閩南地區禁演。在歌仔戲瀕臨絕境的時候,邵江海及其他民間藝人力挽狂瀾,對歌仔戲進行大膽的創新、改良,創作了「雜碎調」等一系列曲牌唱腔,使得歌仔戲重獲新生,再次出現在大眾面前,歌仔戲在閩南得以繼續生存,邵江海的各種貢獻使其被稱為歌仔戲的「一代宗師」。

3.胡撇仔戲

1939 年,日本政府在臺灣推行「皇民化運動」,戲劇的演出必須符合日本化要求,歌仔戲班演出時,日本員警會到場監督,凡是演出

傳統戲碼一經查獲就勒令解散。至 1945 年止，歌仔戲遭受前所未有的打擊，大量的歌仔戲班倒閉，只餘少數苦苦維持。在這樣艱難的條件下，許多歌仔戲班採取各式各樣的變通方法，新舊打扮的混雜，西洋樂器的使用等等，在此基礎上形成了「胡撇仔戲」的形式。發展到今日也有具體專門走「胡撇仔戲」路線的劇團，在形式內容上加以創新，深受年輕人喜愛。

4.都馬調

1948 年底由南靖縣「都馬抗建劇團」東渡臺灣，在臺南安平港上岸後展開了一系列的公演活動，將閩南「改良戲」的音樂傳入臺灣，其中最具代表性的曲調「雜碎調」深受民眾喜愛，當地歌仔戲演員紛紛學習並將其運用到自己的表演當中。因「雜碎調」隨「都馬班」而來，故稱「都馬調」，因為它的旋律悠揚並且表現力強，抒情敘事皆宜、適用於各種場景中，所以迅速風靡全臺，被廣泛運用到歌仔戲演出中。

5.內臺歌仔戲

在歌仔戲形成後不久出現了一種在戲院室內劇場演出的歌仔戲形式——內臺歌仔戲。它與過去的野臺歌仔戲最大的不同在於，內臺歌仔戲採取售票的方式在劇院內進行營利性質的演出。在《臺灣省通志·藝術篇》中有提到「辜顯榮向日人收買臺北淡水戲館，改名新舞臺，作為本省人之娛樂機構，其經理人見歌仔戲甚受人歡迎，遂出資設立新舞社歌劇團，在該戲院經常排演歌仔戲，而收取門票。」其中提到的「新舞社歌劇團」就是臺灣第一個具有營業性質的歌仔戲班，從「新舞社歌劇團」開始，歌仔戲出現了內臺與外臺的區別。因為內臺歌仔戲的營利性質，所以它在舞臺佈景、燈光及服裝上都較為講究，表演上和野臺戲相比也較為嚴謹。值得一提的是，內臺歌仔戲在

公演之前，往往會由演員穿著戲服沿街宣傳，稱為「踩街」，以此來宣傳、吸引廣大觀眾，增加票房收入。內臺歌仔戲的鼎盛時期在1949-1956 年臺語片興起之前，當時全臺灣約有三百個這樣的歌仔戲班，可謂是盛極一時。

6.廣播歌仔戲

　　1954-1955 年間廣播歌仔戲在臺灣興起，起初只在戲院中現場錄音，但是錄製效果不佳，後期則由電臺自行成立廣播歌仔戲團，歌仔戲的演唱由此走進了錄音間，廣播歌仔戲登上歷史舞臺，風靡全臺。因為廣播歌仔戲「只聞其聲，不見其影」的特點，觀眾無法看見畫面因而會可以專心的欣賞唱腔與念白，在廣播歌仔戲中演員不用表演身段動作，從而特別的重視唱腔與念白展示與提升。另外，由於廣播歌仔戲播出的時間較長，需要大量的曲調補充，因此廣播歌仔戲在演唱傳統的「歌仔調」外，又從流行歌曲中吸收了一些具有起承轉合的四句七言曲式，加之歌仔戲演員和作曲家的創作，大大豐富了歌仔戲的曲調庫。當時知名的廣播歌仔戲團，有臺北的「正聲天馬歌劇團」(1962年)和臺中的「中聲廣播歌仔戲劇團」。國寶級歌仔戲小生楊麗花就出身於「正聲天馬歌劇團」；另外還有新傳獎的獲獎者廖瓊枝女士亦曾於電臺演唱廣播歌仔戲。

7.歌仔戲電影

　　1955 年由「都馬班」葉福盛製作，邵羅輝導演的臺語電影「六才子西廂記」上映，是為第一部歌仔戲電影。同年七、八月間麥寮「拱樂社」陳澄三的華興電影製片公司，聘請何基明擔任導演，推出黑白歌仔戲影片「薛平貴與王寶釧」，影片以「拱樂社」旗下知名演員劉梅英、吳碧玉為主角，成功影業社發行，在 1956 年推出之後轟動一時。歌仔戲電影雖為戲曲電影，但是為了給觀眾更好的觀影體驗，也

融入了大量的影視創作手法，例如「拱樂社」為了彌補燈光不足等缺點，多採外景錄製，而演員在表演上為了適應電影拍攝，身段上的展現也有一定調整。後來「日月園」、「新南光」、「美都」及「賽金寶」等歌仔戲團也嘗試過歌仔戲電影的錄製。歌仔戲電影受到觀眾喜愛，但也是曇花一現，「拱樂社」歌仔戲電影雖曾轟動一時，後期由於電視歌仔戲的興起、歌仔戲更適應舞臺型態等多方面的原因，不久歌仔戲電影走向沒落，「拱樂社」也於 1964 年宣告結束電影事業，一代戲劇王國走向沒落，但是「拱樂社」培養出的一群優秀的歌仔戲演員依舊活躍在歌仔戲事業中，其中最為大眾熟知的莫過於被稱為「永遠的娘子」的許秀年。

8.電視歌仔戲

隨著電視的普及，歌仔戲的製作經過了內臺、廣播、電影的形式後，又踏入了電視歌仔戲的領域，在 20 世紀七八十年代，電視歌仔戲風靡一時，走進千家萬戶。

電視歌仔戲的發展並非是一帆風順的。1962 年臺灣電視公司成立，推出電視歌仔戲「雷峰塔」，是第一部電視歌仔戲。但當時臺灣的電視機並未普及且影片為黑白片，因此電視歌仔戲欣賞人並不多，尚處於嘗試階段，而廣播歌仔戲才是當時最流行之表演型態。

真正將電視歌仔戲發揚光大的是歌仔戲巨星——楊麗花。楊麗花於 1944 年出生於宜蘭縣員山鄉，母親筱長守是宜蘭「宜春園劇團」的臺柱，楊麗花自幼成長於戲班中，耳濡目染、學習歌仔戲表演，因為音色優美，音質淳厚，進入「正聲天馬歌劇團」並成為廣播歌仔戲知名小生。1969 年中國電視公司成立，招募「中視歌劇團」、「金風歌劇團」、「正聲寶島歌劇團」及「拱樂社歌劇團」等四劇團輪流錄製歌仔戲節目，每週播放一齣電視歌仔戲，葉青、柳青、小明明與

王金櫻等人也在這時加入中視演出,楊麗花、葉青、柳青、小明明因為俊美的扮相被稱為「四大小生」。當時台視為提高收視率,遂邀請楊麗花出任團長,成立了「台視歌仔戲劇團」,以連續劇方式演出,代表劇碼有《泥馬渡康王》、《新狄青》、《新洛神》等,楊麗花也成為發揚電視歌仔戲的重要人物。而後華視也請葉青出任團長,成立「神仙歌仔戲團」,製作了《秋江煙雲》、《春江花月夜》等一系列優秀作品。

相較於傳統的在舞臺、劇場演出的歌仔戲,電視歌仔戲最大的改變是使歌仔戲從象徵走向寫實,以實物取代寫意的身段、道具等,例如騎馬時拍攝真實的騎馬外景,而高山、天庭與橋樑等則需搭設佈景。這些增加的道具及佈景,更好的展現了劇情,並加入許多輕功、飛天及鑽地等鏡頭、特效,吸引了不少的觀眾,但是也因此電視歌仔戲的身段做表不得不進行了大量刪減。不過,電視歌仔戲佈景華麗生動,吸引大量觀眾的喜愛,也因透過電視傳播,歌仔戲大為流行。

9.明華園

1929 年,陳明吉與戲院老闆蔡炳華共組「明華歌劇團」,為「明華園」的前身。「皇民化運動」時,當時少數獲得准許可以進行演出的劇團之中就包括明華歌劇團,也為它在困頓中的發展留下一條路。戰後,明華歌劇團更名為「明華園」,下設有「天、地、玄、黃、日、月、星、辰」八個子團。1962 年,台視開播電視歌仔戲以及本土文化受到當時國民黨政府的打壓,對內臺歌仔戲產生巨大打擊,許多歌仔戲團被迫散班或往野臺發展。也因此,迫於現狀,原本堅持在內臺演出的明華園不得不轉戰外臺,之後明華園成員在屏東縣潮州鎮定居。

歷經傳統歌仔戲發展的興衰,明華園逐漸掌握社會脈動,勇於創

新，將歌仔戲從外臺又帶回內臺，登上國家大劇院等大型文化演出場所，甚至帶出國門，遠赴歐美。「明華園」致力於將傳統歌仔戲融入現代劇場、實驗劇場及電影分場的節奏中，並與音樂、戲劇、舞蹈、民俗、美術、聲光等各類藝術相結合，大膽嘗試、開拓創新，製作出了《超炫白蛇傳》、《劍神呂洞賓》等優秀劇碼。

二、南音

「南音淵源古，千載傳不絕。」南音，想必很多人都有所耳聞，它有著世界級非物質文化遺產之一這響噹噹的名號。福建南音，雅致、柔婉，深沉優美，古風遒勁，可唱可彈。南音也可稱為「南曲」、「南管」、「南樂」、「弦管」、「御樂」等，是保存我國古代音樂較豐富、較完整的一個大樂種，「晉唐遺音」、「中國音樂之根本」、「一部活的音樂史」、「可以說是全世界歷史悠久的傳統音樂」皆是專家學者們對南音的讚譽。

（一）淵源錯綜

南音的歷史相當久遠，被稱為「活化石」。一般認為是唐、五代時傳入閩南的中原古曲。但是，南音的清唱曲以閩南方言來演唱，而閩南方言的形成一般認為是在五代到宋，所以南音形成上限，不可能早於宋。現今南音有珍藏於國外圖書館的名刊閩南戲曲弦管三種：明萬曆年間刊印的《新刻增補戲隊錦曲大全滿天春》、《精選時尚新錦曲摘隊》、《新刊弦管時尚摘要集》，這就有力地證明了在明萬曆之前，南音已經相當成熟了。

其中一種方法為通過分析其使用的樂器、音樂結構、音階，判斷南音的起源，認為南音起源於漢唐時期，形成於宋。唐代閩南地區社會經濟發達，經濟基礎決定上層建築，泉州作為中國南方對外貿易的

四大港口之一，文化藝術也隨著經濟繁榮興盛起來。唐代「安史之亂」和之後的大規模農民起義也沒有對偏安一隅的閩南地區有太大的影響，所以文化發展道路並未停止。

西元 855 年，王潮、王審知兄弟率軍入閩，相繼為泉州刺史，繼而統治全閩。王審知為閩王時，他對宴慶、祭祀的各種禮樂非常講究，泉州的民間音樂並不能滿足他的要求。於是，他便把規模宏大、曲式嚴整的音樂形式──「大麯」中的某個「遍」和「破」引進來，滲透進閩南地區的民間音樂，為南音的形成奠定了基礎。

另一種為歷史研究的方法，認為南音起源於五代十國時期的後蜀，認同後主孟昶及其妃花蕊夫人（慧妃）徐氏是南音始祖的說法，這就是「後蜀說」。民間的傳統祭祖儀式「郎君祭」祭祀的就是南音祖師孟昶。

總而言之，因為缺乏更加精確的相關歷史文獻資料，這兩種假設是否成立還有待進一步考證。

（二）發展傳承

到了宋代，全國經濟中心南移，泉州作為「海上對外貿易」的主要港口，中外船隻停留，帶來了人口的劇增，民間娛樂場所為了滿足人們日益增長的娛樂需求也遍佈大街小巷，民間藝人、南音愛好者皆竭盡全力迎合人們需求，創造出更好更合適的南音作品，不僅吸收了宋詞的意象，還把宋詞詞牌名引用為曲牌，比如：長相思、鷓鴣天、醉蓬萊等，南音進一步發展。

元代時期，南曲受到元散曲影響甚大，大多是較為通俗、受歡迎的部分。明中葉以後，昆腔和弋陽腔傳入閩南，南音也吸收了一些昆腔的節奏和旋律，並加以地方化，如《朱弁冷山記》中「公主別」一折的〈舉起金杯〉一曲就是來自弋陽腔。明代的《陳三五娘》故事是

當時群眾所熱愛歡迎的，《陳三五娘》劇本出現後，更成為南音創作題材，而且梨園戲的《陳三五娘》音樂有一部分的南曲，南音通過梨園戲的音樂又通過戲劇的演出在廣大群眾中得到進一步的傳播。

清代的南音，相較於明代又有一定的發展。這主要得益於南音的詞內容反映了人們的思想願望，善於抒發人們的情懷，而且曲詞通俗化、口語化，曲調也優美，不僅侷限於簡單的男女情愛和歷史故事，創作面廣了許多，內容上勇於表達對封建社會剝削制度的不滿，直接讚揚婦女的勤勞辛苦等，更好地勾勒出了人們理想的生活景象。

近現代時期，南音發展進入全盛時期，音樂上體現為指譜曲的數量進一步擴展。在此期間，南音發展的方式主要有郎君祭、拼館、婚禮、祭祀先賢等。（南音音樂包括「指、譜、曲」三類）

（三）指

指即「指套」，將有一定故事情節的若干首曲子按一定的規律連成一套。共有四十八套，其中人們較熟悉的有《一紙相思》、《趁賞花燈》、《為君》、《心肝趺碎》、《自來生長》等，俗稱「五大套」。

「指」雖有唱詞，卻較少用於演唱，常取末尾幾節用於南音活動的開場演奏，並以嗩吶(閩南稱為「噯仔」)作為主奏樂器，加上南音特有的小打擊樂器，此時亦稱「噯仔指」。

（四）譜

「譜」即南音中的純器樂曲，它也以套曲形式出現，共有十三套。較為人熟悉的有《四時景》、《梅花操》、《走馬》、《百鳥歸巢》等四套，稱之為「四大名譜」。

「譜」常作為南音活動的終結節目。因此，南音弦友們便有了「起指煞譜」之說。這也成為南音活動的固定程序。

（五）曲

「曲」也稱「散曲」，較為短小、簡單的又稱「草曲」。它們是在「指套」之外，具有一定內容的唱詞，並用於演唱的曲目。其流傳最廣，數量最多。據弦友們估計在千首之上。

「曲」的結構雖各有不同，但有一點卻是共同的：無論曲子中間如何轉換「滾門」（後敘），曲子的開始與結尾的「滾門」必須一致。這種前呼後應、統一完整的做法，很符合人們的欣賞習慣。

南音活動中，「曲」的位置介於「指」、「譜」之間，是南音活動的主體；它們佔用晚會的時間最長，直至「煞譜」（奏譜）。

南音的「曲」中還另有一類稱之為「過枝曲」（簡稱「過曲」）。它們的數量較少；結構上，往往開始時所用的「滾門」，與結束時所用的「滾門」不同。為何如此？原來，這是它們獨特的功能所決定的——這類曲子僅用於演唱間，轉換不同「滾門」的過渡。

1949 年以來，南音的發展大致經歷過這三個階段，1949 年至 1966 年的繁盛時期、1966 年至 1976 年的阻滯時期、1977 年至今的復興時期。在當代，南音發展較為曲折。

除了自我發展，南音在發展過程中立足於當地民間音樂的基礎，不斷地學習歷代優秀的音樂來豐富自己。即使南音吸收了許多它地的優秀音樂，但仍是在閩南地區的方言、民風習慣來創作的，具有濃厚的地方色彩。

三、高甲戲

高甲戲，發源於閩南地區，又叫戈甲戲、九甲戲、高腳戲、大班、交加、白字戲、九家等，體現了高甲戲的不同特點。所謂「戈甲戲」，是由早期多演武打戲，演員手裡持戈揮矛，身上穿戴盔甲而得名；「九

甲戲」則是由高甲戲有生、旦、淨、末、丑、外、貼、北、雜等九個
角色而得名「九角戲」，又因泉州腔中的「角」與「甲」讀音相近，
故稱為「九甲戲」；所謂「高腳戲」，則是由這個劇種最早期表演的
演員們踩高蹺而得名。高甲戲得名「高甲戲」是到了 20 世紀 50 年代
才較為統一。高甲戲的多種別稱不僅反映了高甲戲的不同特點，也反
映了高甲戲的不同階段的狀態。

　　高甲戲是閩南地區的主要戲曲劇種，也是福建省的五大劇種之
一。在閩南地區和港、澳、臺地區以及東南亞閩南華僑聚居地等地區
流行，是國家級非物質文化遺產之一。高甲戲劇碼眾多，有多樣的唱
腔表演，高亢激昂、詼諧幽默，以獨特的風格吸引眾人的目光，在中
國戲曲中佔有重要一席之地。

（一）宋江戲

　　由於關於高甲戲的史料記載較為缺乏，所以關於高甲戲的歷史歷
來是眾說紛紜。相傳，高甲戲的前身是「宋江戲」。宋江戲屬於梨園
戲在閩南地區的分支，是一種化妝遊行的形式。據老藝人陳坪稱，聽
其師傅代代相傳：明末清初時期，閩南沿海農、漁村莊，每逢迎神賽
會的喜慶節日，村民們就有裝扮梁山好漢遊行於村裡的，或有就地作
簡短表演。由此出現了兒童演出宋江的故事，時稱宋江仔，又稱「套
宋江」、「練宋江」。清代道光以後，由成年人扮演的戲班，人們稱
之為宋江戲。「宋江戲」多以武打戲為主，套數多採用民間的「刣獅」，
如今現存的舞臺上的武打套數「冷煎盤」、「大碰場」、「鳳擺尾」
等均保留著「刣獅」的傳統表演，同時也吸收了提線木偶中的武打，
時稱為「嘉禮打」。表演的故事多局限於「宋江」。

（二）合興戲

清代道光年間，純武打戲的「宋江戲」漸漸無法滿足觀眾的需求，於是在南安縣岑兜鄉藝人們開始將「宋江戲」同梨園戲合起來成為文武皆備的戲，突破了只演宋江故事的局限，開闢半文半武戲，也就是「合興戲」。當時有南安嶺兜村的「宋江戲」藝人與來自於漳州的竹馬戲藝人同一名歸僑合辦了一個戲班，戲班名為「三合興」。「三合興」便是突破了專演宋江故事的局限，表演半文半武戲，逐漸發展成為了「合興戲」，「合興戲」的劇碼有《郭子儀拜壽》、《斬黃袍》、《困河東》、《逼宮》等。「合興戲」出現之後，很受群眾的歡迎，專業戲班也越來越多。

在「合興戲」發展過程中，「宋江戲」仍然存在，二者除了劇碼可以互演之外，其基本功和表演程序也相互吸收。當時有規定，要進合興戲的藝人，必須是能演「桶內戲」（即宋江戲的定型劇碼）的藝人，才能進入合興班出演「桶外戲」（即合興戲的幕表戲），兩個劇種逐漸發展融合，到了清末，吸收徽劇、江西的弋陽腔和京劇等多種藝術表演形式，形成了閩南具有獨特風格的戲曲劇種——高甲戲。至此，高甲戲應運而生。

（三）跳加冠

在閩南臺灣地區的民間，根據演戲習俗，在正戲開始演出之前一般都會有一個「開場秀」即「吉慶戲」俗稱「扮仙」，一般有十幾分鐘。「跳加冠」就是高甲戲中著名的「扮仙戲」，高甲戲中的「跳加冠」，是指在喜慶節日宴會或傳統開場時，先有一人戴假面具，身著紅袍，手裡拿著「天官賜福」或「加官進祿」等字樣的布幅逐次向台下觀眾展示，以表示慶賀、祝福吉祥等美好祝願。它的由來有著很多傳說，一般認為，開場藝人所扮演的是唐代名相狄仁傑。高甲戲的「跳

加冠」，在眾多民俗活動中也被視為大禮，深受觀眾的喜愛。

　　20 世紀的 20 至 40 年代，高甲戲發展得很快，在惠安、同安、安溪、永春、德化、晉江、南安等地區就有 400 多個戲班，每年都有戲班到新加坡、印尼、菲律賓等國演出。各大戲班競技激烈，先後湧現出有「十大虎班」即：「前五虎」是為福勝興、福金升、福慶成、舊大福、金秀春；「後五虎」則為金成興、新大福、福聯興、新秀春、大祥春。最好的戲班稱為「龍班」，也就是金蓮升，因而有一龍破五虎之說。到 20 世紀 30 年代，有不少戲班已經不滿足於在農村的草台裡流動演出，他們相繼走出國門，將高甲戲班的足跡遍及東南亞諸國。這一時期，戲班出國達到了高潮。

　　在中國 20 世紀初的戲劇改良運動期間，高甲戲的發展受到了影響，它從民間的草台藝術轉入劇場藝術，一方面這種轉換使高甲戲演員們的演出更具藝術性，有更高的學術專業要求，但從某些方面也使高甲戲的發展受到了打壓。到了中華人民共和國成立後，高甲戲得到振興與發展。為順應新的時代背景，高甲戲一改演幕表戲的習慣，開始進入新劇碼與編演現代戲的新時期。

　　此後，高甲戲不斷發展，除了國內閩臺交流互動外，高甲戲還邁出國門，在東南亞等地區也有了一席之地。在內地的發展中，不可不提的是廈門市金蓮升高甲劇團，其前身是「天福興」高甲戲班。1931年該班重新改組，老班主謝天造和金門、同安蓮河的創立者們，取「金門」之「金」字、同安蓮河鎮之「蓮」字，加上以示吉祥的「升」字，取名「金蓮升」，並逐漸發展成為閩南僑鄉及東南亞僑居地馳名的高甲班，時稱「五虎班」。　金蓮升高甲戲團名伶輩出，在閩南一帶久享盛譽。其先輩藝術家陳宗熟、林賜福分別創立了「提線木偶丑」和「掌中木偶丑」的表演藝術，堪稱一絕，被列為「閩南四大名丑」之列。

　　高甲戲最亮眼的就是它的身段表演，早期高甲戲就給人重做不重唱的印象，它以多樣化的身段表演，精湛靈動的演技，演繹一齣又一齣的經典劇碼，成為閩南重要的劇種之一。

閩南歲時文化

　　節日是一年中值得紀念的重要日子，是人類社會族群中為了適應生活生產需要而出現的一種重要的文化事象，是民族文化的結晶，是最具地方特色、蘊含豐富內涵的區域文化符號。我們能通過保留下來的歲時文化去探索閩南人的祖先和根。往事千載人猶在，閩南文化底蘊深。在閩南地區，一年三百六十五天，幾乎每隔一天就有一個民俗節日，其文化可謂是豐富多彩。這些節日活動大多是口耳相傳，一代一代流傳下來的，隨著時代的發展，其內容也在不斷更新，變化出嶄新的民俗。

一、春季

（一）正月初一：新春

　　正月初一在中國人的心中有很重要的地位。「百節年為首」，春節的節慶活動都是一年中最為熱鬧、豐富、盛大和隆重的，也是最有節日氣氛和地域特色的傳統節日。

1.開正

　　在閩臺地區，自正月初一子時，每家每戶燃放鞭炮，稱為「開正」，也稱「開春」、「開年」、「接年」等。閩南的「開正」的時間各地有所不同，在泉州「元日雞初鳴，內外咸起，獻紅米圓、糖茶、甜碟於先祖，燃香燭、爆竹。謂之開正。」泉州一些地方會在臨近立春時把所有的門窗、抽屜、箱子等全部打開，在客廳貼一張寫有「接春大

吉」的紅紙條，等到爆竹聲響起時，再把所有的門窗、抽屜、箱子等關上，代表能把一年的好福氣全部收入家中，俗稱「接春」。在臺灣則是「三更後，開門祀神，燃華燭、放爆竹，謂之開春」。漳州地區會在子時將點燃的鞭炮扔出然後關門休息，第二天讓德高望重、兒孫滿堂的長輩打開大門，稱之「開春」。惠安等地則會在子夜時分打開家門，迎接新春，滿城的鞭炮和煙花會持續到凌晨或清晨。所謂爆竹一聲除舊，桃符萬象更新，燃放爆竹，是對嶄新一年的美好期盼以及祝願。

2.祭祀

初一這一天早上，全家老小都要「聞雞鳴而起」，梳洗罷，換上新衣服，燒香點燭，在家中虔誠地祭拜神明、祖先。祭祀時要以三碗飯，插上紅紙花，俗稱「飯春枝」。在閩南語中「春」與「伸」同音，「飯春枝」即寓意新的一年家中糧食有剩餘。人們多是素菜來供奉祖先，燒銀箔來向土地神靈致敬，以求祖宗在天之靈能夠保佑家人新的一年順順利利。

3.拜正

「親朋造門賀正，相見以手作揖，曰拜正。客造門，先以糖粿相請，曰乾茶。次以檳榔，繼以茶。主客以吉語相答，備酒席相款，曰請客酒。」拜正也稱「賀正」、「賀年」，是正月初一人們互相走訪拜年的一種習俗，鄰居親朋到家中拜訪，主人往往會以美酒佳餚招待，辭別時贈予對方孩童紅包。曾習軒的《漳州四時竹枝詞》中有「元旦春為一歲魁，大家拜賀禮相陪，兒童也解稱恭喜，賺得紅柑滿袖來。」的詩句，其意思就是在正月初一，小輩向長輩拜年，長輩會給其紅包和紅柑，柑橘諧音大吉，取其好口彩，所以柑橘也自然而然成為過年走親訪友送禮的最佳水果。外出在街上遇見鄰里熟人時也會拱手作揖

互道「恭喜，發財！」。

4.早齋

閩南地區有俗諺云：「初一早食菜較贏食一年齋」，所以閩南地區的早餐主要以素食為主。漳州人在大年初一早上人人都會吃紅糖線麵湯，紅糖是願新的一年生活甜甜蜜蜜，而長長的米線則意味著長命百歲，即祈求幸福長壽；泉州人會吃雞蛋麵線，雞蛋剝開外殼寓意著趕走晦氣，有吉祥的意義。有些地方的人會喝甜茶，代表先嘗一嘗一年的甜頭。

5.午餐

午飯桌上則會擺滿雞鴨魚肉等各種食物，午飯一般不煮新的飯而是吃除夕特意多燜好的飯，稱「隔年飯」，象徵新的一年飯菜都能豐盛且有剩餘。中午吃乾飯會配上「長年菜」，即用豆腐和整株的菠菜、韭菜熬製而成。長年菜從頭吃到尾，有長壽之意。

6.春節禁忌

正月初一是年首，懷著對神明和天地萬物的敬畏之心，也為了新的一年的順利吉祥，當天有諸多的禁忌。

(1)禁煮食米飯

晉江一帶正月初一不能煮米，只能以麵食等其他食物來代替米飯，否則會一整年都沒有米吃。同時閩南地區初一這天一般不吃稀飯，據說初一吃稀飯，說明日子過得很艱難，老天見了會落淚，即來年出門會經常碰見下雨天。

(2)紅燈籠常亮

在閩南地區各家各戶門口的大紅燈要從正月初一晚上一直亮到

正月十五,是團圓美滿、祥光永駐的象徵。

(3)倒垃圾

大年初一不能灑水,不能掃地,不能倒垃圾。因為水、土是「財氣」,垃圾是「肥水」,新年最忌「財氣外泄」和「肥水外流」;「凡三日不掃除,除則投水中,為送窮。」、「凡三日不掃除,除則留之,至初五日投之野,為送窮文,又攜回土塊,謂之換寶。」即初一到初五的垃圾都不能亂扔,這些垃圾稱為「窮土」,初五後要把這些垃圾扔出去,換回「財寶」。

(4)維持祥和氣氛

初一這一天待人要禮貌忌說晦氣話,忌罵人,和氣生財,忌操刀,忌剃頭,忌打破器皿,如果不慎打破,要丟進井裡以避免晦氣,並以「歲歲平安」來化凶為吉,保持吉祥歡樂的氣氛。

(5)禁動筆寫字

讀書人這一天還不能提筆寫字,稱「封筆」,等到初二才「開筆」,並在紅紙上寫下「開筆大吉」這四字後即可正常書寫。

(6)親人逝世

正月初一這一天最忌諱死人,如果真有人在正月初一這一天去世,要對外說是初二才過世的,並在初三出喪。正月裡家中有喪事,那麼三年內不得參加過年的各種喜慶活動,也不得到其他親朋好友家拜年。

(二)初二到初八

1.囝婿日

正月初二是閩南一帶歸寧的日子,稱為「囝婿日」,閩南地區大

多數地方的女婿都會帶熟豬腳和年糕等禮品，攜著自己的妻子和兒女回岳父岳母家拜年。在以前沒有冰箱等儲藏食物，而正月初一不能動刀剪，故初二在家中吃的飯菜都是除夕夜剩下的，食物不夠新鮮，所以閩南人稱初二到娘家拜年吃飯稱「食臭酸」。如今，生活條件改善了很多，所以回娘家都會受到妻子一方父母的盛情款待。臺灣有些地區規定女兒女婿在初二那一天必須當晚回去，以免把娘家吃窮，但有些地方妻子的娘家都會留女兒和女婿多住幾日。女兒如果連續三年正月初二沒有回娘家則會背上「背祖」的罵名，要等十二年後才可回家。

2.赤狗日

正月初三又稱「赤狗日」，不宜出門拜年，也不宜宴請賓客，以避免不吉利，同時正月初三也是老鼠娶親的日子，晚上應當早點休息以避免打擾老鼠娶親。

3.接神日

正月初四是「接神日」，福建各地稱這一天為「神落天」。這天是灶神從天上回到本宅的日子，但這一天不僅僅是迎接灶王神，而是迎接供奉的所有神明。據說農曆十二月二十四日為送神日，即神明上天述職，向玉皇大帝稟報人間的大小事宜和善惡是非，等到初四再返回人間，繼續接受祭拜並監察人世。俗話說「送神早，接神晚」，所以迎接神明一般是在中午進行的。大多數的閩南人會在自家的庭院擺上供桌，準備好三牲果品、金銀紙錢來供奉神明，恭敬地迎接諸神下凡。

4.隔開

初五要迎接財神，因春節而緊緊關閉的商鋪大門會在這一天重新打開，開門做生意的要隆重的祭祀財神，例如石碼一帶會去祭拜「虎

爺」，祈求「虎爺咬錢來」。凡祭拜財神的要供奉羊頭和鯉魚，羊頭有「吉祥」之意，「鯉魚」則有年年財寶有剩餘之意。有些人家正月初五零時零分會大開家門和窗戶，燃放煙花爆竹，向財神表示歡迎，接過財神還要吃路頭酒，吃到天亮，圖個好彩頭。民間初五也有做大歲這一說，即重過年，即正月初四會像吃年夜飯一樣重新圍爐過年，初五像正月初一一樣到親朋好友家拜訪。

5.人日

初七被稱為「人日」，即眾人的生日，俗稱「眾人生」。按照民間傳說，女媧娘娘開天闢地、創造萬物，在七天裡製出了人，所以七日為人類的生日。這一天要精選七中菜果煮成飯吃，謂之「七寶羹」。泉州家家戶戶會在這一天煮一鍋可口的麵線，泉州晉江還會準備一些煮熟的雞蛋和鴨蛋，寓意「一雞一鴨，吃到一百歲」。

6.穀日

初八為「穀日」，要祭祀農神，同時也要為初九「天公生」做準備。

（三）正月初九：天公生

1.祭品

初八就要準備好敬天公的各種貢品，因為玉皇大帝尊貴的地位，所以其貢品有特別的講究，分別有五果、六齋、搭飯、燒酒、雞公、三牲，還有鮮花、紅龜粿、水果、甜料（花生、柿餅、紅棗等）。祭拜當天門上會用紅絲線將特製的黃色長條紙錢（漳州稱「長錢」，臺灣稱「天公金」）繫在門把上或者門的頂端，待祭拜完後一同燒掉。

2.禁忌

天公的祭品要儘量避開「四」這個數字，祭品中較講究的是祭天公的雞，雞不能是白色的，且要保證全雞的完整，宰殺時尾巴處要留下三根羽毛，不能開膛，只能通過一個小洞將內臟挖出，洗乾淨後再放回肚中。公雞的雙爪要塞進肚內，雞頭要用紅絲線繫住使其昂起。

3.祭桌

祭拜天公要提前準備好一張八仙桌，用長板凳或矮凳先置金紙再迭高八仙桌為「頂桌」，表示天公的至高無上，頂桌正前方掛上一塊紅色印有天公等圖畫的桌彩，然後放置香爐和三杯紅糖米線以及三杯清茶，後面放置五果和六齋來祭祀玉皇大帝，頂桌後面另設「下桌」，下桌供奉五牲和各種糕點來祭祀玉皇大帝的從神。

4.祭拜儀式

在初八當天晚上要提前把桌子和貢品擺好安置在大門口，面向天公，表示恭迎天公的到來。祭拜天公的時間是從初八晚上11點開始，可以一直持續到清晨。是日，家中老少都要沐浴更衣，不得光腳，必須穿戴整齊，零時一到，家家戶戶都要開始放鞭炮，點上紅燭燈，然後全家依照長幼次序面向天空依次向天公行三拜九叩的大禮，祈求在新的一年裡福星高照、家人平安、萬事順利。祭拜時，家中的長輩會一邊用「改年經」在晚輩的前後上下進行拂拭，一邊念祝福的話語，掃除一年的霉氣，祈求來年的平安順利，還會將黃色長紙條在胸前劃三下，在背後劃四下，即「前三後四，平安無事。」繼而將折好的「天公金」的特大號紙箔和掛在門上的黃紙一起焚燒掉。

泉州人祭拜完天公還要依次到關帝廟、元觀廟和開元寺祭拜祈福。而晉江東山村一帶慶祝天公生會在村裡的太子宮進行隆重的慶祝儀式。天剛濛濛亮，宮中就已經是燈火通明，鑼鼓喧天，煙霧繚繞，

道士誦經禮佛，各家各戶挑著三牲到宮裡答謝天地，好不熱鬧。

　　總之，在閩南地區「天公生」是非常受重視的，甚至可以和除夕夜晚相提並論。

（四）正月十五：元宵

1.燈會

　　元宵節在閩南又稱作「正月半」，是春節的尾聲，也是又一個新的高潮。「元旦元宵景物增，家家樂事太平征。兒童也有鍾情處，公府街中鼓仔燈。」元宵節最熟悉不過的就是逛燈會，猜燈謎了，正月十五晚上家家戶戶都會張燈結綵，燈籠上寫「四季平安、五穀豐登。」閩南各地公園年年都會舉辦花燈展覽供老百姓觀賞，花燈種類繁多、製作精美、多姿多彩，這一天很多大人都會帶著小孩出門一邊看燈展一邊猜燈謎。元宵節前後數日的夜晚，兒童提著燈，在各街巷集結成隊伍，四處遊行，稱為「遊燈」。同時當天也會有很多歌舞表演，大鼓涼傘、踩高蹺、走旱船、歌仔陣，舞龍舞獅是元宵節的重頭戲，這天晚上街道上公園裡都是鑼鼓喧天，人山人海，異常熱鬧。

2.看新娘

　　「金吾不禁任徜徉，燈市鰲山此夜長。最是月明男婦樂，巷南巷北看新娘。」這是漳州的元宵。「漳俗新娶婦者，於元夕張燈，任人看新娘」。元宵節看新娘的習俗古已有之。在元宵夜，漳州的新婚之家要在門前點一盞「天官賜福」的花燈為標識，同時要張燈結綵，敞開大門，讓新娘站在客廳八仙桌旁任人觀賞，來看新娘的人必須說幾句吉祥祝福的話，也是對新人在新的一年裡的美好祝願。

3.添丁求子

　　相傳元宵節這天為註生娘娘與臨水夫人的誕辰，所以這一天也成

為人們祈求新的一年裡多子多福的日子。在閩方言中，「燈」與「丁」同音，每添一盞燈，即為「添丁」。「**新娶者，女家送蓮花燈，中作觀音大士抱子像，兒童則遺各色燈以為添丁**」。在閩南元宵這天，娘家會給新婚的女兒送蓮花燈，祈祝「連生貴子」。泉州的一些地方在元宵還會舉辦「姑媽散燈」的賽會，民眾抬著臨水夫人的神像四處遊行，遊行時神像落下的簪花如被求孕的婦女拾得，則為得子的吉兆。如要求子，這一天也可到註生娘娘的廟中，燒香祈禱後求取廟中的龜形糍粑。「祈龜求壽，添丁發財，任人祈求，過年還願」的說法在閩南已成習俗。

4.穿燈骹

閩南的元宵節還有一個特別的活動也是關於求子的。當年進門的新娘頭戴大紅花，腰圍紅圍裙，由婆婆領到宗廟內繞著宗廟裡裡外外走一圈，然後從上方懸著花燈下穿過，稱為「穿燈骹」，在閩南的俗語中穿燈骹有祈禱生男孩之意。當年生男孩的年輕婦女們也要在婆婆等長輩的帶領下，抱著男嬰走進祖祠，告慰列祖列宗，寓意家中人丁興旺。

5.替大人

也稱「燒替身」、「孝代人」，是閩南一些地區獨有的民俗。家中的主婦會在正月十五的中午或下午將圓子、「菜碗」或春餅、「五味碗」和酒杯等放入簸箕中，然後將用紙片製成的紙人排在菜碗或簸箕當中，家裡有多少人，就需要多少紙人替身，每個紙人替身還要配一個紙男童，即「一仙代人一男童」，是來年家中能添丁的一種象徵。然後主婦們會一邊燃燒香燭，一邊將準備好的菜肴「餵代人」。比如餵圓子和芋頭時則會在嘴裡說「代人吃圓掙大錢，代人吃芋好頭路」，餵粉條則會說「代人吃米粉，有事相吞忍」。最後焚燒「代人」，放

鞭炮結束祭祀，讓這些「代人」代替主人消災，保一年的好運。

6.乞龜

在福建廈門還保留著元宵節「乞龜」的習俗。「乞龜」就是在元宵節當天各寺廟會燒大燭、點巨香，供臺上擺放紅米龜、米龜糕等用糯米製成的龍頭大龜。「乞龜」的人先燒香跪拜再「擲杯」，如果一面朝上一面朝下，即一陰一陽，則表示神佛如願所求，如果是兩個相同面朝上，則需要重新占卜，直至如願。

7.迎番貨

在泉州元宵節裡還有一種叫做「迎番貨」的民俗表演，一群演員假扮成番人，手持番鼓，在周邊曼舞。宋元時期泉州是進出口貨物的集散地，漂洋過海而來的商人將帶來的「番貨」拿去供奉媽祖，後來演變成民俗表演。

8.放燈

孔明燈也是元宵節的傳統節目，稱為「點天燈」或「放天燈」。元宵節的狂歡遊樂都會持續到深夜，泉州漳州等地都會舉行大型的迎神賽會，抬神像巡境，稱為「迎燈」。

9.炸菩薩

正月十一開始，民眾就經常抬著神像出來遊行，眾人會爭相放鞭炮歡迎，甚至將手中的鞭炮扔向菩薩，稱為「炸菩薩」，人們相信菩薩不怕炸，誰炸得越多，誰就能得到更大的福佑。

10.湯圓仔

「元宵煮食浮圓子，前輩似未曾賦此，坐閒成四韻」，因為元宵夜是一年中的第一次月圓，所以要做湯圓，意味著團團圓圓。元宵這

一天做的元宵湯圓稱為「上元圓」。元宵是元宵節的主要食品,泉州人更是直接將元宵圓作為當日的的早餐,寓意一年圓滿吉祥。

11.吃春餅

正月十五是天官誕辰,所以閩南人都要準備各種貢品不辭辛苦的早早起床來祭拜天官,其中最重要的貢品就是湯圓。廈門人在元宵吃的是春餅,春餅就是用餅來卷各種象徵著春天的菜蔬,如韭菜、豆芽、筍絲等,春餅雖小,但卻有極高的營養價值。

12.嘗蚵仔

春天,是蚵仔最肥美的季節,漳州等地的人會在元宵製作蚵仔麵線和蚵仔煎,用新鮮的蚵仔拌薯粉煮上一碗熱氣騰騰、香氣噴噴的麵線。閩南地方流傳:「蚵仔麵線湯,好人來相交。」即吃了蚵仔麵線,這一年碰到的人都是善良的好人,新年能有好運,有貴人相助,也有祈求平安之意。

13.正月歌

閩南的春節活動會持續將近一個月,從正月初一開始到「上元」張燈前的一段時間。就如同都講閩南話,但各地口音都不同一般,各地過年的習俗有相當大的差異,甚至只是隔著一條街的距離,過年的方式都大不相同,這在流傳下來的一首首歌謠中可以得到清晰的反映。

(五)閩南各地過年謠

地區	泉州	漳州和廈門	臺灣
初一	初一場 (像趕場一樣四處	初一早	初一早

	恭拜新年）		
初二	初二娘 （媳婦回娘家拜年）	初二早	初二早
初三	初三無姿娘 （婦女不出門）	初三睡甲飽	初三睏夠飽
初四	初四神落地 （灶君從天上歸來）	初四豆干炒（又作頓頓飽、神落地等）	初四接神
初五	初五隔開 （到這天，正月分前階段和後階段）	初五隔開	初五隔開
初六	初六舀肥（施肥）	初六拍囝仔 （打孩子）	初六挹肥
初七	初七七元 （初七為人日）	初七平宵（又作七元、食七樣）	初七七元
初八	初八完全（團圓，又解釋為年糕吃完了又作五穀生日）	初八摸（又作初八浪蕩空）	初八完全
初九	初九天公生	初九天公生	初九天公生
初十	初十賣豆生（這天開始有鮮豆芽之類的蔬菜應市）	初十地公生	初十有吃食

十一	十一請囝婿 （請女婿回娘家吃飯）	十一十一福 （又作有食福、請囝婿）	十一請囝婿
十二	十二倒去贖 （婦女再次回到家中）	十二轉去拜	十二某囝仔轉回拜 （女兒回門）
十三	十三吃稀飯	十三人點燈 （又作關公生）	十三關帝爺生
十四	十四結燈棚	十四人辦供	十四結燈棚
十五	十五元宵燈	十五元宵暝（又作上元暝、新娘穿燈骹）	十五上元暝
十六	十六煞了心	十六倒燈棚	十六拆燈棚

　　各地的歌謠有所不同，但其內在是息息相通的。這些歌謠貫穿了從大年初一到春節進入尾聲的所有年間活動，這些歌謠裡藏著閩南人心中最原汁原味的新年。

（六）二月初二：龍抬頭

1.祭祀

　　「泉州以二月二日為土地生日，庋正月所食粿餌祀之，云可明目」，「二月初二日為福德正神土地公的生日，各村俱祭土地，名為做福」。這一天要準備粿、菜、雞鴨等來祭祀土地公，以祈求一年風調雨順、五穀豐登，舊時還會在土地廟張燈結綵，請戲班子來演戲，而像廈門、安溪等地則認為這天是「土地婆生」，所以敬奉的是「土

地婆」。還有認為這天是灶君公生日,在漳州九龍江小港村的人家這一天要做「菜頭粿」,俗稱「大豬包」來祭祀灶君。

2.做牙

也稱「打牙祭」,指農曆初二、十六店家會以肉食款待夥計。清代「逐月朔望後一日,市中賈人及衙門員役備酒祀神,謂之做牙」。「牙」是中國民間祭拜土地公的儀式,每月的初二、十六是商人祭拜土地公的日子,稱「做牙」。二月初二是新年後第一次做牙,各商鋪會在這一天祭神明,祈求新的一年生意興隆、財源廣進,也會在這一天宴請員工,希望大家在新的一年能夠齊心協力、好好幹活。

3.節日禁忌

二月初二俗稱「龍抬頭日」,民間有俗語稱「龍不抬頭天不雨」,這一天龍王要開始下雨了。莊稼人種地都是靠老天爺賞飯吃,新的一年裡能夠風調雨順極為關鍵,所以這一天是對農業極重要的日子。舊時閩臺兩地這一天不可到井邊打水,以免觸動龍頭;不可用刀剪針線,以免傷到龍的眼睛;石匠這一天也不得做工,以免壓到龍頭或震壞龍體而招致龍王降災懲罰。

(七)清明

1.踏青

「踏青草,踏青草,大家好呢呢,年年像青草。」清明時節正值春天,陽光明媚,氣候溫暖,萬物復甦,自古就形成踏青的習俗。舊時漳州清明日「閭巷婦人或有盛裝靚裝。帶著薔薇花,出郭外逐隊行者,俗號踏青」。廈門清明時「婦人亦出郊展墓踏青,采新麥簪之」。

2.插柳

插柳也是福建清明節的重要習俗。何瘦仙《東越歲時記》記載道：「閩俗清明，比戶簷前插柳一枝，蓋取拔除不詳之意。」人們外出踏青時也會折柳枝簪於頭上，有「插麥青，多生嬰」的寓意，在泉州、廈門一帶會插杜鵑花，掃完墓也會順手在墓地折一兩枝綠色紙條帶回家插在門簷或屋簷等處。

3.祭祀

清明節是中國最重要的祭祀節日，泉州俗話說道：「清明沒回家，掃墓沒祖」。所以，在一般情況下，外出打工的人們會在這一天回家過節、祭祖。是日正午，需要祭祀祖先，稱為「做節」，普通人家會在家裡準備豐盛的菜肴來祭拜列祖列宗，順帶祭拜「厝宅公」、「地基主」等。有些聚族而居的村莊則會集中起來到祠堂等地祭祀共同的祖先，稱為「春祭」，以齒為輪，跪拜列祖列宗，也會借此集中的機會商討族內一年的大事。閩南人多在清明這一天去掃墓，但不固定，可根據自家的時間安排和慣例在清明前後任選，祭掃舊墓會稱「巡墓」、「巡山」、「巡風水」。曾虎文的《漳州雜詩》中這樣寫道：「清明上塚莫春時，麥飯梨花總足悲。四畏山頭燒紙鏹，許多寡婦與孤兒。」以前條件艱難，每年祭祖掃墓都要帶著鋤頭、鐮刀等到荒無人煙的地方開路，砍除雜草，清理垃圾，現在統一墓地規劃管理，程序也不同以往那麼複雜。擺上果盤、焚香燒燭、跪拜、寄託哀思、燃燒金紙鞭炮，表達對親人的思念。祭品中要有甜糯米糕，即庇佑子孫日子過得甜美，用石頭壓住紙，即「壓紙」。漳州有「培墓」或「巡墓」，巡墓是用糕餅祭祀，為墓塚除草添土，以紙錢置墳墓旁，祭掃新葬之墓在漳州稱「培墓」，連續三年選吉日祭掃。在晉江某些地方還有哭墓的風俗，掃墓當天，男女老少祭拜後便放聲痛哭，一哭可能

就是一整個上午或是一整個下午。《晉江市志》中記載道：「掃墓期間，時有喪父或天子的婦人，在墳前揮淚痛哭，悲慟至極。」。

4.清明粿

在泉州清明時會做「清明粿」，磨糯米或高粱為粉，加水揉成粿皮，以綠豆、番薯乾等捏成餡包入內，做成半月形或半球形，下面墊以菜葉或竹葉再蒸熟而成。

5.黑眼睛

漳州地區會做一種黑色珍珠一樣的粿，是用鼠曲草熬製成汁混入糯米中再包上綠豆餡，稱為「黑眼睛」或「烏目糍」，當天吃此種食物能夠明目。

6.潤餅

清明也是春天的節日，所以在這一天也有吃「潤餅」的習俗。潤餅是閩南特有的風味菜肴，用薄餅皮裹上胡蘿蔔、豆腐乾、包菜、豬肉等配料卷成圓筒狀，雙手握著就食。

二、夏季

（一）五月初五：端午節

1.扒龍舟

「端陽佳節可人天，溪北溪南競鬥船。金鼓聲喧齊喝彩，錦標爭奪看誰先。」這是《漳州四時竹枝詞》中記載的龍舟競渡。一般賽龍舟不僅僅侷限於端午這一天，而是會持續整個五月份。一般到四月底，龍舟要重新刷漆，五月初一安裝龍頭、龍尾，龍舟下水前還需「祭龍頭」，如是在江邊舉行競渡，則需提前於四月初一「請龍」和「試

水」。在端午節前夕就會把龍舟停在江邊，搭上彩棚，每支龍舟上都點一盞盞紅彤彤的「保家燈」。賽前各龍舟會燃放鞭炮，敲鑼打鼓，搖旗吶喊，各參賽隊伍依次出場後，接著由主隊陪同客隊在江上划一圈，向江神致敬，稱「獻江」，隨後一聲令下，所有龍舟同時開船，競相追逐，喊起號子，打著鼓，奮力划槳，江邊擠滿了人群為各自看好的隊伍吶喊助威。划龍舟比賽設有獎品，獎品會掛在竹竿上，稱「插標」，率先划到終點的船隊可當眾「奪標」。賽完龍舟後船會在江面緩慢行駛一圈，稱為「辭江」或「謝江」。

2.抓鴨

　　泉州等地區還保留「水上捉鴨」或「水上捉豬」的民俗活動。參與者需要光腳走在懸掛在池邊或船上的圓木上，然後抵達至終點後打開籠子抓鴨子，如順利抓到，鴨子則作為獎品歸獲勝者。如無人抓到，則將鴨子放入水池中，所有參與者需跳到水池中去抓鴨子。岸上的人熙熙攘攘，伴隨著抓鴨者的一舉一動而歡呼喝彩。

3.採蓮

　　農曆五月初五是古閩越族人的「龍子節」，這一天晉江等地有迎「唆囉嗹」採蓮的習俗。這項習俗被列入中國第一批國家非物質文化遺產副檔名錄，是一種祈求龍王賜福、驅疫除災的民間習俗。每逢端午節的午後，人們會抬著木雕的龍頭到各境各地挨家挨戶「採蓮」，一邊在街上遊行表演一邊唱著《採蓮歌》，富有古樸的鄉土氣息和節日的歡樂喜悅的氣氛。

4.掛艾辟邪

　　其實端午節還有驅疫辟邪這麼一說。因為五月天氣悶熱，蚊蠅增生，瘟疫流行，所以五月被認為是「毒月」或「惡月」，特別是五月

五日，更不吉利，毒上加毒，所以必須要用各種方法來辟邪，祈福。在古時，人們在家門上懸掛菖蒲和艾葉驅毒辟邪，據《漳州府志》記載：「端午日昔人采艾懸戶而菖蒲泛酒，今合艾與蒲共懸之，謂菖蒲似劍也。」直到現在，這項習俗仍然保留著。在廈門，端午佳節，仍然要「懸菖蒲、柳枝、松艾於門，日五端。」

5.帶「長命縷」

端午節在孩童的手上都會綁五色線，又稱「長命縷」。相傳「五色線」象徵五色龍，據說這樣可以辟邪延年，避免瘟疫疾病，使小兒無病無痛，長命百歲。

6.飲雄黃酒

有將雄黃酒塗抹在小孩子的額頭或口鼻處的，同為辟百毒之說。而成年人則會飲雄黃酒，這在《泉州府志》中有這樣的記載：「飲雄黃酒，且噀于房角及床下，云五毒。小兒擦其鼻，沐蘭湯。」因為三、四月在南方為梅雨季節，而且閩南地區本身就比較潮濕，所以房間裡的衣物等容易發黴，房間的角落處也容易長蟲，故人們會在這一天進行大掃除，翻箱倒櫃，清洗曝曬衣物，閉門薰染艾葉、硫磺等中藥，然後用榕樹枝蘸雄黃酒揮灑臥室、房的角落，以達到消毒、滅菌、驅蟲的目的。

7.取午時水

端午當天正午被認為是一年陽氣最盛的時刻，所以人們往往會在正午時刻到井裡或山泉裡取水裝在瓶子裡，在水中加入艾草、菖蒲等藥草製作成午時水，並在午時曝曬。午時水有去除百病、保平安的功效。除此之外，還有將「五毒」（蠍、蛇、蜈蚣、壁虎、蟾蜍）貼在房間內，插上五根針以祛除「五毒」的侵害和貼午時書、洗水花、採藥等的習俗。

8.食粽

　　粽子是中國端午節的傳統節日食品。在閩南一帶主要的就是肉粽，其次是鹹水粽和豆粽。肉粽中的主要配料是滷肉、栗子仁、鵪鶉蛋或滷蛋、蝦米、香菇等。取兩張粽葉遘成漏斗狀，裝進洗淨、泡水、炒熟後的糯米和配料，再用粽葉和棉線包紮成三角形狀，以五個或十個為一紮放入鍋中蒸熟。煮好的粽子掛在竹竿上，想吃時用剪刀剪下一個即可。除了肉粽外還有鹹水粽。簡單的糯米淘洗後浸在鹹水中，然後用粽葉包起來煮熟。包好的鹹水粽可放入冰箱，在炎炎夏日拿起一個，剝去粽葉蘸白砂糖或蜂蜜使用，冰冰涼涼，清涼爽口，是夏日的幸福。

9.送粽

　　「以竹葉裹糯米炊熟，曰：粽，即古之角黍也；投遺所親，曰送節。富家則以暑服衣料，餽遺其女」。閩南人做粽子大多是為了互相贈送，但送粽子也有講究，粽子必須一個個剪下來送過去，只有給喪家送粽子才能送整串。

10.吃田螺和「煎䭔」

　　端午節除了吃粽子外，在泉州廈門等地有端午吃田螺的習俗，稱其能明目。在廈門，孩子們還會吃「光眼螺」，因為在廈門方言中「光眼」和「聰明」同義。在泉州晉江，家家戶戶在這一天都要吃「煎䭔」，把麵粉加水調勻，撒上花生、白糖或是肉絲、蝦皮、蔥花，在熱氣騰騰的油鍋裡攤平，煎成黃澄澄的麵餅。古時有「煎䭔補天」這麼一說，相傳是因為五月閩南地區總是陰雨連綿，人們希望天晴，通過做圓圓的麵餅希望能補住天的漏洞，是人們美好的心願在飲食上的一種體現。

（二）七夕節

1.乞巧

　　織女在閩南又稱「七娘媽」或「七星娘媽」，傳說她心靈手巧，能織成無縫天衣，所以她被很多婦女仰慕和崇拜，希望能如她那般心靈手巧，所以民間有七月初七向侄女乞巧的活動。「巧在天孫不用猜，女人乞巧亦癡哉。一年一會牛郎話，哪有功夫送巧來。」（《漳州四時竹枝詞》）裡記載的乞巧習俗。乞巧是七夕節習俗活動中的主要內容，在唐宋時期就盛行。「舊時閩南婦女七夕夜在天井裡陳瓜果七盤，茗碗爐香各七數，用針七枚，取繡線於焚紙的亮光下伏地而頃穿之，以能穿過多寡評巧。」如今閩南人仍有在「七夕」陳設香燭、瓜果、胭脂、香粉等於庭中祭牛郎織女，或全家圍坐，仰望星空，辨別銀河和牽牛星、織女星，看牛郎和侄女相會。左鄰右舍的女孩們相約，悄悄用碗盛一碗清水，把新縫衣針放於水面，浮者稱「巧」，也有用彩線對月穿針，備銀針七根、繡花絲線七色，在月光下「引七線，穿七根」，哪個女子能最快穿完，即稱「巧」。

2.拜織女乞巧

　　七夕也是女兒節，少女也可在當晚問婚姻、前途之事，向織女傾訴心事。幾個少女圍坐在一起，在月光下擺一桌子，放置茶、酒、水果、鮮花、香爐等，焚香祭拜完後，吃著花生瓜子，聊聊天，向天上的星星默念心事，望能嫁得佳婿或早生貴子。有些地方稱拜織女為「拜七姐」，在七夕之夜，擺上一張八仙桌，放置用竹籤紙紮糊的一座鵲橋和各種各樣的精美的手工藝品，大展少女們的巧藝。有些地方出嫁的女兒要在七夕這一天帶著自己親手做的，父母愛吃的東西歸寧，稱「女兒會」。

3.分豆

福建各地都有在七夕分豆結緣的習俗。郭白陽的《竹間續話》中記載道：「閩人七夕炒蠶豆相遺，謂之結緣。」分豆結緣就是指在七夕這天親朋鄰里之間互相贈送蠶豆、瓜果等，以促進鄰里之間的關係和感情。

4.拜魁星

農曆七月初七又稱「魁星節」，是魁星的生日。據傳魁星主掌考運，古代才子考中狀元稱「一舉奪魁」或「大魁天下士」，自從隋唐科舉考試興起之後，讀書人就特別崇敬魁星，拜魁星的習俗也隨之興盛。如果想要求取功名的讀書人在這一天一定要拜魁星，以祈求之後能學業有成、興旺發達、一舉奪魁。

5.拜七娘媽

七夕在閩南還稱「七娘媽生」，即七娘媽的誕辰，閩南地區有七夕節拜七娘媽的風俗。七娘媽是送子娘娘等保護兒童的女神，又稱「七娘娘」。關於七娘媽究竟是何人，民間有很多的說法，比如有說是織女的，也有說是七位仙女，七位娘娘的，雖然說法不一，但家中有孩子的都會在這一天祈求七娘媽的保佑。每逢七夕，凡家中有一歲或十六歲的家庭最為繁忙熱鬧，小孩出生的第一年要拜「七娘媽」為乾娘，以得到七娘媽的庇佑，稱「新契」，到了十六歲成年，孩子已經長大了，就可以離開七娘媽的庇護，俗稱「洗契」。在泉州有子女 要「新契」或「洗契」，則需在門口掛一個「七娘燈」，製作一些糕點、粿等贈送給鄰里鄉親。

家中有十六歲以下的孩子都要祭拜七娘媽，沒有孩童的也會祭拜，即祈禱能夠早日有孩子。舊時祭拜七娘媽要準備雞冠花、水果、湯圓、熟雞蛋、油飯、雞酒以及胭脂香粉等用來祭祀。祭拜七娘媽的

貢品都很講究,都以七為數:七娘轎七乘,上有鮮花七色,每色七朵
或十四朵,熟花七朵;七娘亭要有七把椅子;胭脂七盒;香粉七盒;
七個小碗的「糖粿」(即捏成小孩笑臉的湯圓),每種貢品都要準備
七份或是七的倍數,這與七娘媽是七個仙女或娘娘的說法分不開。各
地還要擺一盆清水以及毛巾、梳子、鏡子等供七娘媽清洗,燒一種叫
做「婆姐銀」的紙錢和紙糊的「七娘媽亭」。

　　閩南地區還有些地流行一種七夕節「成人禮」,即孩子長到 15
周歲時,父母親就會領著孩子到七娘媽廟酬謝,感謝七娘媽保佑孩子
順利度過了幼年和青少年時期。泉州人在七夕這一天,會為孩子解下
端午節佩戴上的「長命縷」,並將其燒掉。

6.祭床神

　　床神是直接守護兒童搖籃和床鋪的神明,閩南人要在七夕這一天
對其祭拜。泉州人稱這一天是「拜床母」,漳州稱是「拜床公媽」。
家中有未滿十六周歲的小孩,家中的婦女就會在大清早整理好床鋪,
將糯米糖飯、海蟹、芋頭等擺在孩子睡覺的地方祭拜,祈禱孩子能夠
聰明伶俐、平安順利成長。泉州人拜床母的貢品是鹹米糕,漳州人在
這天會製作白酒來祭拜床母。

(三)七月十五:普渡

1.祭祀

　　「七月朔日,俗稱開地獄門,至三十日關地獄門,家家於門前至
祭」,在當地傳說中,閻王會打開地獄之門,讓眾鬼魂獲得短期自由、
享受人間美食。當天晚上閩南人會在門外設置香案(必須在門外進
行,否則會引鬼入室,不吉利),準備豐盛的酒菜、米飯、水果等來
奉祭鬼魂,還會炸粿和裹粽。在乾隆《泉州府志》中有記載:「中元

祀先，寺觀作盂蘭會俗稱普渡。南國風俗，中元夜，家戶各具齋供，羅於門外或衢衢，祝祀傷亡野鬼。」七月半是各寺廟祭祀的高潮，很多地方會在七月十四在廟前豎起一根很高的木杆，稱「起燈骹」，將寫有「風調雨順」「天燈」「合境平安」等詞句的燈籠掛起來，稱「普度燈」，好讓這些孤魂野鬼看見。有些地方會在七月前舉行「收兵」儀式，好讓這些鬼怪能夠不被看守在寺廟邊的天兵神將抓走，從而安心進入村莊，享用人們的祭祀。

2.祭祖

同時這一天也會祭拜祖先，與清明節無異。泉州有諺語云：「無做七月半是無祖，無做年兜是無某」，民間認為開了地獄門，陰間的鬼魂到了人間首先會回去看看自己的家鄉和子孫，所以家家戶戶都要準備祭品供已故的親人享用。

3.放水燈

福建的有些沿河地區，還保留著「放水燈」的舊俗。民間認為中元節是鬼節，應該為鬼節張燈結綵慶祝，又因為鬼陰氣重，所以燈要放在水裡。放水燈的主要目的是為了將水中的亡魂接回來接受人們的普渡和祭供，以此獲得平安、幸福。漳州人民會在九龍江沿岸放水燈，還會有道士和尚在一旁誦經，為鬼魂超渡。

4.搶孤

泉州一帶還有搶七星燈，鬼湖大普渡和水普等比較大型的活動，在漳廈地區有搶孤競賽，在漳州本地有收骷髏，扛豬公，燒古井，眾公媽香等活動。足見人們對這一節日的重視，也體現人們對神鬼的敬畏之心。

5.鬼門關

在七月三十日就要關「地獄門」或「關鬼門」的日子，漳州稱「關巷口」，即鬼魂們會重新進入地獄，閩南人會準備好各種菜肴，於門外祭祀孤魂。待地獄門關閉，家家戶戶會燒掉普渡燈，寺廟前的燈篙也要一同燒掉，稱「倒燈骹」，表示普度之月的結束。如果做過「收兵」儀式的寺廟，要重開廟門，祭祀神靈，讓他們重新鎮守寺廟。

6.中元節禁忌

農曆七月十五儘量不要出門，以免撞見路上飄蕩的孤魂野鬼。還有不要直呼人名，以免被鬼神聽見，趁機取走魂魄做替死鬼，如果被人喊出了姓名，也萬不可回應，更不可回頭；不可拍人肩膀，不可在危險水域嬉戲，筷子不可插在飯中間，也不要熬夜。農曆七月也不婚嫁、不祝壽、不喬遷、不辦各種喜慶的事，以免引鬼入室。

總之閩南人對鬼神懷有特別高的敬畏之心，普渡的習俗體現了閩南人包容寬厚、善良淳樸之心。

三、秋季

（一）八月十五：中秋節

1.拜月

古代即有「秋暮夕月」的習俗，夕月即祭拜月神，祭月源於人們對月神的崇拜。並且中秋是太陰娘娘的誕辰，所以婦女們在這一天要在月光下為太陰娘娘祝壽，祈禱早日尋得好夫婿、早生貴子、一家和和睦睦、平平安安。中秋節晚飯後，婦女們換上新衣，在桌子上擺好柚子、西瓜、柿子、蓮霧、楊桃等水果和月餅等糕點，等月亮升起的時候恭敬地祭拜，卜問自己所關心的問題並求太陰娘娘保佑。

2.祭祀

　　相傳八月十五為土地公升天之日，閩南民間也有認為這一天是「土地公生」，要祭祀土地公以答謝保佑。在泉州「中秋夜以月餅、番薯、芋魁祭祖先及神」。泉州人家家戶戶中午時要蒸地瓜和芋頭祭祀祖先，民間有番薯與芋「包金包銀」一說，以這兩種貢品祭祖有發財致富之意，泉州至今還保留著「八月十五眾人芋」的俗語。有些地方的百姓也會在中秋日用籃子裝著番薯和芋頭到自己田裡去祭祀土地爺，期望明年能夠無蟲無災，耕耘順利，五穀豐登，有個好收成，有些地方的百姓則會到土地廟裡祭拜。在廈門「中秋，街市鄉村演戲，祭祀土地之神；與二月同，春祈而秋報也」。 即在祭祀後會演戲來愉悅眾神。

3.燒塔仔

　　舊時泉州、廈門、漳州等地還有「燒塔仔」的習俗。據說以前的閩南人常出去謀生，很多的人一去不復返，家中每年中秋則會在塔上點燃燈火使在海上漂泊迷失的船隻能夠看到家的方向，人們借燒塔的這種習俗來表達對遠方親人的思念之情。在中秋前，撿一些碎瓦片、碎磚頭打磨後堆成一個上尖下大的寶塔，等中秋月圓時，放入柴草點燃，火光便會照亮整個庭院。

4.偷青

　　月屬陰，主生育，秋天也是瓜果成熟的季節，所以人們自然地將中秋與生育聯繫起來。舊時閩南有已婚但未生育的婦女會在中秋夜晚到別人家的瓜田裡偷抱一顆瓜，希望瓜旺盛的繁殖能力能轉移到自己身上，能在來年生個胖娃娃。一些未婚少女則會到別人家的菜園裡偷摘大蔥即蔬菜，因為民間有「偷著蔥，嫁好夫；偷著菜，嫁好婿」的諺語，祈求在不久的將來能找到如意郎君。在臺灣則是元宵節去別人

家的園子裡摘花。「臺灣元夕，女子偷折人家花枝，謂將來可得佳婿，曰竊花」。不論是偷瓜、偷菜還是竊花，都需要偷偷進行，一旦被別人看到就會失效。

5.博餅

　　閩南很多地方在中秋還會舉辦博餅的活動，博餅又稱「博狀元餅」。一般十個人圍成一桌，中間放一個大瓷碗，裡面有 6 個骰子，按照遊戲規則，根據碗裡骰子的點數來決定領取不同的餅。有秀才、榜眼、探花等，最後奪得「狀元」者為贏家，常放鞭炮慶賀，贏者還能抱大獎而歸。中秋的博餅活動為中秋節添加了不少的歡樂的節日氣氛。

6.飲食

　　中秋節這一天人們都會吃月餅以示團圓，是中秋佳節的必備食物，閩南地區中秋節除了吃月餅外，還會吃芋頭、八寶芋泥、桂花糕等食品。而且「八月十五，菊黃蟹肥」，八月中秋正值螃蟹肥美的時節，所以在中秋的飯桌上還會有螃蟹。

（二）農曆九月九：重陽節

1.登高

　　閩地多山，丘陵較多，而且秋高氣爽，是登高的時節，舊時閩南的文人雅士登高臨遠，佩戴茱萸，飲菊花酒。重陽節登高據說有辟邪的作用，同時登高還有登頂長壽、高升的寓意。《八閩通志》曰：「重陽，郡人率以是日登高臨賞，飲菊花酒以延年，插茱萸以避惡。」同時，泉州的九日山也與重陽登高有關，因為南渡士族常登山遠眺，思念親人，寄託相思之情，所以這座山也被成為「九日山」。

2.祭祀

重陽節作為中國四大傳統祭祖節日之一，人們對這一天的祭祀活動也很重視。重陽這天家家戶戶會準備好祭品，登山去祭拜祖先。《藤山記》中記載道：「祭墓在九月間作，各家備祭品，率子孫登山祭之，祭畢分數席就墓前食之。若隔數年不祭，則墳墓必被人所毀。」

3.秋補

「菊酒茱萸典不傳，重陽只樂眼前天，番薯芋柿力子果，吃罷芝山看紙鳶。」這是閩南當地的的重陽習俗。閩南人這一天還會外出去放風箏，賞菊花，吃重陽糕，飲重陽酒。閩南的重陽糕以麵粉加上棗、栗子、銀杏、松子等做成九層的塔，塔上有兩頭小羊，意味著重陽。同時民間認為重陽節是全面進補的最佳日子，重陽這一天還有吃什麼補什麼這一說，形似哪個器官的食物吃了就能補哪個器官，例如食羊肉，補重陽，吃柚子補腦，吃麵條補腸，吃香蕉補腰，吃花生補手指，吃甘蔗補四肢，吃紅柿補心血，還有民間俗語稱「食芋，有頭路」，所以這一天會吃些番薯、芋頭。

四、冬季

（一）冬至

1.祭祀

冬至也是閩南祭祖的日子，冬至的早晨要煮一大鍋湯圓分成小碗裝來敬奉祖先，當天的清晨，各家族聚集在各自的宗祠家廟裡祭拜祖先，稱「秋祭」。有些地方的人家會在飯後留下幾粒，粘於門上，稱「敬門神」，粘在床邊為「拜床母」。祭祖的同時還要附帶一碗湯圓來祭祀家中的灶君、地基主等等的神明，祈求闔家平安、六畜興旺。

拜完之後當地人家會直接以冬節丸作為早餐，泉州等地一年要吃兩次湯圓，元宵圓叫「頭圓」，冬至圓叫「尾圓」，吃過兩次湯圓寓意著全家一年到頭都很圓滿順利。

2.搓湯圓

閩南人冬至家家戶戶都會搓湯圓，在「陽始生萬物之始」的冬至吃湯圓有取圓以「達陽氣」之意，湯圓也象徵著圓滿和團圓。民間認為過了冬至就算添了一歲，有「食過冬至圓，歲數長一年。」的諺語，故這一天一家要團圓慶祝。

冬至前夕，家中人會圍坐在一起搓湯圓。先搓兩個大的放在盤子中間，稱「圓仔公」、「圓仔母」，然後再搓其他小的湯圓圍在其四周。搓湯圓時不能數清有多少個湯圓，民間認為湯圓個數如果是單數，家中會添男孩，雙數則會生女孩。閩南地區的湯圓多是甜的，搓好的湯圓放在熔融的紅糖漿中，軟糯Q彈的湯圓配上濃濃的香甜的紅糖漿是冬日裡的一大幸福。除了甜湯圓外，還有將湯圓煮成鹹的，加上花菜、瘦肉片、蝦米等煮成一鍋，當成午晚餐。

3.補冬

冬至和重陽一樣也是進補之日。閩地有「冬節有食補，春來勇如虎」的諺語。「殺雞宰鴨或買羊肉，燉以當歸、八珍等藥物為補品而食，亦有糯米、龍眼乾、糖等蒸成米糕而食，此均稱曰：補冬」。說的就是在冬至這一天進補，吃一些熱性的食物以增強體質，抵禦嚴寒。

（二）除夕

1.尾牙宴

農曆十二月十六是尾牙，尾牙是福建地區的傳統民俗節日。是商家們一年辛辛苦苦工作的「尾聲」，也是象徵著春節的到來。二月初

二是一年最初的牙，稱「頭牙」，十二月十六是最後的牙，稱「尾牙」。現在的尾牙就等同於如今的年會或團建，各大公司、工廠會在這一天用牲畜和瓜果等來祭祀土神和財神，並且會宴請犒勞員工，答謝大家這一年的辛苦付出。

2.筅塵

亦稱「清囤」、「清塵」等，即在年末對全家裡裡外外進行一個大掃除。絕大多數閩南人會在臘月二十四日送神後開始打掃衛生，因為他們認為各路神靈都離開凡間，上天述職，大範圍的清掃不會觸犯到神靈。筅塵有除舊迎新之意。在這一天，婆媳們會用嫩竹枝葉、榕樹枝葉紮成長長的撢子對家中進行裡裡外外的清掃，即將一年積下的晦氣在新的一年到來之前全部清掃出去。

3.擺水仙花

閩南人新年最有儀式感的時刻就是除夕夜。水仙花的清香伴隨著濃濃的年味一同到來。水仙花開，便是過年了。漳州盛產水仙，水仙在過年象徵著思念和團圓。汪曾祺在《歲朝清供》裡說：「水仙、臘梅、天竹，是取其顏色鮮麗。隆冬風厲，百卉凋殘，晴窗坐對，眼目增明，是歲朝樂事。」水仙花諧音「誰先發」，有發家致富之意，又含「仙」字，較為吉利，後來水仙花成了春晚的常客，也成了閩南人的驕傲。

4.祭祖

在除夕當天下午要祭拜祖先和神明。閩南各地「十二月除夕具酒肴獻薦，行餞歲之禮」，「祭先即神，曰辭年」，各祀祖先及灶神，曰：「辭年之祭。」是日下午，家家戶戶要「辭舊歲」，以牲醴、柑橘、菜肴和紅龜粿供奉天神和祖先，以答謝祖先神明一年來的保佑，

並祈求來年的平安。這些貢品不會馬上撤下來，一般要放到過年後。除了祭拜天神和祖宗外，還要祭拜土地公、婆姐、門神等鬼魂，在廚房裡祭拜灶君爺。

5.除夕夜

漳州有流傳的兩首童謠形象的描繪了除夕夜當晚的場景：「二九暝，年暝兜，映公映媽（祖父母）傳家教，待在厝內，莫亂走。洗蔥洗菜愛幫忙，阿妹拔雞毛，阿弟拔鴨毛，映公映媽（祖父母）笑哈哈。烘爐熱火火，郭仔嗆嗆滾，雞鴨燉冬粉，扁魚炒冬筍，有濕有幹，栗子煮豬腳」；「二九暝，要過年，放炮來圍爐。全家坐團圓，桌頂酒菜排到滿滿足是。有雞有鴨也有魚，一盤大粒蚶，一碗金簪煮木耳。囝仔嬰，圍爐不可講壞話，不要拍破物。阿公阿媽照古例，二人紅包來拿起，要互乖孫過新年。乖孫歡喜笑嘻嘻，祝公媽，食百二；帶爸母，有財利；祝全家，明年平安無事故。」

6.圍爐

閩南人提起二九暝年夜飯，都管叫「圍爐」。「是晚，一家大小團圓聚飲，棹下安放小火爐，一爐邊環以錢一兩串、洋銀一兩元，稱圍爐」。在閩南一帶，家家在聚餐桌子底下都會放一隻燒得正旺的火爐，最早燒的都是木炭，火爐燒得越旺，來年日子才會越紅火，爐的四周或底下會壓紅包，意味著來年能夠招財進寶。飯桌上要多添幾副碗筷，而且要擺成雙數，成雙成對。

7.年夜飯

年夜飯在閩南更為講究，比如漳州人，飯桌上菜的數目得吉利，十二道菜得逢雙數，而且每一道菜都得下一筷子。尋常人家年夜飯上總會有一道清蒸魚擺在長盤裡，必須是整條全魚，要保持完整，魚不

能吃完，「餘一點」表示每年年底能夠錢財有餘。同樣雞在漳州人年夜飯的飯桌上也是必不可少的，紅線把雞頭、雞尾、雞翅、雞腳綁起來，維持著整隻雞的形狀，直到初九。還有比如韭菜炒豆腐，這是家裡每個人都要吃一口的菜，韭菜春，年年伸，一年之計在於春，吃綠油油清脆的韭菜代表新的一年能有充滿生機、有希望，而豆腐，在閩南話裡寓意著多福。血蛤也是二九暝晚必吃的，蛤作為古代貨幣，吃上幾兩花蛤，寓意銀財滿室。由蘿蔔和麵粉混合製成的菜粿也是過年餐桌上必不可少的。閩南人稱蘿蔔為菜頭，意為好彩頭。還有像大米發糕、龜粿、碗糕等等都會出現在閩南人過年拜拜的桌上，對新的一年有美好吉祥的蘊意。當一家人都到齊，圍著圓桌坐下時，長者觸碰下雞，說：「起家」，或者說「韭菜春，年年伸」「食豆干，會做官」等話後，大家便開始吃飯。父母親會給孩子包紅包，互相說祝福語，其樂融融。吃過年夜飯後，主婦要盛一碗米飯到廚房裡，插一支紅紙花，俗稱「春飯」，在閩方言中諧音「剩飯」，即希望來年能夠豐衣足食。

8.跳火墩

在晉江的農村，一到年關，為圖吉利，每家每戶都會放一隻帶尾的甘蔗在門後，圍爐過後，撿一堆柴火，正對大門的地方燃起，家中大小男子逐一從火堆上跳躍而過，閩南俗話說「跳進來發大財，跳出去大福氣」，所以火越大，跳過去兆頭越好。一邊跳的同時還要邊念吉語，如「跳入來，新年大發財；跳出去，無憂又無慮。」、「跳過東，任吃都勿空；跳過西，錢銀滿厝裡。」、「跳過東，五穀吃不完；跳過西，銀錢滾滾來。」跳罷，待到篝火燃盡後，各家主婦會把燃盡的灰燼放置盆中收好，端進屋子裡，藏在床下，稱作「挑金挑銀」，寓意紅火興旺。有的人家則會將灰燼舀入灶膛中，一邊放一邊念「跳

火墩，火拉輪（暖和），公擔金，婆挑銀，金銀無處集，收在灶膛中」。而在漳州、廈門等地，則會在家中擺放一些貼著紅紙的甘蔗，叫「門蔗」，閩南話中「蔗」與「佳」同音，寓意漸入佳境。

9.坐年

除夕晚家家戶戶都會將家中的燈點亮，燈火通明寓意著家中人丁興旺，有幸福吉祥的寓意，閩南的一些善男信女會在除夕當天晚上前往當地的寺廟和神明一起過年，稱「坐年」，所以除夕當晚寺廟會非常熱鬧，寺廟內還會放煙花供人們欣賞。

閩南生命禮俗

　　生命禮俗是指在個人出生、成年、結婚、死亡時所舉行的各種禮儀和習俗。也是我們人生當中通過「生命關口」的「通過儀式」，往往存在著「狂歡」的性質，中國傳統生命禮俗，包含生育、成年、結婚、喪葬等，大部分都從西周時期傳承至今，源遠流長。期間儘管有所變革，但仍保有原來特定的精神與儀式，福建閩南地區的生命禮俗乘載著閩南地區信仰多元、文化複雜的特色。

一、生之禮

　　生育對嬰兒和父母來說都是一種過渡。新生兒從無到有，來到這個世界上，就是一種過渡。夫妻晉升為父母，也是一種過渡。為了妥善照顧孕婦並迎接新生命，傳統上相應地產生了若干生育禮俗，表達對生命延續的喜悅和期待。

（一）懷孕

　　婦女懷孕對每個家庭來說，是一件天大的喜事，但這個過程對一個家庭來說也處處充滿著擔憂。由於早年醫療衛生條件落後，人們對婦女流產、難產或生畸胎等現象，往往無法給出科學解釋。在這種情況下，為了保證孕婦順利生下健康的孩子，人們不得不在日常生活中變得小心謹慎起來，根據已有的生活經驗，形成了諸多的禁忌和限制，構成生育禮俗特有的部分。

1.禁看偶戲

閩南婦女在懷孕期間有很多禁忌或限制，如禁止孕婦看布袋戲和傀儡戲，避免產下軟骨的孩子。

2.沖喜

忌諱觸碰與婚嫁喜慶有關的東西，避免「喜沖喜」，彼此沖煞給雙方家庭帶來厄運；忌諱碰觸喪葬事物，避免「凶沖喜」，導致流產。

3.食忌

忌吃海鮮，海鮮是寒性的事物，免得難產；忌吃燒烤類食物，以免生下的孩子有胎記。

4.祭胎神

在這些眾多的懷孕禁忌中，最重要的就是不可驚動傳說中的「胎神」。閩臺民間社會都普遍相信，婦女一旦懷孕，胎兒的靈魂就會有神明依附，形成「胎神」。懷孕期間，「胎神」會一直守護在家中，並且隨著孕婦懷孕天數的不同，守護家中不同的房間或不同的器物。因此，孕婦及其家人在其孕期均不得隨意搬動家中的任何器物，更不能碰釘子；孕婦也不能隨便動作，例如穿針引線、縫製衣服等，都是被禁止的，以免驚動「胎神」。民間普遍認為：孕婦如在室內釘釘子，會傷害到「胎神」，結果會產下死胎；堵住窗戶，則出生的孩子可能雙目失明；孕婦穿針引線和縫紉，也會傷害「胎神」，生下無耳、兔唇的孩子。總之，一旦驚擾了「胎神」，就會影響到胎兒，輕則引起肚子痛，重則流產、難產、生下畸形兒或死嬰。這種驚動「胎神」的情況，這是一般人家極為忌諱的事情。

5.安胎

萬一不幸誤驚了「胎神」，那麼就要採取補教的辦法，設法安胎。

安胎儀式最主要的有兩種，一種是請人到廟中向有關法師求取「安胎符」，將符燒成灰後與鹽混合，撒在家中「動著」的地方或器物上；另一種是請紅頭師公在孕婦的枕頭邊吹鳴「龍角」（即鉦笛），對孕婦念咒、畫符，然後將「押煞符」貼在「動著」的地方或器物上，在貼之前要將「動著」的地方或器物用洗米水擦洗。一般而言，都是「安胎符」和「押煞符」並用，即在「動著」之處貼「押煞符」後，孕婦將「安胎符」燒成灰後放在水中飲用。除了安胎的儀式外，吃安胎藥也是流行的做法，傳統的中藥店都有配好的安胎藥或一種十三味的安胎藥方，人們相信這也是安撫「胎神」，達到安胎功效的好辦法。

6.臨產

臨產月，俗稱「順月」。有專司助產的「拾子婆」，也稱「接生婆」，要預先請好。還要請親家母來幫忙。閩南諺語：「腳桶（浴盆）陳（響），親姆來。」孕婦分娩多在家中，接生的設備、衛生條件差，碰到難產凶多吉少。臨產的過程也是燒香求神拜佛、望祖先保佑母子平安的時刻。

7.生化湯

廈門習俗中，產婦要服中藥配方「生化湯」，所謂生生化化去汙滌穢。

8.催生

娘家人通常會在孕婦臨產前送雞、麵線、雞蛋等物品到男方家，稱作「催生」，以期望外孫順利降生，這個行為飽含著外家深刻的戚族情誼。

（二）誕生

在誕生禮中，母親和嬰兒是主角。對母親來說，自婚嫁之日起與誕生儀禮有關的習俗就已經開始。當新娘坐上花轎離開娘家時，花轎前要有一人著貼有紅色雙喜字樣的瓦片兩丸的烘爐火炭，寓意著日後子孫繁衍。

1.報生

嬰兒出生後，男方要派人向產婦娘家「報生」，娘家要再次送來雞、麵線、雞蛋等一些賀禮，以表示祝賀，並讓產婦補養身體。

2.禁忌

新生兒出生的一個月內，產婦房間一般不讓外人進，特別是男人。認為房內有穢氣，會帶來不吉利。進月內房的人，一個月內不得觸摸供品、敬奉神靈。

3.嬰兒衣裳

剛出生的嬰兒只穿衣服不穿褲子，按照閩南風俗，嬰兒的衣服應是用母親出嫁時穿來的「肚裙」改製，外用布包裹。小衣裳不能用紐扣，俗稱「和尚裳」。

4.縛腳縛手

嬰兒的手腕和腳腕要繫上紅絲線，俗稱「縛腳縛手」，不然長大不文雅，「腳手不得定」。

5.餵哺

嬰兒初餵哺以甘草黃連湯以至珍珠粉，後餵以母乳。

6.胎衣

出生時退下的胎衣，要盛在特製的陶缸裡，用大紅紙封口紮緊，

放在海灘水邊，由海潮漂去。

7.做月內

「做月內」，要給產婦大補元氣，恢復健康。通常以公雞、豬內臟、黃花魚為主補食物；黑麻油、龍眼乾肉、老薑母、烏糖（紅糖）、馬蹄酥、橘餅是必不可少的；雞蛋、瘦肉、牛奶、麵線是日常餐。產婦每日正餐之外，還定時排滿各種點心。一般要喝烏糖、薑母、橘餅茶，不能吃白菜、蘿蔔等生冷的蔬菜。要吃暖熱一類的食品。

8.月內風

宜靜養生息，經常躺臥，忌動七情六欲，一般不出房門，不迎冷風，不下冷水，恐患上「月內風」，俗話說：「月內做得好，毛病會減少。」

「順月」得子的人家，都要做「三朝」（生後第三天）、「滿月」（生後一個月）、「四個月」及「度晬」（周歲）。一般人家做「滿月」和「度晬」。

9.三朝

做「三朝」時，家裡要準備油飯、全雞、酒菜祭神、拜佛、敬祖先；用油飯、肉、豆腐、鴨蛋、韭菜等貢品祭「床母」，還要備油飯、全雞、甕酒、油炸餅等禮品送往外家。也要給媒人和親友鄰里送油飯。油飯是由用糯米和香菇、豬肉、大蝦一同烹飪而成的。要先把豬肉、大蝦、香菇在大盤子裡擺成美麗的圖案，再放上拌過油的糯米飯，倒扣在專盛油飯的大紅漆木盤裏。 收到油飯的人家，要留下一小部分「油飯頭」，同時放一些生米、麵線，上面放一小張紅紙，有的還要壓上紅包給嬰兒，俗稱「壓盤」（廈門話「結衫仔帶」）。也常有給送飯的人紅包。

10.開奶

在「三朝」時要給嬰兒哺乳，俗稱為「開奶」。先以風蔥在粥湯中泡過，拭擦產婦的乳頭，再讓丈夫或者鄰里中長得好的孩子先吮一口，再給嬰兒哺乳。

11.三朝洗浴

臺灣人民十分看重「三朝洗浴」的習俗。在給嬰兒洗澡前，要事先準備好「洗身軀水」，水中要放入代表著富貴、吉祥福圓、財富的桂花心、柑橘葉、龍眼葉、硬幣等物，還要放上三顆鵝卵石，象徵孩子身體硬朗結實；而泉州晉江等地區主要是放入荊芥，皂莢，茶葉等物，象徵著祛穢辟邪之意。

（三）滿月

這是在嬰兒出生一個月時所行的儀禮，惠安地區是在滿月前擇吉進行的，稱為「請送庚」。在那時產婦的外家要送嬰兒衣服、被仔、背中（緯褓）等物品，另有銀項圈、天官牌、八卦圖、腳環、手鐲等避邪金銀飾品，象徵著鎖住小孩，不讓其受災受難，永保長命。

1.滿月宴

滿月宴是新生嬰兒出生後的第一個重要的宴席。 滿月宴以「香油飯」作為首道菜開席，寓意小孩可以健康成長。香油飯有兩種，一種是「八寶飯」，一種是「浥飯」。八寶飯內有干貝、蝦米、香菇、肉等食材，同米飯，有鹹有甜。「浥飯」則一定要有豆干，另外還有松菇、肉末等食材。

宴席的尾菜講究以甜湯等菜作為結尾，意為「全甜」。並且菜式講究「全」的圓滿，如全雞、全鴨等。

2.剃胎髮

完成滿月宴後，家裏會請高齡剃髮匠來給新生兒剃胎髮，稱為「剃滿月頭」。在剃髮是要準備一盆洗頭的溫水，水中放銀市或銅錢，其枚數各地不一，惠安地區 16 枚（16 文），安溪則與一年中的月數相對應，若逢閏月就要放 13 枚。銅錢一面刻有漢字「某某通寶」的謂之「字」，反之為「萬」。在惠安地區，有的地方還要在盆邊放幾株蔥，鏡子，蔥主聰，鏡主明，合謂聰明。剃髮完，洗頭水潑棄，認真察看錢幣翻多少「字」，如果翻八個銅幣有字，就說嬰兒「好八字」。

3.壓膽

為了進一步增長嬰兒的膽量，還要在嬰兒睡時，在其胸前壓上一個輕巧的小秤錘，叫做「壓膽」。

4.滿月圓

為了讓嬰兒增長見識，有的家長還會把剛剃過「滿月頭」的嬰兒抱出家門，到村中或街上逛逛。這天在贈送親友鄰居的「龜餜粽」中，有一種叫「滿月圓」的米餜，形狀有的像婦女的乳頭，上面點紅，意為母乳飽滿、嬰兒健康。

（四）四月日

滿月過後三個月，即嬰兒出生的第四個月，要做「四月日」。其儀俗和滿月相似。這天要準備牲醴及紅桃、紅龜、酥餅向神佛、祖先供奉；娘家要送來「頭尾」賀禮；親朋好友也可隨意送物祝福，俗稱「四月日」。晉江地區在做「四月日」時要進行第二次剃髮，但這一次連眉毛也要剃光，老人認為剃掉眉毛才不會「遮眼光」，長大後才會性格大方。有的地方還要取紅頭繩或紅絨線在嬰兒的四肢腕部，各繫一圈，可使其長大後不偷不盜。

「四月日」嬰兒在各方面都大有長進，消化能力也大大提高，所以「四月日」會有一個「開葷」儀式，就是拿一點熟蝦肉或肉和蛋，在嬰兒的嘴唇上拭擦一下，表示可以開始食用葷菜，有的還要用香菇再拭擦一下，意為香嘴。

收涎

收涎是嬰兒出生滿四個月時，為了替嬰兒解決流口水的毛病，且希望孩子順利長大成人而舉行的一個儀式。嬰兒四個月時，因為口腔肌肉發育尚不健全，是最愛流口水的時期，家人會為其舉辦收涎儀式。「收涎」象徵收起口水，使用 12 或其倍數的桃酥餅串成圈，由長輩擦拭寶寶嘴邊的口水，邊說祝福的吉祥話，祈福寶寶平安長大。

（五）周歲

嬰兒周歲，俗稱「度晬」，是嬰孩出生後最為隆重的日子。家裏在這天要敬神祭祖，設筵請賓客。周歲宴和滿月又有所不同，因為是小孩的第一個生日，所以頭道菜不是滿月宴的「香油飯」，而是麵。閩南的「麵」的發音和「命」諧音，以麵開頭寓意生命。而且這個麵要越長越好，表示孩子能夠長壽，所以不能煮斷它。

1.外家送禮

在這一天，外婆也要送外孫比較貴重的物品，有衣帽鞋襪、披風、童被、布料還有八卦項鍊、長命鎖鏈、手鐲腳環等金銀飾品，其中綴繡的「度晬裘」（披風）和虎頭圖案的虎耳帽、虎仔鞋，是長輩希望孩子能像老虎一樣強大，在成長的道路上消除邪魔病毒，健康長大。

2.掛契

小孩周歲時要去廟裡祈願七娘媽予以保護，將古錢或銀牌、鎖牌

用紅線串起來掛在孩子的頸上，俗稱「掛契」。

3.抓周

在民間，孩子一歲時有「抓周」的習俗，又稱為「抓龜」。小孩在沐浴後穿上外婆送來的衣帽鞋襪，然後到八仙桌上去「抓周」。八仙桌上會擺上算盤、尺、秤、書、筆、剪刀、玩具等，父母讓小孩雙腳踏在「度睟龜」上，任由他自由抓取桌上的東西，然後根據他第一手抓取的東西來推算出他的未來職業和性格等。例如小孩拿起了書或者筆，就表示他將來喜愛讀書；抓到算盤、秤等，則代表著孩子日後可能善於經商。抓周的習俗興起於南北朝。在我國的四大名著之一的《紅樓夢》中：賈寶玉就一手就抓起胭脂金釵，所以賈政就認為他長大會是個沉醉於風花雪月的人，也就任由他玩而不重視。

二、成年之禮

所謂「成人禮」，是為承認年輕人具有進入社會的能力和資格而舉行的儀式。在閩南及臺灣一帶，都有「做十六歲」的習俗。只有16 歲生日，才可稱得上是一種獨立存在的人生儀禮。

閩南地區視 16 歲為「成丁」，它的舉辦表示宴席主角已經長大成人，所以這一歲的生日儀式很隆重，家裡要備三牲壽麵前往寺廟酬神。在德化地區，有些人家要已「成丁」的兒子拜神佛為父，並宰豬謝天。並且在這天要設筵請客，隆重慶祝兒女成年。外婆家則按例送成年衣帽鞋襪、雞蛋、壽麵、雄雞等，為外孫祝賀。另外，由於十六歲是最後一次祭祀床母、簷口媽、夫人媽等神明，稱為「洗契」，代表著兒女對其脫離結契，所以供品特別的豐盛，有的人家還會將供品和親朋贈送的禮品陳列在一起，讓人們參觀，以示孩子貴氣。「做十六歲」包括祭七娘媽、答謝床母、紀念郭聖王、牽出花園等活動。

（一）七娘媽

孩子到了十六歲，謂之成丁；若女孩，則稱之為「及笄」。閩南民間的傳統觀點認為，小孩在未成年之前都有一個保護孩子平安健康的神——七娘媽。

1.洗契

小孩和七娘媽存在著一種「契約」，七娘媽為「契母」（即乾媽），小孩到了 16 歲就要解除契約，取下鎖牌，俗稱「洗契」。因此要在十六歲這年的農曆七月七日，通過隆重祭祀七娘媽來解除「契約」。

2.七娘媽誕辰

「做十六歲」的禮俗據說跟牛郎、織女有關：相傳玉皇大帝有七個女兒，有一天，七位仙女下凡遊玩，最小的七仙女愛上了一個凡人——牛郎，並生下了一對兒女。玉皇大帝和王母娘娘為了強迫他們分開而在天空中間劃下了一道銀河，使他們無法團圓。這對兒女也無人照看，因此這七個仙女就輪流照顧，民間就認他們為「七娘媽」，七夕便是「七娘媽」的誕辰。

3.祭七娘媽

在這一天要準備豐盛的供品來祭七娘媽。按照古代的禮節，敬奉給七娘媽的祭品是有一定規矩的，一般是七碗麻油雞酒、一盤麵、四種水果、六色菜肴、七碗甜芋、紅龜粿、兩根保留尾部的甘蔗，以及五牲、粽子等，當然香燭和金紙也是免不了的。臺灣有的地方祭拜七娘媽的供品還必須準備湯圓七碗，彰化鹿港地區還會在湯圓中間再壓一個凹洞，據說象徵牛郎、織女相會時，因團圓喜極而泣，而凹洞是用來裝他們眼淚的。由於七娘媽是女神，所以供品中還需有一些女子用的脂粉品，如雞冠花、胭脂、化妝粉、鏡子、扇子、紅絲線等飾品，

還要準備毛巾、臉盆以供七娘媽梳洗。拜完七娘媽後，剩下的供品中脂粉類仍有特殊的用途。臺南地區的婦女會將祭祀後的脂粉拋向空中，然後仰頭等空中落下的脂粉落在自己的臉蛋上，象徵七娘媽回贈脂粉的同時，贈予美貌。

4.鑽七娘媽亭

在隆重祭拜完七娘媽後，還會舉行鑽七娘媽亭的儀式，即由父母在寬敞處舉起七娘媽亭，讓滿 16 歲的孩子鑽繞亭下三次。通常男孩向左鑽繞三圈，稱為「出鳥宮」；女孩則向右邊鑽繞三圈，稱為「出婆祖」，表示孩子已經長大成人了，可以不再受七娘媽或婆祖的特殊關照了，最後將金紙、七娘媽亭燒化。

（二）答謝床母、夫人媽

床母指床神，又稱公婆母，床婆子，在做母親的心中是兒女的守護神。夫人媽——泉州各地都有夫人媽的信仰。夫人媽多泛指民間護幼的女神，臨水夫人、七娘媽、註生娘娘等。在民間的生命禮俗中，子的生命是由註生娘娘賜予的，成長過程也受到註生娘娘的庇護，特別是註生娘娘的部下十二婆祖，一直擔負保護孩童的職責。因此孩子過 16 歲生日就必須答謝床母、夫人媽，這天要準備許多祭品，如「三牲」即公雞、豬頭、大魚，或者豬肉及糯米粿、麵線、雞蛋等物。此時，再用糕、果、粽等物分送親友、鄰居。告以孩子已經長大成人了。

（三）牽出花園

閩臺地區從古到今都有一種獨特有趣的成年禮俗「牽出花園」。每年的農曆二月或者八月或七夕，父母都要選擇一個良辰吉日為 15 歲的子女舉辦「牽出花園」。民間傳說小孩幼時是在花園裡由花公、

花母照管，要選擇吉日出花園。這天早晨，成年子女要穿上父母買的新衣褲鞋帽，還要夾著雨傘和草鞋，背挎一個布包袱，由長輩或寺廟的住持持雨傘的另一端，牽著孩子從左向右繞神十二圈，然後焚化花亭和紙錠。出寺廟後，他們要獨自在街上或田野裡繞一圈再回家，提示他們無論走到哪裡，都不要忘記家鄉。並且這天他們不能去串門，讓他們不能像小時候那樣淘氣調皮，為人處世要循規蹈矩。家長還要宴請親族，讓出花園的人坐尊位。從某種角度看，牽出花園是少男少女步入社會的「開學典禮」，是一堂懷恩思鄉的教育課。

三、婚俗嘉禮

孟子說過：「飲食男女，人之大欲存焉。」可見自古以來人們把婚姻和飲食放在同等地位，看作是人類必須做的兩件大事，認為婚姻是維繫人類生存和繁衍的頭等大事。由此可見，婚俗能反映出一個地區的特徵，折射出該地區的風俗風貌。

（一）安床

安床就是指安置睡床臥鋪的意思，在婚前需看好時辰為新房的床鋪置換新的用品，便不可再動，直到洞房花燭夜給新人使用。

（二）上閣

「上閣」是新娘出嫁前留在家中一角一段時間，通常是閨房或閣樓之內，由閨中姐妹、密友陪伴，暫時擺脫平常的生活習慣，做好心理準備，直到出嫁當日才離開閣樓，以求日後能適應男家陌生的生活環境。因此俗稱姑娘出嫁為「出閣」。

（三）上頭禮

福建各地在明清時期就流行成親之時要做「上頭禮」的習俗。這種習俗在今安溪縣八社較為流行。新郎新娘都需要舉行此禮，但是形式並不同。新郎在迎親之前，需要在廳堂上舉行的酬神儀式。並且還要陳梳冠禮，這個環節以「梳頭」和「合四句」為核心程序進行的。「梳頭」只能不多不少的三下，並且每梳一下還要吟唱以祝願新郎多子多福、婚姻美滿、勤勞孝順為主要內容的「合四句」。一梳梳到頭（白頭偕老之意），二梳案齊眉（相敬如賓），三梳兒孫滿堂。表示成為「大人」了，並聆聽父母長輩的訓導。還需要在德高望重的宗親長輩的主持下三鞠躬祭拜祖先。

1.開臉

新娘的「上頭禮」儀式又稱「開臉上頭」，它是為新年修飾儀容儀表的一道程序。待新娘穿上嫁衣後，要有一位「富貴雙全」的宗親女長輩來幫助新娘梳洗、挽面。在此之前要抱來一個至親的小男孩扯掉新娘的幾根眉毛，象徵性的為新娘「開新臉」，與此同時也要吟唱「合四句」。

2.辭祖

新娘出嫁臨出門前，要在廳堂上公開舉行「辭祖」儀式。

3.哭嫁

拜完堂，新娘子離開娘家時，哭得越厲害越好，不哭不發的意思。這就是傳說中的「哭嫁」。

4.不見天

閩南習俗是結婚當天，新娘頭頂不能「見天」，於是走出家門時會由新郎持傘，而且這把傘一定是紅傘，不管是晴天、雨天還是豔陽

天，然後把新娘護送至婚禮車。待大家都上車後，一位長輩就拿火盆繞新人婚車一圈，用示驅邪；廈門同安亦有潑一碗水的習俗，稱為「嫁出去的姑娘潑出去的水」，這時隊伍再出發；臺灣則由媒人用八卦米篩蓋在新娘頭上方進入婚房，有攘邪之意。

四、喪儀之禮

有生必有死，生死對應。死亡對於人們來說是不可避免的，茫茫宇宙，大千世界，人們在這裡誕生，成長，直到最後的死亡。閩南地區的民間喪葬習俗具有獨特的文化內涵。閩南地區十分重視喪儀之禮，特別是對老年人的喪葬的重視，成為衡量後輩對長輩孝順程度的一個標尺，也是展現家族門風的一種重要形式。

閩南地區的傳統喪禮沿襲了儒家以「孝」為核心的周禮喪制的程序，基本內容大概包括厚葬死者和做佛事敬鬼神。靈魂不滅和宗教迷信觀念始終支配著人們在喪事中的活動。死者的死亡被當作死者靈魂的生活轉捩點──陽世生活的結束，陰間生活的開始。面對死者的遺體，人們以人禮待之，孝敬以四季衣裳、豐盛宴席，痛哭惜別，為他送行；閩南傳統喪禮的基本原則是設想靈魂在陰間生活的需要，而加以安排，以鬼禮待之，焚燒紙做的奴僕、車馬轎子、樓宇巨宅、成箱的紙錢……以盡孝心。這種「視死如生」、「事死如事生」的做法，閩南人通常把親人的離去成為「老了」或「過身」，十分忌諱說自己親人的死亡是「死」，深刻地表達了閩南人對離去的親人的留戀。在閩南人的傳統觀念中。至親是不死的。每個死去的人都有自己的活著的親人，都是活人的「至親」。

在閩南人的傳統觀念中，死者只是肉體死去，死者的靈魂則一直活著。民間又認為，人活著時，靈魂主宰著肉體，不能支配他人；人死後，靈魂離開自己的肉體，但還存在著，能影響甚至支配還活著的

人，能給他們帶來幸福，也能給他們帶來災禍。臺灣地區的喪葬禮俗，基本上也延續了中國傳統的喪葬禮儀，胡建偉先生曾在《澎湖紀略》（卷七）說過：「喪葬之禮，其衣衿、棺槨，稱家有無，與夫設靈，弔祭諸儀，亦與內地相同。」在一些具體的風俗上，臺灣地區和閩南地區更是相似，主要有以下內容。

1.搬鋪

又稱徙鋪、出廳、入廳堂。福建自古以來十分講究「壽終正寢」，人臨終的時候，要移到住屋的正廳，睡在用兩條板凳和三塊木板臨時搭起的「水床」上。夭折者或父母尚健在者或地位卑微的家庭成員（如填房小妾）不能移到正廳，但也要移到床前地板的草席上，或把「水床」搭在戶後裡。民間迷信，人若死在床上，靈魂會被床架困住，不能得到解脫。「木床」用三塊板，取其單數，以示死者的靈魂單身上路，不會拉一個親人作伴。

2.報喪

報喪又稱訃告、報亡等，閩南地區忌諱說「死」、「亡」字，又稱「趕生」。報喪的意思就是告知親戚朋友參加喪事，同時也要告知與逝者相剋的人（孕婦）不要靠近。死者若是已婚女性的，就需要告知女方的家庭。女方代表未到，或到後未作許可，均不可殮葬。閩南俗語裡說：「死老爸扛去埋，死老母請外家來。」

3.哭喪

親人去世，親人以哭聲來表達其哀悼之情，稱為「哭喪」。哭喪一般是邊哭便訴說逝者生前的勞績和對逝者的眷戀之情。有的地方會有一些特定的音調和內容，聲音低沉，句末帶有拖腔的音律，許多婦女特別是四、五十歲以上的農村婦女，他們能夠根據這種調式隨口填

詞編唱來寄託哀思。農村有請專門的「哭婆」前來哭喪，哭婆是專門
為喪家哭喪的，具有半職業的性質。他們哭的並不傷心，只是在似哭
非哭的過程中念悼逝者的一生的勞績。

4.淨廳

死者咽氣後，要立即「淨廳」，即撤走或著用布遮蓋供有祖龕（內
置祖先靈位）和神龕（內直神明像）的長第桌，在正廳拉上布帳遮住
「水床」並在門前擺放供桌，上面擺放一對「桌頭炯」，點燃白色的
蠟燭和線香。來探鋪者必先拜，然後才入內安慰喪家。

5.腳尾飯與腳尾切

停屍期間，屍體並不是裝到入棺中，這樣做是為了讓親友們瞻仰
逝者的遺容。死者腳邊點上了白蠟燭或油盞，在屍體的腳後供上一碗
米飯，插上一雙筷子，俗稱「腳尾飯」。腳邊還要放置兩個紙做的女
僕──「腳尾切」，閩南習俗裡認為他們可以照料逝者。

6.掛孝

「掛孝」是在大門被斜貼上白色的長紙條，喪父的貼左邊，喪母
的貼右邊，雙親皆已亡的左邊右邊都要貼，有的兩邊都貼成白色的
X，以示「失雙頭」。

7.過山轎

「過山轎」即在大門外擺上一頂半人高的供乘著死者去陰間的紙
轎，轎前轎後都立有紙做的轎夫，旁邊放著插著線香的「碗糕」，是
對轎夫的犒賞。放置紙轎時，要串上幾串「銀仔紙」，給轎夫掛上，
作為工錢。「山轎」是喪家最顯著的標誌，又顯示死者的性別。男性
的過山轎為綠色紅頂，女性的為白色紅頂。喪家親友見到「過山轎」
即知有喪，多會送上銀紙，或白紙包的現金。喪家答以纏著紅絲線的

白布塊，後來改為手帕。紅色表示吉，巾帕寓「送巾斷根」，即與死者斷線的意思。這種禮節在「過山轎」燒化後就不能再進行了。

8.點長明燈

「點長明燈」即燈火必須晝夜通明，表示為死者照亮陰間黑暗的路，喪家晝夜守靈。

9.小殮

在屍骨未寒時，親屬要為逝者洗浴。以衣衾裹屍謂之小殮。閩南喪俗，老人死後第二天才入殮納棺。年輕夭折或死於惡疾者，當日就入殮出葬。

10.乞水

閩南地區自古以來就流行「乞水」的習俗，即向水神乞水浴屍。「乞水」由孝男孝女執行。乞水時，孝男在前，一手持缽，缽內放一塊白布條，另一隻手持幡，孝女跟隨在後面，哀哭前往河邊或井邊乞水。乞水時必須要下跪，扔下 12 枚用紅絲線繫著的銅錢，口中念到：「土地公（水神）向你買水！」然後取水，哭啼著回家。親屬在門口等候，等到他們「乞水」回來，一起啼哭入門，將水倒入新瓷盆中，用白布沾去取水，父親去世則由兒子浴屍，母親則是女兒或媳婦為之梳洗，一般都只是象徵性的梳洗一番，志稱「拭屍體前三後四」。並且水不能隨便潑到地上，據說活人碰到此水，腳會裂開。在莆仙的一些地方有專門熬製五味水（五種青草藥熬成的水）為逝者浴身。

11.穿壽衣

死者遺體洗淨後，即為他穿上「壽衣」。壽衣又稱「張老衫仔褲」，大多數都是在死者生前選擇「大生肖年」（如龍年等）就製好，也有臨時趕製或到「壽衣店」購買的。「壽衣」外套，男性多為長袍，另

加馬褂、瓜皮帽；女性則多為衣裙披風。女性內搭「白布衫仔」，有的會用結婚時穿過的。死者常要穿好幾套衣服，以「重」計算，每件算一「重」，夾衣算二「重」。通常是穿三領（衣）五「重」，或正領（衣）七「重」，最多的有十三「重」。即壽衣上裝不能少於五件，下衣不能少於三件，同時以白布將屍體蓋上，俗稱蓋「水被」。「壽衣」不能穿皮製的，俗傳穿著動物皮製的衣服，到了地獄，陰官分派投生時，會被派生為牲畜，這是大忌。

12.套衫

「套衫」的儀式是在給死者穿衣之前舉行的，即在廳前的院子裡放一個竹編的大「加籠」，孝男手持竹筒（撐地，讓孝男站穩），頭戴新竹笠，竹笠上插一枝紅春花。找另一個人與孝男面對面站著，將壽衣按內外順序一件件套在孝男身上，接著用麻繩穿入兩袖筒，在袖口處縶住，然後孝男抽出雙手，這樣拖下來的壽衣就是成套的，然後把其置在新米篩上，端進正廳，給死者穿上。將竹笠則往屋頂上扔。孝男或孝女完成這一儀式後，必須要吃一碗甜湯圓。

「套衫」的習俗，從一般的角度看，是為了給逝者換衣的方便，一次便可穿上，不必一件件地折騰。孝男或孝女站在竹凳上穿套也是為爲了方便之舉。但是頭戴竹笠，竹椅下又墊著「加籠」，則是一大傳統。頭戴竹笠，表示「頭不戴清（朝）天」；足下墊「加籠」，表示「腳不踏清（朝）地」。滿清時期的閩南人民，在世時不得不忍受清朝壓迫，死後絕不願靈魂再受壓迫、這種強烈的反清情緒，透過「套衫」儀式，才得以發洩。以後代代相傳，直到清朝覆滅之後，仍然沿襲不變，蔚然成俗。

13.辭生

「辭生」的祭祀儀式是在逝者入棺大殮之前舉行的。「辭生」即

要備 12 碗菜肴供祭逝者，葷素各 6 碗。若死者是虛誠信佛者，則 12
碗全是素菜。祭祀時，由請來的道士（俗稱「師公」）按照順序拿起
每一碗菜，一邊說著好話，一邊用筷子夾起菜肴，做出餵食的樣子，
將 12 碗菜一一敬獻給逝者。「辭生」是死者辭別人世的最後的盛宴。

14.放手尾錢

　　「放手尾錢」的儀式是死者遺體入棺之前要舉行的。「好命人」
或「司公」將 12 枚銅錢經由死者的手，放入米斗，再將銅錢一枚一
枚分發給死者的家屬。一邊發一邊高喊：「放手尾錢，子孫富貴萬萬
年！」表示死者將財富留給了子孫後代。獲得「手尾錢」的子孫用帶
子穿過銅錢，繫在手腕上。帶子也是有講究的，孝男用麻帶，其他人
用白帶或青帶，叫做「結手尾錢」。

15.迎棺

　　迎接棺材的儀式也叫做「接板」，迎棺時，逝者家屬都需要披上
喪服。閩南的喪服原依古禮分為五服：斬衰、齊衰、大功、小功、緦
麻五種，分別用粗細生熟不同的麻布製成。死者家屬及其親友，依與
死者的親疏關係不同而著不同的喪眼，原則上是，關係越親的，著越
粗糙的喪服；越疏遠的，著越精細的喪服。至親穿白衣，孫輩穿藍衣，
曾孫輩則穿紅衣。先拜棺和陰土地，再抬棺入室。棺材也是有性別之
分的，男性用的是福棺，頭頂棺材頭；女性用的則是壽棺，腳頂棺材
底。

16.入棺

　　逝者遺體入棺時，一般由長子扶逝者的頭，次子及其餘的家人扶
著逝者的手、身、腳。還要在腳下放金銀紙，表示黃泉路上給鬼差用，
免得受苦。

17.祭棺

蓋上棺蓋後，要舉行「祭棺」儀式，死者親屬按輩分依次跪拜。死者遺體入棺大殮之後，門外放置的「過山轎」要燒掉，表示讓逝者的靈魂乘轎前往陰間。這時不能再贈喪家金銀紙。死者生前用過的生活用品，要丟棄野外曠地，或者放一把火燒毀，稱為「送草或者送腳尾」。在「大殮」過程中，住持不斷敲鐘鼓並誦經。「大殮」之後，死者親屬必須都正式著喪服，古禮叫做「成服」。

18.敲棺材頭和跳過棺

閩南的風俗還有「敲棺材頭」和「跳過棺」。敲棺材頭是逝者的父母都健在，入殮後，父母就持棒敲擊棺材頭，表示譴責死者為人子而未盡養老送終之孝。跳過棺是指夫妻兩人有一方去世後準備再婚的人，要在配偶入殮時，背上包裹，手持雨傘，從棺材中間跳過，表示可以避免再糾纏不清，以後可以安心再婚。

19.出殯

出殯又叫出山，是在祭奠完畢之後進行的。出葬通常由和尚、道士主持，日期則由擇日士決定。它由靈柩和送喪隊伍兩部分組成。出殯隊伍前面要有「開路神」指引，開路神是用紙糊成的，它身材高大，面目猙獰。還有一些專業人士敲吹樂器。長子需手捧遺像緊緊地跟著靈柩，後面跟隨的就是親屬了，遺族中的親屬都要穿喪服。男子穿草鞋，女子的鞋上要縫喪布，跟隨送喪隊伍邊走邊哭。一路送一路放鞭炮，還需要是短的鞭炮，一路撒紙錢，紙錢也就是買路錢。是行走一段路後要停下來，喪主跪地答禮，懇辭送葬的親友，此為「謝步」，送葬的親友們便與靈柩告別，而子孫及近親一直送到下葬為止。送殯的隊伍的規模是看輩分和家境的。有錢又輩分高的人去世的排場就大，花圈、嗩吶、鑼、鼓等傳統樂器和薩克斯和小軍鼓等西洋樂器。

隨行的人若是交了白禮，即金銀錢的，就可以從主人家領到一條毛巾，一包祭品。毛巾是用來送葬後清洗自己身上的污穢的，祭品是用來祭拜土地的。送葬的人回到家在進門前要先點燃稻草，然後跨過稻草已示除汙辟邪。

20.下葬（落葬）

棺木到達墓地時，男性跪在棺木左側，女性則在右側，親眷大聲哭號，以示訣別。最後把棺材放進事先挖掘好的墓穴，由喪主先往棺木上埋土，以示盡孝。

21.返主

返主的意思是把逝者的靈魂請回家。即葬禮結束後，由長孫將牌位放在「魂橋」中帶回家中供奉。返主不能夠按照原路返回，一定要繞道而行。

22.喪宴

閩南一帶講究「九拖十」，所以宴席都是九道菜加一碗甜湯，且還要設宴宴請親朋好友。俗稱吃「紅糟肉」。凡是送葬的人都一定要來吃，紅糟肉是喪宴的最後一道菜，是由豬肉和紅酒糟配製而成的，象徵著吉祥，也標誌著葬禮的結束。

23.做旬

即逝者死後的每七天都要格外的祭祀儀式，且做旬一定要進行七次。有「頭七」、「二七」、「三七」……直到「滿七」（七七）。第一次做旬稱之為「頭七」，也稱「做七」。其中一、三、五、七為大旬，二、四、六為小旬。在這些日子裡，要請道士在靈前誦經「開魂路」，還需要在靈桌上供奉「孝飯」，請親族上香和燒紙。

24.做對年

　　「做對年」儀式在逝者去世一周年時舉行。出嫁的女兒在這一天也要回來祭祀。逝者的女兒和遠親在儀式完成後就可以「脫孝」了。至此，喪禮也就告終了。

25.撿骨

　　早期的臺灣居民大多是從閩粵等地移居來的，葉落歸根，重返故園仍是其內心深處的渴望。因此他們會要求後代將自己的遺骸安葬在故土，所以老一輩的臺灣人對「撿骨」這一風俗十分重視。「撿骨」要先選擇一個吉日，祭拜神明後，請「撿骨師」掘墳、開棺、撿骨，洗淨裝入骨壇擇吉地再正式安葬。泉臺兩地在「撿骨」習俗的細節上則存在一些不同之處。

　　在臺灣地區，撿出的骨頭，要在太陽底下曬乾，而泉州地區則忌諱骸骨見天見日，要用一把雨傘遮蓋住；其次在撿骨這一習俗中，臺灣地區對死者的年齡很講究，未滿十六歲的死者不能撿骨，在三十歲以內的須在死後五年撿，四十歲的須在死後六年，五十歲的須在死後八年……以此類推。總之逝者的年齡越大，撿骨的時間就要隔得越久。而泉州地區對時間則沒有那麼講究，通常在死後三年就可以撿骨，如果是遇上清明節或冬至節，則是更無禁忌，當日就可撿骨。

五、閩南喪葬禮儀習俗禁忌

禁忌	說明
客死遺體忌進村入戶	如果人在外地逝世，遺體就不能夠進入村莊，更不能進入正廳，只能停放在臨時搭蓋的雨棚裡。在閩南習俗裡，如果把在外地去世的人抬進村，抬進

禁忌	說明
	屋，會把佛、土地公嚇跑，給村民、給家人帶來晦氣和黴運。
弔喪忌說死	弔喪應以「老了」、「過身」、「行了」代替。
送葬忌原路返回	送完終，所有人切忌原路返回，要繞道而歸。
忌如常道別	喪事結束後，客人不能說「我要回去了」，主人也忌說「再來」或問「你要走了嗎」，客人自己離開即可。
忌為起死回生者脫壽衣	臨死者一般都會穿好壽衣，有時會起死回生，伺候的人不能為臨死者脫掉壽衣，一般都讓復活者自己把衣服脫掉或先把紐扣脫下來，然後再由家屬幫著脫掉其他衣服。家人先動手為臨死者脫壽衣，會染上晦氣，有自己想穿之意。
忌給臨終者進食	臨終者穿上壽衣之後，還沒斷氣死亡，可能還會計較吃喝，在這種情況下，家屬一般都不會滿足其要求，因為一旦多喝水，可能會多排尿，弄髒壽衣，讓人說死得「不乾不淨」、「做飽鬼」。
忌眼淚滴在亡人身上	哭喪時，切忌把眼淚滴在亡故人的身上。死者身上沾淚水，永遠都得不到解脫，永遠憂鬱、悲傷纏身。
忌貓躍過遺體	人死後，帶「陰」電，貓是活體，帶「陽」電，如果讓貓（特別是麒麟尾的貓）躍過屍體，會產生陰陽相吸，死者會突然挺身而立（或坐），如僵屍一般，煞是可怕。

禁忌	說明
忌看見靈柩起落	當靈柩要抬離或放置時,各種神煞鬼煞會從四面八方圍了上來,應回避。否則,不幸著煞,有的當場死亡,有的會終身殘廢。
裝殮時忌號哭	屍體裝入棺材時,親屬要停止一切號哭,否則,哭聲蓋入棺內,會長期迴響,不清靜,死者即使「入土」也不「為安」。
裝殮時忌人影投入棺內	抬遺體入棺時,如果是夜晚,要防止燈光把人影投入棺內。據說,活人的人影被照入棺內,活人的靈魂就停留在棺內,一旦被蓋上棺蓋,活人的靈魂就永遠在棺內,此後,那活人就會多災多難。
忌外人看裝殮	除了收屍者和死者親屬外,其他人員切忌靠近棺柩。因為親屬都披麻戴孝,收屍者也脖掛紅線,外人沒有這些「裝備」,兇神惡煞一來,就逃不掉了。
忌穿紅戴綠送葬	有人逝世是極為悲哀之事,葬禮應該莊嚴肅穆,送葬的人除了穿麻衣戴孝者外,都應穿黑白素衣。穿紅戴綠是喜慶之感,格調不和諧,有幸災樂禍之意。
送葬後忌入他家	回家途中,送葬的人不能再到他人家中停留。人們認為參加喪禮的人沾了穢氣,會把穢氣傳於他人。
七日祭的油燈不可中途熄滅	做七日祭時,孝男要在墓前點亮一盞油燈。這盞燈要亮著帶回家,讓其油盡自熄,不能在墓祭時及帶回家的路上熄滅,回家後也不能吹滅。如果燈不慎熄滅,那盞燈所屬的孝男將遭遇厄運。

閩南工藝

　　閩南文化內涵豐富，富有歷史底蘊，閩南工藝也具有較高的藝術價值和審美價值，在閩南文明史上具有舉足輕重的作用。閩南工藝是閩南勞動人民物質與精神的結晶，也是閩南文化的一個小小縮影。

　　閩南較多地區位於丘陵地帶，古代交通不便，半封閉的環境為閩南傳統工藝提供了生長的土壤。閩南工藝結合當地的自然氣候、民俗活動、鄉土藝術，不斷地傳承和再創造，逐漸形成了鮮明的地方特色和風格。同時，閩南工藝融入獨具閩南風情的神話故事、歷史傳說，起到娛樂與教化作用。閩南手工匠師也會在手工藝品中融合自己的藝術涵養和文學內涵，從而使普通的工藝品成為一種地方文化的載體。因此，閩南傳統工藝具有濃郁的地方特色和濃厚的文化底蘊。

　　閩南傳統的手工藝品形式多樣、品類繁多，主要種類主要有陶瓷、木雕、泥塑、剪紙、漆線雕、木版年畫、纏花、紙織畫等。其中漳浦剪紙、德化瓷器、惠安石雕等在中國傳統技藝中有著別具一格的藝術特點。這些手工藝品製作精良、造型美觀，既可以成為生活用品，又可以作為藝術觀賞品，將實用功能和審美功能完美地結合在一起。閩南工藝師採用當地天然材料，通過精湛的技藝，製作成巧奪天工的手工藝品，成為閩南文化不可分割的一部分。

　　瞭解閩南工藝，就可以粗略地瞭解閩南這個地區的歷史文化、風土人情和社會意識形態。

一、陶瓷

　　閩南地區是中國古代瓷器的重要生產基地之一，窯場數量多且分

佈廣。由於地勢靠海,早在宋朝就已經搭乘「海上絲綢之路」銷售至歐洲、美洲、非洲、日本、朝鮮半島、東南亞等地,成為了閩南文化與世界文化交流的重要載體之一。

閩南地區位於中國東南沿海,地勢西高東低。東部沿海地區地勢平坦,河流下游泥石堆積,形成沖積平原。西部多為丘陵等地貌,九龍江、晉江等河流貫穿於平原丘陵之間。以九龍江、晉江為主的河流水系,多呈西北—東南方向延伸。因此,來自西北部山區的瓷器可以順流而下,到達東部臨海的港灣。同時,坐落於河流下游的閩南沿海地區,由於長期的河水沖刷、海浪侵蝕,形成了山地型海岸,海岸線曲折,島嶼港灣眾多。其中有廈門島、金門島和東山島等著名的海外貿易港口。這些港口共同織造閩南地區的河海運輸交通網,為閩南地區的瓷器銷售提供了重要的交通運輸保障。閩南地區森林覆蓋率大,枝繁葉茂,提供了充足的木材,為製瓷工業提供了充足的燃料資源。閩南地區河流交錯,水資源供應充足,這就解決了製瓷過程中出現的用水問題。另外,此地區蘊藏著極為豐富的礦土資源。如石英、陶瓷黏土、高嶺土等製瓷原料均在此地區各有分佈。這些礦土較多分佈在山嶺、溪流之間,古瓷窯場錯落分佈在其中,製瓷原料一般也都是就近取材,這樣避免了長距離運輸,較為便利,就為該地區製瓷手工業的發展和繁榮提供了豐富的原料這一基本前提。

總而言之,閩南地區地處東南沿海,交通運輸方便,水資源、燃料資源、礦土資源豐富,製瓷材料充足等條件共同造就閩南製瓷手工業的繁榮盛況。

(一)泉州瓷器

泉州自古以來都是閩南主要的陶瓷產區,這裡聚集了大量的古窯位址。瓷器的品種多樣,主要分為青釉、青白釉、黃釉、青花、五彩

等。泉州地區的窯場分佈廣，主要集中在安溪、德化、永春等地。其
中德化是福建的瓷都，它生產出來的瓷器因其優良的品質和精湛的工
藝，享譽於世界瓷器。而其產量高、種類多、規模大等特點，讓它在
「海上絲綢之路」上大放異彩。

1.德化瓷器

德化作爲青花瓷的重要產地，其初創期自明初期就已開始，興盛
期為清代早期，全盛期為清代中晚期，衰退期為清末至民國時期。德
化青花瓷沿襲歷代傳統燒瓷技術，造型精緻，瓷瓶瑩淨，胎色偏青黃、
青灰色調。青花彩繪細膩傳神，栩栩如生。手藝師有較強文化底蘊的
製瓷技藝，所做畫面往往蘊含文化內涵，最後的瓷器也展示出一幅富
含詩情畫意的中國傳統水墨畫，其別具匠心的彩繪裝飾造就了德化青
花瓷的與眾不同。

2.泉州沿海地區瓷器

在窯場分佈上，泉州內陸地區的窯場會多於泉州沿海地區。

泉州沿海地區瓷器的品種主要有青釉、青白釉、黑釉、醬釉、黃
釉等。瓷器釉面光潔、釉層較薄，裝飾技法多樣，胎體裝飾主要包括
刻花和畫花，釉、彩裝飾有色釉和釉上彩繪。刻花主要出現在兩類器
物之上，一類是碗、盤類器物，一類是盒，刻花比較單一，多數是蓮
瓣紋和花葉紋等簡略樣式。畫花的線條較為靈動流暢，筆劃細膩，樣
式多為弦紋和花葉紋，一般是與線條較粗的刻花共同出現。二者相輔
相成，構成的紋飾錯落有致，富有美感。釉、彩裝飾多見於較晚的堆
積地層中，包括色釉裝飾和釉下彩繪兩類。

3.泉州內陸地區瓷器

泉州內陸地區的青花瓷器的品種有白釉、青白釉、青花、黑釉、

醬褐釉瓷器等,瓷器胎質細膩,釉色較為純淨、釉面光滑。此地區的瓷器以白釉居多,其中無紋路者占大多數,但也有不少是有裝飾花紋的。泉州內陸地區的裝飾技法與其沿海地區的相差不大,紋樣也具有豐富多樣的特點。其中畫花為主,刻花為輔。瓷器的裝飾紋樣主要有牡丹紋、蓮瓣紋、花卉紋等。在青白釉和白釉瓷器中也常見印花裝飾技法,其花紋多為飛鳥走獸、雲、水、花、草等樣式,圖案豐富多彩,線條生動靈活,印花技術嫻熟,有較強的立體感,具有傳神之感。而彩繪裝飾多為繪花,包括青花、五彩、粉彩,尤以青花為主,是較晚出現的一類裝飾手法。胎體裝飾技法主要向彩繪裝飾方向演變,青花的圖案多為植物、人物、動物等,通常有著美好寓意。

(二)漳州瓷器

漳州位於福建的南部,東與泉州、廈門毗鄰,西與廣東省接壤,北與龍岩市交界,南部靠近臺灣海峽。其特殊的地理位置,讓瓷器成為海峽兩岸文化交流的重要實物載體。漳州地區的窯場主要有羅宛井窯、花仔樓窯、大壠窯、二壠窯、平和窯、東溪窯等。憑藉獨特的自然資源優勢,漳州也盛產瓷器。瓷器的品種也較為多樣,主要為白釉、醬褐釉、青花、青白釉、彩繪等。瓷器胎體細膩潔白,白中帶青,富有光澤之感。造型規矩端正,胎質細膩緻密,胎體較厚,燒造工藝也多種多樣。與江西景德鎮的瓷器相比,漳州瓷土品質遜於前者,所以瓷器多為粗瓷。但是漳州瓷器的外銷在明末清初的時候,就靠著臨近海港、產量較高的優勢佔據較大的海外市場。

漳州地區的瓷器,其裝飾技法多樣,用筆隨意自然,線條簡單流暢,紋樣類型也比較豐富。與泉州地區的大部分瓷器相同,也是刻花結合畫花一起出現。釉、彩裝飾有釉下彩繪,釉上彩繪、三彩,是較晚出現的一類裝飾手法。其中,釉上、釉下彩繪均為繪花裝飾,其紋

樣常見花卉紋、花鳥紋、人物紋等。主題紋飾吸收大自然界和日常生活的典型、喜聞樂見的題材。圖案形式變化多樣，一般為梅、菊、蘭、麒麟、喜鵲、杜鵑、等具有象徵意義的紋飾。

漳州瓷器在成為外銷商品的主角的同時，也擔任著海峽兩岸文化交流的使命。明末清初時期，月港是漳州專屬的港口，是漳州窯瓷器外銷的重要交通樞紐。漳州瓷器搭乘帆船，穿過臺灣海峽，登陸臺灣島，打開了海峽兩岸大規模的與經濟與文化交流的大門。

總體來說，漳州地區的瓷器與泉州地區的相差無幾，卻各有特色。漳州瓷器曾是外銷商品的重要角色，為海峽兩岸經濟、文化交流架構橋樑。

二、雕刻

閩南地區的雕刻藝術源遠流長。它經過前期的文化積累與沉澱，後來對中原地區雕刻技藝的學習與借鑒，對閩南的戲曲、宗教等傳統元素的融入，最後形成一套具有鮮明的地域特色的雕刻藝術系統。另外，閩南雕刻具有豐富多樣的表現形式、別具匠心的裝飾手法和行雲流水般的刀法，使得雕刻作品既精細又傳神。造型上，閩南雕刻工匠追求寫意與寫實相結合，雕刻作品的多元化表現形式展示出雕刻工匠的高湛技藝和濃郁的藝術底蘊。

（一）木雕

福建木雕的種類主要分為工藝木雕和藝術木雕兩大類。工藝木雕指服務於民俗文化，有著悠久的歷史和強烈的民俗文化色彩的木雕藝術品。

據史料記載，南北朝時期福建就已經出現了木雕。而到了宋代，閩南木雕就有了一定的規模。在雕刻技藝上，閩南木雕常用圓雕、浮

雕、線雕等方法進行雕刻。圓雕又被稱作立體雕，是一種三維立體雕塑，以虛實關係來展現雕刻作品的立體性，可以從多個角度來欣賞木雕作品。浮雕與圓雕都具有立體感，卻是各有千秋。浮雕雕刻精細，雕刻工匠利用材料薄厚的不同程度，用繪畫透視的原則來處理雕刻物件的空間和形體的關係，展示出一個三維空間，讓人看上去栩栩如生。但它不具有圓雕的獨立性，應用範圍也比圓雕小得多。浮雕又有淺浮雕、中浮雕和深浮雕之分。淺浮雕就是按設計好的圖案在雕刻物件上挖去一層，使圖案凸起。從結構上看，雕刻成品只呈現微微的高低起伏，因此稱為淺浮雕。中浮雕是比淺浮雕更深一層的刻花，深淺度雕刻更明顯，同時也更有層次。深浮雕是淺浮雕和中浮雕的結合，雕刻深淺起伏最大，立體感比前二者更好，雕刻成品也會更有層次感。雕刻技藝的運用往往考驗著一位雕刻工匠的手藝水準和聰明才智。

　　木雕在閩南運用得非常廣泛，主要出現在寺廟的佛像、神龕、通道、窗格、斗拱等，還有居民建築構件、門扇、傢俱等。閩南木雕的題材也很豐富，如歷史故事、民間傳說、吉祥圖案、歷史典故、蟲草鳥獸、花草樹木、宗教人物等。而以菩薩、佛祖、關公、財神以及歷史人物為雕刻物件的工藝品，往往能夠體現出工匠的審美情趣和藝術技巧。簡單流暢的線條，生動的情態，和諧自然的色澤搭配，將菩薩的慈悲、關公的威武、彌勒佛的曠達等人物特性體現得淋漓盡致。不同的雕刻工匠有著不同的藝術表現傾向。他們各自的審美追求和處理手法，在表現同一人物的同一特性時，又有著區別性。裝飾在門窗和樑架部位上的木雕，技法上線雕、淺浮雕、深浮雕、圓雕混合使用。樑架常用深浮雕，雀替用圓雕，門窗則為淺浮雕。閩南傢俱上的雕刻頗具江南傢俱風格，常以蟲草鳥獸、吉祥圖案等為裝飾題材，用料則擇大為優，多為大床、櫥櫃、桌椅、屏風等傢俱，配以精緻的雕刻，

整體營造出一種高貴且溫馨的感覺，展示其濃厚的文化氣息。精美秀麗的花紋，層層疊加的畫面，讓閩南傢俱不僅僅是日常用具，更是一件精妙絕倫的藝術品。

1.惠安木雕

惠安木雕有著悠久的歷史，既具有閩南傳統雕刻技藝，又融入了細緻繁複的南方雕刻藝術特色。惠安木雕多採用龍眼木、黃楊木、紅木、銀杏木、樟木等木材，雕刻表現手法方面也多採用線雕、圓雕、樹根雕、浮雕等。惠安雕刻工匠根據木材的軟硬程度、紋理特徵、肌理效果來決定木雕的表現手法，然後再將這些特點合理地保留到雕刻作品中，創造出極具個性的木雕作品。傳統惠安木雕的裝飾題材以山水田園、蟲魚鳥獸、人物、吉祥圖案等為主，造型精緻傳神。惠安木雕吸收閩南文化以及外來文化的精華，融入閩南特色文化精髓，結合現代流行元素進行創新化的再創造。惠安木雕最為顯著的特徵是它細膩流暢的線條和巧奪天工的刀工，它的每個圖案和造型都具有精湛的雕刻技巧和藝術技藝，是福建特別是閩南地區象徵性的代表。

2.黃泉福

1960 年出生，泉州市惠安縣人，是惠安木雕技藝省級代表性傳承人，主要木雕作品有《大英雄關羽》、《敢問路在何方》、《豐衣足食》、《降龍羅漢》等。少年時的黃泉福就跟隨父親做石雕，後來因為身體瘦弱，改學木雕。1974 年，黃泉福進木雕廠做學徒，打下堅實的雕刻基礎。1978 年黃泉福師從中國工藝美術大師盧思立，之後又在泉州華光藝術學院雕塑專業進修學習，畢業後創作了大量的優秀的木雕作品。他的雕刻題材比較廣泛，包括佛祖、領袖、聖賢、英雄人物等。另外，在他的作品裡也可以看出他的一種人生觀和超然的人生態度。黃泉福雕刻功底深厚，雕刻作品線條流暢、細膩生動、形神

兼備，繼承了惠安木雕精微細雕的藝術風格，具有較高的藝術美感。其作品也多次參加國內外展出並且拿到獎項，非常具有收藏價值。

不同於北方的大刀闊斧，閩南雕刻更著重於精細和靈活，風格也更細膩繁複。因其雕刻圖案透露出中國繪畫的意境和趣味，閩南木雕工藝品具有很高的收藏價值。

（二）石雕

閩南多石，在材料上滿足為閩南石雕的發展提供了充足的物質條件。閩南石雕主要以青石料為主要材料，以崇武的峰白、東園的細花、張阪的花崗、螺陽的古山紅等為常見材料，而民間俗稱為青斗石的青石雕最受歡迎。其工藝技術分為捏、鏤、剔雕等四種。石雕應用面較廣，不僅可以在石橋、石門等建築上作為裝飾，也可以成為建築構件被應用在各種建築上，比如臺階、欄杆、欄板、梁枋、龍柱之類。另外，它也會應用為建築的附屬物，如石獅、石碑、石像生以及石華表等。雕刻手法主要為圓雕、線雕、浮雕、沉雕和影雕等。沉雕是將雕刻物件表面刻出凹陷，使圖案使表層與下層形成深淺的層次關係。沉雕線條柔順，卻有著雄渾、蒼勁的氣勢，主要適用於雕刻花卉、文字之類。惠安工藝師採用沉雕的手法在青石上進行加工，所製作的成品精緻又秀氣。影雕是一種獨特的雕刻技藝。它是由密密疏疏的點來表現圖案的明暗和虛實關係，因此它看上去像影像，但其實是雕刻。同時影雕也有不易褪色的特點，能夠保存相當長的時間，被廣泛教堂、寺廟、陵園等建築裝飾，使其具有較高的藝術價值。

1.惠安石雕

「北有曲陽，南有惠安」在石雕界廣為流傳。惠安石雕是「南派石雕藝術」的代表，在石雕界具有舉足輕重的地位。就連中國雕塑界

泰斗錢紹武先生也曾表明惠安石雕傳統工藝已達到爐火純青的境
界。惠安位於福建泉州市，因其獨特的自然環境優勢和濃郁多元化氛
圍，惠安有著強烈的民族性和鮮明的時代性的石雕文化。惠安石雕的
來源與中原文化的傳入密切相關，經過千年歷史與文化的沉澱，惠安
石雕也慢慢有著自己的獨特風格。相比於曲陽石雕的硬朗，惠安石雕
追求流利。造型精緻華美，工藝精巧，玲瓏繁複。石雕成品多用於建
築裝飾、建築構件、碑石、工藝品等。其閩南傳統石雕工藝技巧和雕
刻的藝術成就主要體現在龍柱和石獅雕刻上。因此，隨處可見惠安石
雕的影子。比如臺北龍山寺的大龍柱，北京人民大會堂的石柱等著名
石雕作品，都出自惠安石雕工匠之手，惠安石雕的雕刻水準由此可
見。此外，惠安石雕工匠的精湛的雕刻技藝也傳播到海外如東南亞、
南亞等。在它們的民居、寺廟裡都隱隱透露出閩南獨有的雕刻藝術。
惠安石雕存在歷史悠久，最早可以追溯到唐代。據史料記載，最早的
惠安石雕作品出現在唐末威武節度使王潮墓的陪葬品中，距今已有
1100 多年，由此可見在當時惠安石雕也享有一定的聲譽。如今的惠
安石雕在傳統產業和傳統工藝的基礎上，引進先進的設備，已經形成
一條完備的產業鏈。

2.蔣惠民

　　1962 年出生，泉州市惠安縣人，是惠安石雕工藝國家級非物質文
化遺產傳承人，代表作有《釋迦牟彌佛立像》、《毗盧遮那佛》、《觀
音大士》、《石獅》等。他出生於惠安石雕發源地——崇武五峰村的
雕刻世家。高中畢業後進入惠安石雕廠學藝，學了十年的雕刻技藝。
因為他勤奮好學，擁有一定的雕刻天賦，蔣惠民很快就掌握了基本的
雕刻技藝，擁有了扎實的動手能力。再加上他擁有高中文憑，他比其
他的石雕工匠擁有更深厚的文化素養和更豐厚的中華傳統美學積

澱，所以他的石雕作品跟他一樣，樸實、堅韌、厚重又不失靈氣。特別在他所擅長佛像雕刻上，能夠感受到和他的佛像一樣的寬厚平和的心境。在雕刻上，他追求「以形寫神」的技巧和「精、實、細、巧、奇」的雕刻美學，提高了惠安石雕的創作境界。他最出彩的就是佛像雕刻。他繼承並創新了傳統佛像雕刻技藝，大膽捨棄繁複的衣紋，講究「佛」與「衣」渾然一體、恰如其分，富有美感。此外，他對佛像面部刻畫也十分細緻入微，神情極富內涵，平和中流露出慈悲情懷。

（三）磚雕

磚雕是一種在紅磚上雕刻花紋圖案的裝飾作品。閩南磚雕融合當地的文化特色和歷史風格，具有強烈的文化區域性，是中國磚雕藝術的代表流派之一。閩南紅磚文化盛行，為磚雕提供了生存的土壤，磚雕也是就地取材，以紅磚為主。二者共同營造了一種紅磚建築特色，是閩南民俗文化和傳統建築文化的融合。因此，在閩南民居建築裡有時能看到精美纖巧的磚雕作品。閩南磚雕既具觀賞性，又備實用性，堅持審美性和實用性的結合，不過分強調標新立異、精巧卓絕，對閩南傳統建築有著畫龍點睛的作用，在一定程度上使其更具藝術感染力。

閩南磚雕題材主要為蟲魚鳥獸、自然風光、人物故事、民間傳說等，多是為了表達吉祥寓意，人們喜聞樂見的內容都成為閩南磚雕的創作題材。在閩南磚雕作品裡也可以看到如《八仙過海》、《西遊記》等文學作品，使其具有深厚文化內涵和藝術性。閩南磚雕裝飾大都用借代、隱喻、比擬、諧音等手法來傳達吉祥寓意，表達人們對家族興旺的企盼、對富裕美滿生活的嚮往、對自身社會地位的追求。

磚雕的工藝技術主要為捏活和刻活。捏活指的是事先用黏土泥巴捏成相應的圖案，然後放進窯裡燒成磚，是先定形再燒製，也稱作「窯

前雕」。刻活則是在燒製後的紅磚上用刀刻各樣的圖案,是先燒製再定型,也稱作「窯後雕」。不同於磚雕流派中北京磚雕、廣東磚雕、蘇派磚雕的「窯前雕」,閩南磚雕有著特有的「窯後雕」技術。「窯後雕」靠著閩南雕刻工匠的過硬的雕刻技藝,讓磚雕更具古樸、粗獷、大氣等特色。閩南磚雕主要以浮雕為主要表現形式,因此很少出現鏤空、透雕等技術。但相比於其他磚雕,閩南紅磚磚雕又多了一項獨特的製造工序。就是磚雕在安上牆後,用白灰填充磚雕的凹陷之處在一定程度上起到一種保護作用,經過長時間的風雨洗禮,也能保存完好。因紅磚的豔麗與白灰的暗淡,巧妙地形成一種視覺的衝擊,使雕刻圖案躍然紙上,顯得更加顯眼和凸出。紅白的色彩對比,也讓閩南磚雕具有強烈的裝飾意味。閩南磚雕吸收中國畫的精華,在構圖上也別具中國畫特色。各種雕刻技法適當雜糅,錯落有致,紅白相間、別具匠心。

(四)瓷塑

瓷塑指用瓷泥捏製和雕刻,做成胎坯最後上釉燒製的工藝。閩南古代瓷業極為發達,燒瓷和裝飾技術成熟,為閩南瓷塑的發展提供了技術支援和物質條件。瓷塑的製作方法可分為浮雕、圓雕、鏤雕、捏雕等類。其中,鏤雕也稱為「通花雕」或「鏤空雕」,是將瓷雕物件不必要存在的部分挖空,先外後內,逐步將圖形立體地呈現出來,具有很強的逼真感。這種技法對雕刻工匠熟練的基本功和合適的雕刻工具很有要求,難度較大。但是成品確實妙不可言,栩栩如生。

閩南瓷塑造型豐富。捏雕也稱為捏花,是指將瓷土捏成各式各樣的藝術造型,然後再黏於適當瓷上適當部位的一種技法。形象的捏造處處有手工的痕跡,這使黏土的自然美和工匠的技巧美巧妙地融合在一起,極致地發揮出材料的審美特質。閩南陶瓷常以含蓄古樸為總體

特徵，通過堆塑、刻畫等點綴瓷器，使閩南瓷塑外型剛柔兼並。

德化瓷塑

在閩南瓷塑中，德化因其瓷器的著名性，在瓷塑這方面也有建樹。德化陶瓷瓷種多樣，瓷塑的題材也比較豐富，有如來、觀音、彌勒等佛教人物，有關羽、岳飛、李白、屈原、杜甫、貂蟬、穆桂英等人物形象，有賈寶玉、林黛玉、梁山伯、祝英台等戲曲人物，也有牛郎織女、八仙過海、哪吒鬧海、嫦娥奔月等神話傳說等。德化瓷塑藝術以人物著稱，在人像的刻畫上，德化瓷塑人物形象傳神，細膩逼真。德化瓷塑雕刻工匠善於吸收各種雕塑工藝的精髓，擅長對人物神態和衣褶紋理的刻畫，能將佛像慈祥的臉容通過線條的勾畫來展現出來，也可以讓人物身上的衣褶折疊自然流暢，簡練直白、總體不顯突兀。這些雕塑技巧需要工匠藝人具有高超的雕塑技藝，由此可見德化瓷塑藝人的精湛工藝技巧和扎實的雕刻基礎。

德化瓷塑是德化瓷器的一種說話方式，它在每一筆刻畫、每一處構思，都讓瓷塑具有獨特的藝術魅力。一件具有較高審美價值的瓷塑是建立在品質優良的瓷器基礎上。德化瓷塑選用質地較好的瓷土，細膩柔白，可塑性強，可以捏造各種繁複的圖形。但是它有個缺點就是不適用於較大的瓷塑雕刻。但即使是這樣，德化瓷塑也在瓷塑界佔有一席之地。德化瓷塑在歷史長河裡洗盡鉛華，在發展中繼承，不斷形成典型特色的瓷塑藝術風格，對瓷塑的發展影響深遠，在中國瓷塑歷史上寫下光輝的篇章。

總的來說，閩南瓷塑刻畫形象逼真，釉色溫潤均勻、純淨瑩白，具有很高的收藏價值和審美價值。

（五）泥塑

泥塑是以細膩且粘度大的泥土為材料，經過工匠的捶打和捏造成形，上彩後則為彩塑。閩南泥塑產生於明末清初時期。主要題材為動物、人像等，其中動物多為十二生肖，人像以神像、戲劇人物為主。在大小上，也可將泥塑分為大型泥塑和小型泥塑。因其地域特徵和自然環境的不同，閩南的不同地區所造的泥塑各有特色。漳州泥塑的原材料主要為「田格泥」，富黏性、質韌細、無顆粒，以粉質顏料調牛皮膠作為表面裝飾。其人物泥塑刻畫逼真，線條流暢，上色大膽，其成品主要為戲劇人偶頭像。而廈門泥塑主要以「白善土」為材料，主要製作動物和傳統人物、佛像等。相比於漳州和廈門泥塑，泉州泥塑有著獨特的風格——「漆線開金」，就是將生漆揉成漆線，通過對漆線彎折，作為泥塑上的裝飾花紋。泉州自清代以來，著名雕佛藝人有許陋、馬棠棣、洪卻、姚松林等人，現代泥塑中著名藝人有詹振輝、王靜遠、詹梓澤等人。在色彩的搭配上，閩南泥塑具有鮮明的寓意性，在搭配和諧的色彩中，表現出閩南人的生活傳統民間色彩的運用，也讓閩南泥塑增添強烈的裝飾性和地域色彩。

閩南泥塑生動形象，傳神逼真，飽含著閩南民間文化和藝術的無窮魅力，也是閩南深厚的歷史文化韻味的非物質遺產，其色彩的運用也體現著淳樸善良的閩南人民的審美取向和美好願望。

（六）漆線雕

漆線雕是一種閩南古老的民間傳統工藝，也是閩南工藝美術的瑰寶。它是用漆線、金箔等製成線條，然後在胚體上進行堆砌和裝飾。這種技藝主要出現在佛像裝飾上，如佛像的衣飾就常用漆線雕來勾勒出細節，使佛像更具典雅莊重。傳統漆線雕製作無外乎雕塑、粉底鋪墊、漆線製作、填彩這四個方面，具體過程包括為備料、搓線、盤繞

形體、表面貼金等四道工序。在整個製作過程中，漆線的製作是較為複雜的。漆線的優劣往往影響著整個漆線雕作品的成敗。首先要將磚粉、桐油等原材料進行調和，然後再經過反復的捶打，將漆胚打磨成柔軟的漆線土，之後將漆線土揉成細線。在搓線的時候要注意均勻用力，將線條粗細揉勻，線條越細難度越大。大小相差無幾的漆線才能盤堆成和諧不突兀的裝飾圖案。最後通過「盤、饞、結、繞、堆、疊」等手法，最後在裝飾物件上進行盤線。這個過程需要工匠事先進行整體的裝飾規劃，定下圖案，集中精神進行一絲一線地堆砌，是考究工匠藝人工藝手法精粗的試金石。在表現形式上，漆線雕也有漆線圓雕和漆線浮雕等技法。它們所塑造的形象具有很強的裝飾性。漆線雕的題材主要為龍鳳、麒麟等吉祥圖案為多。而吉祥圖案以特有的表現手法形成具有吉祥寓意的裝飾紋樣，極具藝術感染力。

漆線雕的每個作品裡的每個細節都是由極細的線條組成。龍鱗鳳爪、舒卷祥雲等等圖案都是由漆線勾勒而成。其中，對龍的刻畫，漆線雕可謂是爐火純青且頗有建樹了。以精湛的手法將漆線慢慢盤結成龍首與龍身，用金箔來裝飾龍鱗，使龍的形象熠熠生輝又光彩奪目。

閩南漆線雕的發展，汲取的是當地繁盛的民間宗教文化和佛像雕刻行業的養分，比如俗稱「妝佛」雕刻作品就是閩南地區繁榮的民間宗教的產物。這就說明漆線雕與佛教的發展脫不開關係。漆線雕的發展是建立於成熟的佛像雕塑基礎上。而漆線雕也讓佛像雕塑更顯高貴與莊重。還有其他民間信仰人物雕刻上也常見漆線雕的點綴，這使漆線雕作品承載著閩南民間信仰的內涵。

不得不說，漆線雕的藝術魅力，一大半來源於作品中靈動的線條。它時密時疏，時順暢時曲折，時柔和時剛毅，具有較強的表現能力。二維度的線經過工匠精心排合，連通三維度的空間，這種跨越空間束縛，使漆線雕產生獨特的美學意味。除此之外，漆線雕的線條和

諧組合，使裝飾圖案富有肌理。

廈門漆線雕

　　廈門漆線雕已有三百多年的歷史，是廈門地區富有地域色彩的一種傳統民間工藝，主要以獨特的製作方法塑造出靈活的人物或動物形象。起初，廈門漆線雕是被作為佛像裝飾的附屬品。這也能看出，廈門漆線雕的發展是植根於民間宗教活動和佛像雕塑。在經歷時代變遷，歲月流逝後，它逐漸走進尋常百姓之家，成為他們日常裝飾品，使它重新煥發出新的生機。在製作材料上，廈門漆線雕主要採用天然的植物材料，加工製作成漆線土，然後再用手揉成漆線條，在器物上進行纏、繞、結、盤等手工技法，最後再粉土打底、妝金填彩。最後作品的效果光彩奪目、引人入勝。在樣式上，廈門漆線雕多用雲紋、花草紋、水紋、龍紋等，圖樣細膩又生動，唯妙唯肖。廈門漆線雕層次分明，有較強的藝術美感，是閩南地區獨特的一種傳統民間工藝。

　　漆線雕的產生強化了雕塑的線性特徵，使其具備「錯彩鏤金，調繪滿眼」的工藝特點。但不容樂觀的是，其原始的手工操作，和複雜的製作流程，使漆線雕同其他非物質文化遺產一樣難以為繼，陷入發展窘境。

（七）木偶雕刻

　　木偶雕刻是一種民間傳統雕刻工藝，與木偶戲相伴而生、相輔相成，主要指的是對木偶頭部的雕刻。閩南木偶戲是閩南人民喜聞樂見的娛樂方式和舞臺藝術之一，幾乎在閩南各個歲令時節都會被邀請去表演。閩南的木偶戲主要分為兩種，一是布袋戲，二是提線傀儡戲。木偶戲的興盛，作為戲劇舞臺人物——木偶的雕刻藝術就有了「生長的土壤」。同時，木偶形象的雕刻在很大的程度上決定了舞臺的精彩

與否。因為在木偶亮相時，觀眾的注意點先會集中在木偶的形象上，所以成功的形象會讓觀眾迅速地將戲劇角色帶入木偶，然後沉浸在戲中。要讓木偶形象達到「傳神」的效果，就得先觀察各個階層、不同身份的人物個性特徵。美醜善惡、貴賤貧富、賢愚忠奸，在塑造上把握角色特有的氣質。此外，特徵和氣質的刻畫離不開木偶的眉目神情的雕刻。雕刻工匠往往會在保留原有臉譜的典型性的狀況下，對結構進行微調，表現出舞臺角色忠貞、狡猾、詼諧、威嚴、天真、潑辣等特徵。比如將人物的五官微移，或者突出某個典型面部特徵，又或者是將面部比例拉長或者縮短來強化人物的塑造。誇張的造型、豐富的表情，使角色扮相生動、妙趣橫生。

閩南木偶雕刻將雕刻和彩繪相結合，在尊重傳統的基礎上追求創造性。雕刻是「形」，彩繪是「神」。細緻的筆劃，優秀的刀法，優美的雕刻節奏，生動的線條構造，共同創造木偶的「形」。除了對木偶臉部的雕刻，有時還要根據需求來相應地安裝能夠活動的嘴和眼。彩繪即給木偶上臉譜，這是非常考驗雕刻家的工藝技術和水準。木偶配合著戲劇，因此就有多種臉譜。臉譜的著色注意色彩上的搭配，來體現角色的不同性格。

閩南木偶雕刻植根民間文化，雕刻手法千變萬化，反映了當地的生活習俗和審美趣味，具有深刻的歷史內涵、收藏價值和審美價值。

徐竹初

1938 年出生，漳州市薌城區人，漳州木偶頭雕刻技藝省級代表性傳承人。他出生於福建漳州的木偶雕刻世家。徐竹初從小就在父親身邊當助手，潛心學習木偶雕刻，在他 17 歲時，他的木偶雕刻作品就榮獲了「全國少年科學技術和工藝作品展覽」特等獎，一舉成名，還被邀請拍攝專題片《少年雕刻家徐竹初》。他刻苦學習，肯於專研，

擁有較高的悟性，在擁有較為成熟的雕刻技藝後，他進入漳州市木偶劇團，成為了一名專業的木偶雕刻藝人。在他幾十年的雕刻生涯裡，汲取眾家雕刻之長，豐富了木偶雕刻的造型，將自己對生活的感悟、藝術的理解、深厚的情感灌注到作品中，使他刀下的木偶傳神又充滿了生命力。他的作品無論是對人物性格刻畫、對造型的把握還是對人物表情的處理，都很到位，因此他的木偶雕刻作品被譽為「活的文物」、「東方藝術精品」。

三、木版年畫

泉州、漳州以其產量高、規模大、樣式多等特點在閩南木版年畫中極具代表性。漳泉兩地的木版年畫大約始於宋代，興於明代，而它的鼎盛時期在清末至民國初期。這個時期漳州和泉州的港灣興起，因此閩南木版年畫外銷有了便利的交通條件，其生產的大量年畫作品遠銷新加坡等地。

年畫的題材包羅萬象，主要為神話故事、民間傳說、歷史人物、花蟲鳥獸、風景名勝等。閩南傳統的民間年畫，往往具有中國傳統的審美理念，其內容多是為了表達民眾一種求吉瑞、護平安等美好願望，如「八仙」、「天官賜福」、「福祿壽星」等。還有一些年畫具有說教功能，它所借神話故事、民間傳說裡的愛恨情仇、父慈子孝等理念，表現人的倫理道德觀念，宣導懲惡揚善的思想，是民俗與美術的結合。另外，年畫中還有體現儒、佛、道家等思想，這些思想在歷史長河裡，潛移默化的影響了閩南人民的日常生活。閩南木版年畫形式多樣，藝術風格豐富多彩，它不僅是節日的裝飾品，也是閩南民俗文化的載體。

閩南木版年畫的發展與閩南民俗活動也息息相關，可以說繁多的民俗活動創造了年畫的多種形式，也讓年畫的應用範圍擴大。無論是

春節、端午、元宵、清明還是祝壽媽祖、保生大帝，閩南民間都會掛
上有年畫的紙燈來作為裝飾，使其節日氣氛更添濃厚的民俗文化氣
息，也使木版年畫的實用性和觀賞性達到統一。

閩南木版年畫的藝術美感。在表現手法上，多運用誇張的手法，
簡潔明快。比如在對人物形象塑造時，線條粗獷簡練，誇張地突出人
物頭部，打亂人物身材的比例，使其具備不規則且自然的藝術美。在
描繪人物時也十分講究用色。閩南木版年畫常用植物等天然有色材料
作為顏料，用手工打磨，磨出的顏料色彩鮮明，色澤細膩有質感，也
不易褪色，延長了年畫的觀賞時間，也提升了它的實用價值。同時，
年畫用色的大膽豐富，人物故事的細緻描繪，結構的合理安排，三者
融合，恰到好處，又讓年畫富有和諧之美。其次，閩南木版年畫的整
個畫面飽滿鮮明，主題突出，主次鮮明，沒有過多的繁複修飾，使年
畫更具古樸質感。另外，在風格上，閩南木版年畫也有其獨特之處。
整體來看，多數的年畫都擁有濃郁的鄉土氣息和強烈的民間情趣。從
題材和內容上看，年畫也不乏淳樸古老的民族風格和獨特的地方色
彩。

1.漳州木版年畫

漳州木版年畫，是漳州一門古老的民間藝術。始於宋代，盛於明
清。明中葉，由於雕版印刷技術的成熟和漳州九龍江月港的興起，木
版年畫得到了飛速的發展。同時，漳州木版年畫的發展也離不開閩南
傳統信仰，漳州人民祈求神靈保平安，創作了繁多的民俗活動，這就
讓木版年畫有了生長的土壤和登上世界貿易的舞臺。木版年畫內容主
要以喜慶迎新和辟邪這兩大類別為主。喜慶迎新類就包括「財神獻
瑞」、「梅花福」、「加官進祿」、「五虎銜錢」等種類。辟邪圖案
主要為門神形象。在構圖上，漳州木版年畫，講究對稱美、裝飾美、

輪廓美和空間美，因此它具有較為濃厚的裝飾趣味。另外漳州木版年畫也常常將圖案進行誇張化的比例調節，比如在門神的造型上，就縮短身體的比例，將它的表情誇張化，突出它的陽剛之美。在技藝上，漳州木版年畫雕版分陽版和陰版兩種。印製時採用套印，先印彩色，再用黑色勾勒。現在的漳州木版年畫已經形成多種形式，無論是在藝術技法還是在表現形式上，都別具一格。構圖大方、造型誇張、色彩鮮明、線條剛柔並濟。木版年畫是一種裝飾、是一種心願、是一種傳統的民俗，它展現人民對美好生活的不懈追求，帶給人一種無盡的視覺美感。

2.顏朝俊

　　1974 年出生，漳州薌城區人，是顏氏家族漳州木版年畫的第七代傳承人，也是第四代傳人顏玉成之孫。代表作品有《奔小康》、《吉祥如意》等。顏朝俊自幼就跟隨家族長輩學習雕版的技巧，所作木版年畫形象生動、造型誇張、富有色彩美。相比於顏仕國，顏朝俊更致力於對傳統木版年畫的新創造。他不斷創新年畫題材與造型，將現代元素與傳統雕版技術融入在一起，達到一種美的平衡。在雕版的技藝上，顏朝俊又做出了不小的創新。比如他用棉籤進行點繪，來製造更富有立體感的畫面。他作為現在的顏氏家族的繼承人之一，在弘揚和維護漳州木版年畫這一傳統工藝上不遺餘力，他既有對傳統木版年畫作品進行復刻，又擴大了年畫的產業鏈。他將年畫元素融入到如陶瓷杯、衣服、冰箱貼、包包等日常用品中，製成一系列年畫文創產品。其中，顏朝俊與文創團隊共同合作的《語堂印記》等作品就榮獲第六屆福建文創獎非遺文創開發類銀獎。

　　毋庸置疑，閩南木版年畫具有很高的審美價值，但是在鑒賞中忽視它背後民俗文化，就容易導致鑒賞的片面和淺俗。此外，作為一種

裝飾藝術,閩南木版年畫的存在離不開它所依附的生活用具、建築構件。可以說,閩南木版年畫附著在實體上,才能讓它的實用性和審美性達到最大化的統一。

四、剪紙

眾所周知,剪紙是一種民間傳統藝術形式,承載著中國民間文化,具有巨大的審美價值和實用價值。它也是農耕文化的產物,是反映了勞動人民質樸的傳統民風。而閩南剪紙源遠流長,經久不衰。它來源於中原剪紙藝術,在文化的傳承和變遷中,因受其地域差異、生活習俗和文化特色等元素影響下產生獨具特色的藝術風格,是閩南著名傳統民間工藝的代表之一。

它與其他派系的剪紙藝術相同,都是利用二維空間和紙的點線面的關係來打造一種立體感,寫意與寓意相結合。閩南剪紙的題材也較為豐富,一是表達對婚姻的美好祝福如「囍」、「早生貴子」、「多子多福」等寓意的婚慶題材;二是用於春節、元宵等節日,表達祝福的節日題材;三是用於日常裝飾,多附著在建築上,以飛禽走獸、花草樹木為主要的裝飾題材;四是表達對神明的尊敬和信仰的宗教題材。剪紙類型常以植物紋和自然紋為主,同時閩南地區剪紙的造型沒有像北方剪紙那麼誇張化地去表達線條,卻有著濃郁的閩南民間文化的痕跡。其表現手法也多用陽線構圖,注重以線帶面的剪紙手法,因而顯得真實生動、細膩靈動。

(一)漳浦剪紙

漳浦剪紙因其飄逸靈動的風格和多樣化的應用發展在閩南剪紙界獨領風騷。漳浦剪紙保留了較多的古老氣息,整體上突顯了具有地區個性化的藝術風貌。漳浦剪紙的文化淵源主要來自於中原剪紙文化

和多樣的閩南風俗。漳浦剪紙構圖豐富，細膩秀美，每一筆刻畫都離不開工匠的出神入化的刀法。在藝術表現上，漳浦剪紙習慣通過調節事物比例來實現獨特的藝術表現，同時，它也常用吉祥圖案來作為整體的花邊裝飾。漳浦剪紙細膩柔美，線條流暢婉轉，應用也非常廣泛，既可以作為建築裝飾的窗花，又可以作為陪嫁的喜花。作為一種民間藝術，它不是一種獨立的藝術形式。也就是說它不是為了藝術而創作，而是服務於漳浦人民日常所需而作，因此具有較強的實用性。在剪裁手法上，因為材料只是一張紙，所以多是用鏤空的手法來體現整體的圖案。鏤空手法主要包括平鋪式、對稱式、多折式等，其中多折式又分為三角、四角、五角等折剪方式。與北方剪紙不同，漳浦剪紙不常用鋸齒紋，而以植物紋、漩渦紋、雲水紋等以線帶面的手法為主。漳浦剪紙工藝師獨具匠心的剪裁手法，使剪紙結構上安排精巧，造型上刻畫立體，具有濃厚的閩南文化腔調的同時，也具有南北派技法相容的特色。

1.歐陽豔君

　　1972 年出生，漳州市漳浦縣人，是漳浦剪紙省級代表性傳承人，代表作品有《老鼠娶親》、《竹竿舞》、《年年好節節高》等。她小時候就跟隨外婆學習漳浦剪紙。1986 年拜漳浦剪紙藝術家黃素和陳秋日為師，初步掌握並吸收漳浦剪紙的「排剪」技藝之長，以陰剪為主，陽剪為輔，獨創「長排剪」技法，使剪紙作品更具靈性，提升了漳浦剪紙的藝術價值和技術含量。1999 年開設剪紙工作室，對漳浦剪紙行業的進行專業化的經營，提高了漳浦剪紙的經濟價值，並且將自己的剪紙技藝無私地傳授給剪紙愛好者。2001 年，歐陽豔君將剪紙教學融入到課堂中，帶動師生對漳浦剪紙事業傳承下去。在她的手下，漳浦剪紙煥發出新的生命力。歐陽豔君從事剪紙的創作、剪製、

裝裱、傳承至今已有 30 多年，她的剪紙作品靈秀活躍、簡練明朗、構圖奇巧、形神俱在，手法收放自如，讓觀賞者擁有強烈的視覺衝擊和獨一無二的審美體驗。

2.黃孝敏

1992 年出生於福州閩清，漳浦剪紙傳承人，福建省文藝家協會會員，漳浦剪紙協會理事。代表作品有《巴黎聖母院》、《新年快樂》、《馬上封侯》、《麥兜的星期天》等。黃孝敏從小就展露非凡的美術天賦，在家人的鼓勵下，他跟隨老師學習剪紙，先後師從詹友淦、許麗慧、林妙丹、張崢嶸等人。他在傳統的基礎上大膽創新，從西方作品中找尋靈感，運用色彩調和、層次處理和空間佈置，製作出富有立體美感的剪紙作品。他用精湛的雕工，將剪紙的鏤空之美極緻地展現。在表現手法上，他不僅繼承了漳浦剪紙的優秀傳統，還融入了自己的構思，因此，他的大部分剪紙作品具有較爲獨特的創造性。

（二）泉州剪紙

泉州剪紙是泉州傳統民間藝術形式中的一種，受泉州刺繡和戲曲的影響較大。它保留了中原剪紙的大部分藝術特徵，在表現手法上，泉州剪紙作品有著獨特的藝術風格，它講究線與面的和諧配合，線條勻稱流暢，疏密安排得當，整個剪紙構造就顯得均衡。另外泉州剪紙的題材也豐富多樣，如婚慶裝飾題材、吉祥如意題材、人文社會題材、農耕勞作題材等，多是泉州人民喜聞樂見的創作題材，泉州人民借這些題材表達了他們對美好生活的嚮往和對生活的熱愛。在造型上，泉州剪紙華麗雅致、靈動柔美、精妙絕倫。它的造型與漳浦剪紙的相差不大，都是集抽象性、符號性、裝飾性與一體。常見的裝飾紋樣主要有植物紋、弧紋、雲水紋、動物紋、自然紋、幾何紋等，多樣的裝飾

紋案也讓泉州剪紙更富有審美性。雖然它的圖紋樣式沒有北派剪紙那麼豐富，卻也保留著獨屬於閩南的文化內涵。泉州剪紙同樣在保留自己地域文化的同時，也吸收著外來剪紙的精髓，相互交融，最終形成了樸實不失華美，含蓄不失典雅，既開放又包容的泉州剪紙文化。

閩南剪紙玲瓏剔透，雕刻細緻秀氣，深受閩南人民的喜愛。因為以閩南傳統民俗活動為養料，所以它具有強大的生命力，滿足了人們的日常需求和審美需求。它不僅具有傳統中國藝術特色，而且還包涵了其獨特的地域特色和民俗文化。

五、纏花

閩南纏花是閩臺地區特有的一種花飾製作的手藝，它是一種民間藝術，也是閩南民俗文化的活化石、文化符號，蘊含著閩臺本土文化底蘊和藝術精華。纏花工藝在閩南地區有著獨特的稱謂——春仔花，是一種寄託著閩臺人民夙願的模擬髮飾。據有關資料記載，春仔花存在已有 300 年。西晉時，漢人的簪花習俗隨著他們逐漸南下而與閩南文化相融合，慢慢形成了獨具閩南個性的纏花藝術。閩南因為其濕熱的氣候導致鮮花不易保存下來，富有智慧的閩南工藝者就地取材，用紙花來代替真花。另外，纏花禮俗的成熟和完善與閩南重祭祀的民風民俗有關聯，蘊含著濃厚的族群情感，是閩南民俗禮儀文化的代表。閩南民間藝人在長期實踐過程中摸索出自己的一套纏花工藝。他們在已經剪好花狀樣式的紙模上，通過捏、繞、纏、搓、撚、綁等手工技藝來製作成各種花卉的造型，然後再用竹籤或者鐵絲纏繞在彩紙上，便於進行鞏固。

我們可以依據閩南春仔花來對它的用途進行初步的分類。首先，春仔花可以作為閩南女性的日常髮飾，或者在重要的場合如婚慶等，閩南女性就會戴上春仔花髮飾，來營造出一種喜慶美滿的氣氛，是一

種討喜飾品。更有趣的是，作為新娘和婆婆也有對應的「新娘花」和「婆婆花」，來祝福婆媳之間相處和睦、心心相印。「新娘花」造型像鳳冠，新娘在出嫁時，由娘親在她頭髮上戴上春仔花簪來表達對新娘的祝願。而「婆婆花」則是將小緞花相串聯在一起，表示婆與媳同嘴同聲。除了適用於婚慶場合裡，春仔花也在喪禮中作為「喪事花」、「答禮花」。用作「喪事花」的纏花採用細長型的纏花造型，總體較為樸素低調。這時春仔花的裝飾性為它的實用性讓位，因為主持喪禮的主家會為每一位送葬的親朋好友贈送春仔花，來表達對他們的感謝，並去除他們身上因送葬時沾染的晦氣。此外，它也可以作為一種祭祀用品。可以說它能夠得以發展，是閩南重祭祀的民風民俗來做支撐。閩南人民常在祭祀先祖時，將精緻小巧、色彩鮮豔的春仔花作為供奉祭品，來表達對祖先的敬仰與懷念。此外，在七夕祭拜時，閩南人民也會將春仔花製成燈籠樣式，來悼念亡魂。

春仔花因其用途而產生豐富的款式，它的選材就是我們日常可見的紙和絲線。製作春仔花的步驟看似簡單，卻有它獨特的門道。首先就是要在卡紙或者別的材質的紙上裁剪出花瓣的形狀，這個時候就是捏和纏的手工技藝相互配合。一隻手捏著花瓣的尾端，一隻手靈活地將各個花瓣交錯纏繞，並配上纏繞的鐵絲來對纏花的造型加以鞏固。在這個過程中，兩隻手要輕重統一、用力均勻，這樣才能纏出交錯卻能瓣瓣分明的花來。纏完花之後才能纏葉，必要時，也會與乾草進行搭配，使其更具有藝術美感和審美感受。

臺灣纏花

臺灣春仔花是臺灣早期一種特殊的民間工藝，具有吉祥寓意，富含民俗文化內涵。因與福建相隔較近，民國時期，春仔花手藝便隨著閩臺兩地頻繁的交往在臺灣地區進行傳播，並成為一種時尚元素。雖

然用材樸素簡單、成本低廉，卻能夠製造出富有美感和藝術審美性的精緻裝飾品。臺灣春仔花應用十分廣泛，可以用作新娘髮飾、新房掛飾、繡燈裝飾等等。它在臺灣傳統結婚禮俗扮演著重要的角色，新娘和親家雙方佩戴春仔花，分別祈求早生貴子和健康長壽。臺灣春仔花的樣式也非常豐富，常常以梅蘭竹菊、孔雀、牡丹、蝴蝶、石榴、蟲草、百合等為春仔花的主要造型，精美華麗又豔麗多姿，表現臺灣女性對生活的熱情。在此基礎上又加入了新的配飾如珍珠、流蘇等，使臺灣春仔花更造型顯精緻，形態更顯飽滿，有著臺灣獨有的傳統地域色彩。

1.陳惠美

　　1950 年出生，臺灣宜蘭縣人，是臺灣春仔花派技法承襲人。陳慧美從小就有藝術天賦，在高職畢業後，她就開始學習插畫、服裝設計等技藝。一次偶然的機會，她遇見了春仔花，被它的美所驚豔，下定決心拯救這個日漸式微的閩南傳統工藝。1998 年，陳惠美通過民俗收藏家林明毅介紹，認識了在臺北做閩南春仔花的陳愛玉阿嬤，跟隨著她學習閩南春仔花技藝。在接受陳愛玉阿嬤的傾囊相授後，陳惠美開設了一家春仔花工作室來進一步地推廣閩南春仔花技藝，經由她的努力，閩南春仔確實提高了一些知名度。另外，陳惠美也致力於通過創新來提升春仔花的藝術價值，比如嘗試用更多種的材質來體現春仔花的不同質感和擴大它的使用範圍等等。經過她的傳承和創新，春仔花技藝煥發出新的生機與活力。她強調製作春仔花需要足夠的耐心和毅力去紮穩基本功，一隻平滑、有光澤的春仔花往往需要學者靜心磨好幾個小時才能纏出來。

　　閩南纏花造型精美繁複，運用極為簡單的工具和基礎的手工技法，製作出令人感歎的藝術品，充分顯示了閩南女性勤家持家、聰慧

能幹的美好品質，具有濃厚的鄉土氣息。

2.蔡孟彥

1978 年生，臺灣雲林北港人。2005 年負笈日本就讀京都藝術設計專門學校專攻生活雜貨科系。畢業後，入職京都和雜貨製作公司「龍虎堂」與和紙傘工房「日吉屋」，並於 2010 年歸國就職於日系廣告公司「博報堂」，2015 年獨立於臺南創業開設「あ雜貨」並登記「幸虎龍來房」商號。

「あ雜貨」早期以販售日本手工藝品與吉祥物為主，後來反思自己土地上文化也值得推廣宣傳，便致力於臺灣鄉土文化與手工藝品開發。

曾經於日本接觸過傳統工藝「水引」（みずひき）、「手毬」（てまり）、兩者皆是透過絲線纏繞、編織或縫製而成的精緻工藝，與臺灣手工藝「纏花」有異曲同工之妙，於是投入纏花工藝的創作與推廣。

2020 年創立「芙蝶纏花研究室」，希望此研究室是同好互相交流分享的天地。藉由絲線串出人與人之間的情感，串出過去、現在、未來的連結，運用自己所長回饋社會。

六、紙織畫

永春紙織畫是福建省泉州市永春縣特有的一種民間工藝，既具有繪畫藝術特點，又富有編織特色，是「中國四大家織」之一。享譽世界盛名。永春紙織畫始於隋末漢初，永春古城桃園兩岸種植了很多桃花，盛開的桃花在霧中若隱若現，如此的美景吸引才子佳人到此，並產生藝術創作靈感。另外，永春當地的竹資源也很豐富，竹編技藝也較為完善。在此背景下，永春人民開創性地將竹編技藝融入到紙中，創造出紙織畫這個極具閩南地域特色的民間工藝。在古代，永春紙織

畫被作為貢品獻給皇帝或被達官貴人收藏,可見其具有較高的藝術價值和收藏價值。而現在,平民百姓也可擁有紙織畫,作為屋舍的裝飾或者作為贈給親朋的禮品。

製作永春紙織畫的流程較為複雜,它是先在宣紙上作畫,再將畫好的畫用裁刀裁剪成細細的長條,然後拿另外一張空白宣紙按照同樣的方法換另一個方向進行裁剪,之後再把兩種線條橫縱排列,用特殊的編織機器進行編織重新構成一幅畫,最後再裝裱使其更容易保存,同時更顯得精美。在裁剪的時候要注意控制好每一個紙條的粗細大小,如果紙條的寬窄程度不同,必然會影響之後的編織環節。也要注意寬度不宜過小。因為宣紙的材質較為薄,如果控制不好,就容易把紙剪斷。另外,也要維持適宜的室內溫度,太乾燥和太濕熱都會造成裁剪宣紙的困難。相同地,編制的時候也要注意均勻用力、不輕不重,這樣才不會拉斷紙條。編織不算困難,但是需要工藝師有一定的耐心和細心,所以編織這一環節多由女性來完成。紙織畫的製作工藝。

跟普通的美術作品相比,永春紙織畫更有一種朦朦朧朧的立體感,彷彿像被薄霧覆蓋住的桃花一樣被輕紗蓋住,隱隱約約、若隱若現,這就是紙織畫的獨特之處。它讓人產生不一樣的視覺效果,重重疊疊的畫面,給觀賞者留有想像的空間,讓他們對紙織畫進行藝術審美上的再創造,增添了審美情趣。在題材上,永春紙織畫涉及的內容也較為廣泛,以歷史人物、山水、花草蟲魚、吉祥圖案、飛禽走獸等等,還有八仙過海、嫦娥奔月、鴛鴦戲水、鳳凰涅槃等內容。永春紙織畫中的繪畫是沿襲了中國傳統字畫的特點,只是在用筆和著色上有少許的不同,紙織畫更講究色彩鮮明濃厚、層次清晰等等,給觀賞者帶來更多美的感受。

方碧雙

　　1969 年出生，泉州永泰縣人，是國家級非物質文化遺產項目永春紙織畫第三批省級代表性傳承人。方碧雙出生於永春紙織畫世家，1986 年在父兄的支持下學習永春紙織畫技法。在學習永春紙織畫的基本製作後，方碧雙致力於對紙織畫材料和製作工藝的改進，以提高製作效率，為此，她多次與紙織畫工匠進行交流。她大膽地採用了多種新奇材料，豐富了傳統紙織畫的藝術效果。此外，她採用現代科技技術，將紙織畫應用到如屏風、壁掛等，增加了它的實用性。她的紙織畫作品濃墨巧織、擁有扎實的紙織畫功底又富有創造力。曾多次被如余光中、周谷城、李耀光等人所收藏，並作為一種紙織畫民間工藝文化的載體向海外傳播。在傳承永春紙織畫上，她熱情地向求學者進行教學，並打破傳統經營模式，開設公司，為永春紙織畫進一步商業化做出了貢獻。像方碧雙等新一代的永春紙織畫傳承人對傳統紙織畫技藝進行改進和提升，結合現代技術，改良紙織機，提高編織速度，讓永春紙織畫既有傳統特色，又富含時代氣息，

　　綜上，永春紙織畫栩栩如生、朦朧隱現、絢麗多彩，具有獨特的審美品格、豐富的藝術形式和獨具個性表現手法，投射出永春地區的濃郁的鄉土特色。

閩南飲食文化

一、前言

閩南菜清鮮淡爽，以海鮮、藥膳為代表，還包含了海蠣煎、燒肉粽、炸五香等當地風味小吃，不僅涵蓋了廈、漳、泉的菜肴，還與臺灣以及東南亞地區的菜肴有著重要的淵源關係。

因其坐擁山海，氣候溫暖潮濕，有著豐富的物產作為美食的原材料。靠山有安溪茶葉、永春蘆柑，靠江有潯浦蠔、筍江鱸魚，農家釀造的西濱美酒、永春糟菜，香飄十里、餘味悠長。

閩南地區文化豐富，閩越文化、中原文化、海絲文化等多元文化在這裏彙聚融合。閩南菜中西合璧，南北交融，由於海內外交往頻繁，還輸出到了國外。

風味小吃和禮儀食品在閩南的飲食文化中也佔據了重要地位，逢年過節，家家戶戶都要製作相應的小吃，元宵節的元宵丸、春節的年糕、清明節的麥餡果、端午節的粽子、小孩滿月的「滿月丸」、老人做壽的「壽龜」等等，可祭祀、可請客、可作家宴，也可饋贈親友。

漳州與泉州地理位置相鄰，相互之間的影響較大。漳州居民的早、午、晚三餐中，午餐吃乾飯，早晚喝粥，製作菜肴講究刀工，冬尚濃醇，夏喜清淡。

廈門是近百年來發展起來的一個港口，也受到漳泉菜系的影響。廈門菜重視廚師的培養，在 20 世紀 70 年代初開始，派出一批青年廚師走訪世界各地，學習並提升烹飪技藝。廈門菜對閩南菜進行了開拓創新，將閩南菜發揚光大。

雖然廈、漳、泉因地理條件、歷史背景、人文環境的不同，各具

特色，但又共同豐富了閩南菜系，體現出了一些綜合特色。

　　一方水土養一方人，閩南靠海，又是山地、丘陵地形，山珍海味皆有。閩南菜以海味為主，山珍為輔。海鮮海鮮，味在一「鮮」，所以海鮮的食用講究即烹即吃，不等食材變質，要保留最本真的味道。山珍意在天然野趣，綠色健康。一方面依照自然規律，遵循時令選材，各時節有各時節的美味；一方面因著地域特色，打造出世界獨有的風味。

　　閩南是最早與海外通商、交流的地區，所以在魚翅、燕窩、番薯、番鴨等菜肴還沒有普及的時候，這些美味就早早地走近閩南家庭，在大部分地區都在用著油、鹽、醬、醋等單一口味調料時，閩南人就享受著胡椒、咖喱、沙茶、芥末等複合味調料，大大提高了食物的鮮香。根據不同的原料、佐料、刀工、火候、方法，善於調味，口味清醇，甜而不膩，酸而不峻，淡而不薄。

　　「閩南湯菜，百變其味，有的湯清似水，色鮮味美；有的白如乳脂，酸甜爽口；有的金黃澄澈，馥鬱芳香；有的湯稠色釅，味道香濃。」湯的滋味，在於對水與火關係的把控，考驗的呢，是燉煮的功夫。

　　閩南的小吃，有小菜、熱菜、湯羹、主食、甜點、水果六類，品種繁多，上得了宴席，下得了地攤，雅俗共賞。人們之所以眷戀和推崇閩南小吃，在於它獨特的家鄉風味，也在於小吃承載著諸多「食」文化的故事，具有豐富的歷史文化內涵，既保留了唐宋遺風，又進行了改良創新。

　　而今人們越來越趨向於精神消費，美食不僅能喚醒味覺記憶，更與古人的巧思相遇，開闢精神世界的廣闊天地。

二、特色食品與飲食文化

（一）吃食正當時

1.春：媽祖婆欲吃蚵

(1)蚵仔煎

俗話說「靠山吃山，靠海吃海」，閩南地區東臨大海，海岸線蜿蜒曲折，長達 3324 公里，閩南人依靠得天獨厚的地理位置，擁有著豐富的海洋資源。這種區位條件也大大影響了閩南的飲食文化。閩南菜中，有很大一部分是海鮮製成的佳餚，其中最著名的就是蚵仔煎和土筍凍。

蚵仔煎也叫海蠣煎，「蚵仔煎」是當地人對這道小吃最親切的稱呼，口感香脆、味道鮮美，閩南的大街小巷遍佈著它的招牌。蚵仔、海蠣、生蠔、牡蠣一般情況下指的都是同一種食材。閩南的蚵仔煎，選用的必須是新鮮、沒有浸過水的珠蠔，蠔類的營養價值豐富，有「深海牛奶」之稱，有細皮活膚、滋陰養血等功效，更有「天上地下牡蠣獨尊」的讚美詩句，甚至在民間有著「媽祖婆欲吃蚵」的俗語來點明食用牡蠣最佳的時節是在三月廿三媽祖生日前後，這時恰逢牡蠣產卵是其最肥嫩的時候。蚵仔煎的主要食材有蚵仔、番薯粉、雞蛋、香蔥等，番薯粉漿包裹蚵仔、雞蛋、蔥等下油煎至金黃即可。雖然蚵仔煎的菜譜很簡單，但是想要做得特別好吃，並不容易，它是考驗婦女廚藝的必備菜品之一，也是酒席時的首選必備菜。新娘子剛入門，在給公婆做家常菜時最好準備一道蚵仔煎，蚵仔煎做得好，會讓公婆另眼相看。

關於蚵仔煎的由來有這樣兩個傳說：

(2)蚵仔煎與王審知

王審知本是河南光州人，後統一福建，鼎建閩國，被封為「閩王」。身為中原人，他在來福建的很長一段時間裏對這裏的飲食風俗都不是很習慣，尤其是海鮮，對於盛產的海蠣也是望而卻步。為了解決這一難題，他從中原帶來了一位廚師，專門負責在保留海鮮風味的基礎上，把沿海特產做成符合他口味的菜肴。廚師費盡心思，經過無數次的實驗，將雞蛋、地瓜粉混合去除海蠣的腥味，研製出了蚵仔煎給王審知品嘗。這一嘗倒好，王審知從此愛上了這道菜，更愛上了海鮮風味。

(3)蚵仔煎與鄭成功

民間故事裏，鄭成功與蚵仔煎也有一段淵源。西元 1661 年，鄭成功率兵駐紮臺南，攻打佔領臺南的荷蘭軍隊，鄭軍勢如破竹，在即將大敗荷蘭軍隊的緊要關頭，荷軍把米糧藏了起來，鄭軍一時陷入困境。鄭成功急中生智，就地取材，將蚵仔和番薯粉加水混合，用油煎成餅吃，解決了士兵的食物問題，最終荷蘭軍隊也被驅逐出境。還有一種說法是，蚵仔煎是隨著鄭成功大軍和福建、潮汕移民流傳到臺灣的，逐漸變成海峽兩岸民眾共同喜愛的一道小吃。

(4)臺灣蚵仔煎

因為臺灣盛產新鮮的蚵仔，所以蚵仔煎在臺灣被發揚光大。一把平底鍋，油煎蚵仔、小白菜，再淋上番薯粉的芡汁，打個雞蛋進去，翻面煎熟，起鍋後還可以再淋上醬油、甜辣醬等調味料。用番薯粉芡汁做好的蚵仔煎呈現透明的樣子，福建的廈門、漳州的蚵仔煎可與這不同，因為原料使用的是麵粉，做出來比較像蚵仔煎餅。

2.夏：一碗透心涼

(1)四果湯

飲食文明並不是獨立於地域條件而存在的，而是人們順應自然、與自然和諧共生的結果。陰陽相濟，萬物調和，飲食習慣有可能順勢而為，環境贈予了人何物，人便物盡其用；也有可能反向中和，寒天溫補，暑天降燥，使自身體質不被外在環境侵擾。無論哪種情況，都體現了人類適者生存的智慧。

閩南地區位於東南沿海，屬於亞熱帶季風氣候區，潮濕炎熱，北方的人初來閩南，一定會對這裏的高溫天氣很不習慣。既然改變不了氣候，就從飲食習慣著手，改善自己的體質，入鄉隨俗，夏天一定要嘗一嘗閩南的四果湯。

傳聞唐代陳政父子征閩，初到閩南的中原士兵對這裏的炎熱氣候很不習慣，出現了水土不服的狀況，許多人都得了「怪病」，重則不治身亡，隨軍的郎中都束手無策。

魏媽製四果湯

四果湯的「四果」指的是蓮子、薏米、綠豆、銀耳這四種穀物，蓮子祛心火、薏米可除濕、綠豆能解毒，銀耳是清涼，依據「藥食同源」的理論以及食物的屬性，研製出閩南人的消暑秘方。

陳政的母親，名叫魏敬，精通食物養生療法，她通過對中原患者的觀察研究，診斷出引起暴病的根源，就是因為對氣候等環境條件的不適應引起的病症，如果不通過長期的食療提高人的免疫力和抵抗力，疾病就有可能反復發作。因此，她針對不同病情採用不同的食物搭配，有效控制了爆發病。在爆發病中最常見的就是「閩南熱病症」，俗稱「著熱病」，會出現胸悶煩躁、衝動易怒、不安等病症，嚴重的還有可能危及生命，狂躁而死。「著熱病」普遍而長期存在，食療物

必須是簡單易獲取的，方便人們長期食用。魏敬夫人根據食材特性，將蓮子、薏米、綠豆、銀耳四種涼性穀物搭配在一起，煮成了「四果湯」，既可作為主食，又可以當作飲料。自四果湯走進了百姓的生活，「著熱病」得到了抑制，人們的抵抗力和免疫力顯著提高。中草藥材多名貴、珍稀，是藥三分毒，所以有些人更偏愛食補，通過長期的飲食調養改善身體的內部環境，從根源處解決疑難雜症。

漳州的四果湯已不限於四種用料了，還加入了鳳梨、西瓜等水果，以及花生、芋泥、蜜餞、仙草、芋圓、阿達子等，湯底有奶茶、蜂蜜水，成為了一道用料豐富、搭配靈活的甜品。

(3)八寶冰

閩南有四果湯，臺灣也有冷食消暑飲品八寶冰，「八寶」並不是真的添加了八種配料，而是極言配料之多。四果湯的配料以水果蜜餞為主，而「八寶」承「周八士」八寶甜飯的典故，有八種配料。

「八寶」由來

傳說我國西周時期有伯奮、仲堪、叔獻、季仲、伯虎、仲熊、叔豹、季狸八位賢人，周武王為了討伐商紂王，急需有智慧和謀略的人來助力，於是廣納賢才，親自拜訪了這些賢士，請他們出山相助，並封其為「周八士」。後來在國師姜子牙的率領之下，西周的軍隊攻破商軍的阻攔，很快侵入了都城朝歌。「周八士」奮勇當先，英勇殺敵，喊聲陣陣，戰鼓喧天，眼看大勢已去，商紂王要騎著神獸逃跑，在這緊急關頭，「周八士」看到了商軍架好的沸騰的大油鼎，就把它從城頭傾倒下去，把紂王和他的坐騎瞬間澆成了灰炭。在武王伐紂的這場戰役中，「周八士」功不可沒。於是在西周開國大典的盛宴上，廚師用八種珍貴原料做成了「八寶甜飯」，這八樣原料分別是核桃仁、葡萄乾、花生米、芝麻、紅棗、糯米、櫻桃和紅糖。這紅糖一味本是山

楂汁，只因承「周八士火化商紂王」的寓意，故而把山楂汁改用為燒酒火化紅糖。所以八寶冰裏的「八寶」用的也都是這八味原料。

而今的八寶冰裏的原料不設限制，變得靈活多樣，一般會有大紅豆、小紅豆、花生、綠豆、仙草、芋頭、小湯圓，撒上細冰，淋上糖水，來一碗夏日清涼。

(4)愛玉子

愛玉子主要分佈在臺灣海拔 800-1800 公尺的森林裏，它的雌性果實裏含有大量的果膠和果膠酯酶，把愛玉子放入布袋，再浸入水中揉搓，膠質滲出就會形成愛玉凍，加入糖水和檸檬汁，就是一碗清涼解渴的甜品。愛玉凍呈透明的琥珀色，口感 Q 彈冰涼，還有解熱止津、健脾開胃、益氣輕身等功效。

愛玉傳說

關於「愛玉」這個名字的由來，《臺灣通史》裏記載了這樣一個故事：清道光年間，有一個商人在臺南、嘉義間行商途中，天氣非常炎熱，他覺得口渴，看到水面呈現半凝固的樣子，就捧了來喝，就好像冰水一樣沁人心脾。他很疑惑，大熱天的水裏怎麼會有冰呢？環顧四周後發現，原來是樹上的果子揉搓後會變成這種形態。他就把果子帶回了家，和著水攪拌，不一會兒就成了凍狀，加糖以食用。商人的女兒名字叫「愛玉」，就想到出售這種凍品，所以大家都把這凍品叫作「愛玉凍」。

(5)石花菜

現今四果湯的攤子上，還有一味特別的食材，被切成塊狀或細絲狀，像果凍一樣透明，口感卻更為脆嫩、勁道，那就是石花膏。石花菜用大鍋熬煮之後，再用紗布過濾，待冷卻後就會凝結成石花膏，添

些蜜糖水食用，味道清涼爽口，在夏季能降火解暑。

石花菜是生長在閩南海岸礁石上的一種食用海藻，形態雅致，頗似珊瑚。關於它，還有一段動人心弦的故事。

石花菜傳說

閩南沿海的某個小漁村，有一對恩愛的夫妻，丈夫常常出海打漁，每當天氣惡劣、濁浪滔天之時，妻子總是惦念著外出的丈夫，站在海邊的礁石上翹首以盼。一天，突然刮起了狂風，海浪洶湧澎湃，在礁石上望夫的妻子看見一艘船被拍翻在礁下，漁夫掙扎著呼喊求救，情急之時，這位婦人伸出手咬著牙把落難的漁夫拉了上來，自己卻失足掉進了海裏。晚歸的丈夫聞訊趕來，趴在礁石上痛哭，大喊他妻子的名字——石花。在石花失足滑落的石邊竟長出了一種不知名的美麗的花，村裏的人為了悼念這位捨己救人的漁家女，就把這類奇特的海生物起名為「石花」。

石花菜是一種紫紅色或紅棕色的藻類，樣子很像珊瑚，十分美麗，在臺灣海峽生長尤多，有清熱化痰，解暑降火之功效。

石花菜可以熬製成石花膏，但要注意把石花菜裏的砂礫、貝殼碎片等雜質洗淨，再放入鍋中加入大量的清水熬煮，使其釋放膠質，待鍋中汁液呈粘稠狀，就可以盛入容器中冷卻冷藏。食用時把它切成小塊拌入飲品，比如四果湯，一勺入口，夾雜著勁道脆爽的口感。在炎熱的夏天，喝過一碗，無論你今後身處何處，酷暑難耐時，都想要再來一碗閩南的石花膏。

3.秋：農民曆食忌圖

螃蟹與柿子

到了秋高氣爽的季節，柿子軟嫩，螃蟹肥美，兩大典型秋季美食，

在我們的農民曆的「食物相剋圖」中卻是水火不容的，祖先們流傳下來的禁忌有言，螃蟹與柿子一起食用會中毒，關於這個說法的真實性，還要打個問號。

「食物相剋圖」的流傳範圍非常廣，常常被印在農民曆的封底或者藥包上，在人們心中也有一定的權威性。因為螃蟹與柿子是出現在同一季節廣受歡迎的食物，所以人們對他們相剋的說法印象比較深刻。

螃蟹富含蛋白質、鈣質、甲殼素，能夠促進人的生長發育，強化骨骼牙齒，但螃蟹裏的蛋白質與柿子中含有的單寧酸相遇，就會發生化學反應，在胃部發生沉澱，這種沉澱物質會影響消化，甚至導致嘔吐、腹脹、腹瀉，沒有中毒那麼嚴重，但為了腸胃健康，還是要儘量避免二者同時食用。老祖先的智慧還是有其一定的道理，值得我們去參考借鑒。

4.冬：補冬補嘴空

(1)薑母鴨

閩南一直有冬日進補的習俗，立冬這天，人們除了選擇牛羊肉作為進補食材，薑母鴨也是備受青睞，因其食補功效與絕美滋味奠定了在人們心中的地位。民間傳承著許多老字號，延續著古人的食補智慧。隨著中醫學的進步、食補觀念的深化，薑母鴨走進千門萬戶，寄託了人們對身心健康的期望。

薑母鴨是福建的一道特色小吃，起源於福建泉州，後來這道菜流傳到中國各地乃至海外。「薑母鴨」，不了解的人很可能會望文生義，認為就是用薑來煲母鴨，其實不然，薑母鴨並非一定要取材於母鴨，其名字的劃分實際上是「薑母」和「鴨」，「母」字是閩南語「老」的發音，薑母就是三年以上的老薑，用於燉湯，益處良多。鴨肉以紅

面番鴨為尊,因它體型碩大、肉質豐厚、久煮不柴,公鴨因其生性較猛,被認為吃起來更補一些。鴨湯內含補血活血之當歸、補肝益腎之枸杞、補中益氣之黨參、補氣固表之黃芪等中藥材。薑母鴨是藥膳級別的一道美食,滋而不膩,溫而不燥,不僅能氣血雙補,鴨肉本身還有滋陰降火的功效。

(2)吳仲創藥膳

薑母鴨原是一道宮廷御膳,相傳為商代名醫吳仲所創。三千多年前的商代,君王為強身健體、延年益壽,徵集各地名醫來到宮中專門研究養身之道。御醫吳仲根據藥理和食材特性研製出了一道佳餚,用麻仁油炒紅面番鴨,伴薑母老酒燉煮,君王食用後精神振奮、經脈通暢,故欽點薑母鴨為宮廷御膳。吳仲將製作薑母鴨的手藝傳給了後人,他的後人為逃避戰禍在閩南的廈門定居,薑母鴨這一宮廷御膳由此走向民間,並成為了一道名菜。閩南的一些村落幾乎家家戶戶都會做薑母鴨,無論佳節聚會還是紅白喜事,薑母鴨是必不可少的一道菜,於是人們美其名曰「廈門一寶,閩臺一絕」。

(3)許皇后做補湯

關於它還有另一個傳說,西漢建始元年,漢成帝劉驁即位,他生性好色,不理朝政,整日獵豔圖歡。許皇后初入宮時,正值豆蔻,色藝雙馨,很得漢成帝寵愛。時過境遷,一晃就是十餘年,年近三十的許皇后雲鬢稀落、花容失色,漢成帝心生厭倦移情別戀,傾心於才華橫溢、美貌動人的班婕妤。許皇后自知年老色衰,恩寵不再,日日鬱鬱寡歡,食不下咽。後宮一位來自閩南的御廚見此情形,既為了討許皇后歡心,又想展示自己烹飪本領,絞盡腦汁,用番鴨和老薑為許皇后烹製了一道湯肴。許皇后品嘗後讚不絕口。為挽回成帝的心,許皇后命御廚烹製此湯,請成帝過來品嘗,成帝也是連連稱讚,但是吃完

就一抹嘴走了，還把御廚給調走了，專為班婕妤做菜熬湯。善良知禮的班婕妤婉言謝絕了皇帝的恩賜，把御廚還給了許皇后，自己學著做菜熬湯、烹製佳品。後宮嬪妃為得聖心，紛紛效仿，薑母鴨便不再是宮廷秘方，也漸漸從宮廷走向民間，如今在閩南、臺灣、東南亞等地都備受喜愛。

薑母鴨的吃法類似火鍋，鍋底是醇厚的薑母鴨湯，鴨心、鴨血、鴨胗、鴨腸等配菜可以邊吃邊涮。老薑、麻油、秘醬、好酒，熬煮出色澤鮮香、美味滋補的薑母鴨，真是饞涎欲滴。

（二）米糕千萬變

1.紅龜粿

閩南是崇神觀念特別強烈的地區，這種觀念也滲透在飲食文化中。尤其是被譽為「甜蜜的圖騰」的紅龜粿，被看作是祭祀最好的供品。從紅龜粿身上，可以看到閩南人的民間信仰、米食傳統，以及族群遷徙的印記。

(1)紅龜粿的做法

紅龜粿顧名思義是被染成紅色、印有壽龜紋樣的傳統糕點。製作紅龜粿，需準備好放滿一年的晚稻，提前一天浸泡好的糯米，經手工研磨成米漿，倒入米袋壓乾去除水分再拌入紅花米和白糖，搓成米團，包入花生、豆沙等餡料，然後放在龜糕印上壓出紋樣，放在粽葉上，最後送入籠屜蒸熟。紅殼甜餡，口感軟嫩 Q 彈。

(2)紅龜粿的象徵義

紅龜粿的顏色喜慶豔麗，增添了節日的氛圍，更象徵著吉祥如意。而紅龜粿的龜紋要從閩南的圖騰崇拜說起，地道的閩南家庭都有一個傳家的龜印作為身份象徵，即使是遠渡重洋的閩南人，身邊也會

帶著一把龜印，這就是族群的身份認同，寄託了漂泊的鄉愁。古時閩南的許多人口從中原遷入，所以古代中原以龜為圖騰的文化在閩南被很好地保留了下來。龜與龍、鳳、麒同是吉祥「四聖」，是長壽的象徵，能夠消災避害、祈祥求福。龜圖騰的崇拜心理是民族文化源遠流長的印記，是從中原祖先那兒一脈相承的精神追求。

(3)關於紅龜粿的習俗

老一輩閩南人小時候就會的兒歌裏唱道：「摸龜首，起大樓；摸龜嘴，大富貴；摸龜身，大翻身；摸龜腳，任吃吃不完；摸龜尾，有頭有尾。」龜常常出現在閩南重要典禮上，比如嬰兒滿月時為求母親奶水充足，要在龜粿中間捏一個乳頭做成「豬母奶龜」，孩子周歲時要做「四腳龜」送給親朋好友以表示孩子開始走路，五十大壽時出嫁的女兒、孫女要帶「壽龜」祝壽等，足見龜圖騰在閩南民俗中佔據極重要的位置。粿，在閩南主要指米漿脫水蒸熟的食品，製作費時，所以不作為日常家庭主食，只有在過年過節祭拜的時候才會特別製作。象徵吉祥、長壽的紅龜粿是閩南人過年過節或舉辦人生大事儀典的必備供品。食物是人們最原始、最古老需求，食物祭祀是眾生與神明溝通的最質樸最直接的通道，人們把自己的生命之源供給神明優先享用，寄託了人們虔誠的天地信仰與祖先信仰，表示崇敬並希冀保佑。

對於中國人而言食物的意義不僅是填飽肚子，在很多重要的時刻，它們都被寄託了更深刻的內涵。固執堅守傳統的人們，傳承著中國人世代繁衍留下的文化基因，悉心呵護著人類食物史的瑰麗遺產。

2.鳳片糕

臺南在農曆三月十九日有祭拜太陽公的習俗，假託祭拜太陽公以緬懷明代最後一任皇帝明思宗。明代被滅亡後，鄭成功在臺灣建立了新的政權，把臺南作為首府。臺南人在三月十九日這天會用糕餅製作

九隻豬、十六隻羊，即「九豬十六羊」祭品，有時會用鳳片糕的形式來烘製。「九豬」諧音「救朱」，「羊」諧音「陽」，明代自開國至滅亡共有十六位皇帝，故有紀念十六位明代國君之意。

鳳片糕在大陸也叫做「芳片糕」。把炒熟的糯米粉，加入熔化的白糖漿，揉成團，包入甜餡料，做成龜狀貼在香蕉葉上，就稱作「芳片龜」，做成的桃形的，就被稱為「壽桃」，在表面上印上「囍」字或「壽」字，供祭祀所用。

（三）麵麵都俱到

閩南風俗中，無論是紅白喜事還是生子喬遷，人生大事上總要熱熱鬧鬧地操辦一場，大擺酒席，宴請相鄰，酒席上都喜歡把滷麵作為「主角」，一鍋滷麵，可謂是占盡風頭。

滷麵的做法可以簡單概括為：一熬、二淋、三加。「一熬」，是指由肉絲、筍、蛋絲、香菇、黃花菜等配料和骨頭湯熬製、勾芡形成的濃稠湯底。「二淋」，指的是將熬成的湯底淋在用清湯燙過的鹼麵上。而「三加」，則是指在已經熟了的滷麵上加入滷料。

1.漳州滷麵

一千多年前，就誕生了漳州滷麵。這還要從西元 686 年陳元光建立漳州說起。陳元光父子帶著一大批北方將士南下，建立並發展一個新的州郡，中原將士因此紮根在漳州這片南方土地上。南北方氣候、土壤不同，主要的糧食作物也不同，北方小麥南方稻米分別對應的主食是麵條和米飯。他們來到南方，吃麵的機會大大減少了，後來逐漸變為傳統節日製作麵食以解鄉思。夾一筷子滷麵，汁水飽滿均勻地掛在油麵上，散發著食材的清香，入口香甜潤滑。麵之謂「滷」，不僅在於湯汁，還在於滷料的添加。滷料類別多樣，主要有滷蛋、滷肉、

滷大腸、滷肺片、筍乾、鴨血、五香條等，還可以根據個人口味，加入胡椒粉、蒜丁、油炸扁魚絲、香菜等佐料。

　　滷麵能成為當地特色小吃，並在節日宴席上大受歡迎，多虧了這些來自中原不忘舊俗的先祖，猶如銜種的鳥兒，把北方的麵食文化播撒到了閩南地區。飲食文化也常常是隨著人口遷移落足於一個新的地方，再在新的環境裏生根發芽，與其他文化碰撞交融，成為絕無僅有的地方特色。

2.臺灣滷麵

　　漢人在移民的過程中把滷麵帶到了臺灣，連同那喜慶長壽的美好寓意也保留下來。臺灣的滷麵用料與漳州不同，除了魚肉羹之外，還有木耳、白蘿蔔、胡蘿蔔、香菇、白菜等食材，有黑色、白色、紅色、黃色、綠色等顏色，可謂豐富，代表了金木水火土的五行概念。本來滷麵在祭祀神明時才會出現，它的用料豐富，製作過程繁雜，在物質水準低下的年代不是那麼輕易能吃到，成了人們心中的一種期待。隨著生活水準的提高，在府城人結婚、生子、做壽等喜事上，滷麵成了必不可少的角兒，而今也成了墊肚子和招待客人的小點心。臺南人家有喜事一定要吃滷麵，勾芡湯汁裏的豐富食材盡顯臺南人家的大方與豪氣。

3.沙茶麵

　　閩南不僅有從中原翻山越嶺過來的滷麵，還有漂洋過海而來的沙茶麵，反映了近代下南洋的歷史。福建是最早對外開放的沿海地區，海運便利，對外經濟文化交流頻繁，許多閩南人，帶著一腔熱血下南洋經商，在那裏定居生活，成為了華僑。他們返鄉之時，也帶回了各種各樣的「舶來品」，沙茶麵就是其中之一。有人說沙茶來自於馬來西亞，也有人說來自印尼，總之是從東南亞舶來的美食，如今是閩南、

臺灣、東南亞共有的特色食品。「沙茶」，又叫「沙爹」，是印尼文「sate」音譯過來的借詞，原意是「烤肉串」，多用羊肉、雞肉或豬肉，所用的調料味道辛辣，傳入閩南地區後，華人去其辛辣，改製成了一種調味品，稱為沙茶醬。研磨沙茶醬的原料豐富，有白芝麻、花生仁、大蒜、生蔥、蝦米、椰絲等，將這些食材磨碎，加入油、鹽熬煮，呈淡褐色、糊醬狀，具有洋蔥、大蒜、花生等的複合香味，還有蝦米和生抽的複合鮮鹹味，帶著微微的辣味和甜味。沙茶醬可以直接當蘸料，也可以調製火鍋湯底，是增香、增味、增鮮的調味料。

對於印尼的沙茶，國人並沒有一成不變地搬過來，而是根據自己的口味作了改良，原先只是海外的烤肉醬，而今應用到了煮、炒、燒、滷等各個方面，閩南的鹹水油麵，加入豬心、豬肝、鴨血、大腸、魷魚等各味輔料，淋上沙茶湯料，成就了閩南風味——沙茶麵。

傳說，18 世紀末的廈門，普陀山腳下住著一戶捕魚人家。父親早逝，剩下母子倆相依為命。不幸的是，兒子在出海捕魚的時候被一場颶風卷走了，從此杳無音信。悲慟的母親哭瞎了雙眼，也失去了味覺。

母親並不知道，兒子死裏逃生，被一艘印尼的商船從大海裏救起，開始在船上當廚工，接觸了很多來自印尼的美味，其中最讓他感到神奇的，就是能夠豐富食物色香味的沙茶粉末，想要把它帶回家長。就這樣漂泊了十年，兒子終於隨船回到了廈門，母親已變得蒼老枯瘦、憔悴不堪。經過兒子的悉心照料，母親的身體狀況好了許多，但味覺仍未恢復。一日，他買來花生研磨成粉，加在下了麵條的骨湯裏，母親嘗了一口湯，竟嫌湯淡。兒子大喜過望，想要加鹽，但鹽恰巧用完了，情急之下，把從印尼帶回來的沙茶醬當作鹽往湯裏加了一些，再給母親嘗，母親直呼好吃。兒子湊近這碗麵一聞，果然濃香四溢。母親的味覺自此竟恢復了！迫於生活壓力，兒子就把煮好的沙茶麵挑到碼頭上，和漁民交換一些日用品和魚，鮮香的沙茶麵漸漸聞名

鄉里。

　　沙茶麵到底有多好吃呢？讓一個十年來味蕾全失的人都讚不絕口、一掃而光。這樣的故事情節也許很誇張，增添了沙茶麵的傳奇色彩，但也體現了閩南人兼收並蓄、開放包容的創新精神。

4.擔仔麵

　　擔仔麵是臺南的一道特色小吃，有油麵、豆芽菜、香菜、蝦仁、肉燥等作為主要的材料，味道鮮美。肉燥就是剁碎的肉，用帶甜味的滷汁滷過，與蒜瓣一起爆炒過，麵是爽滑彈牙、根根分明的油麵，肉燥與油麵搭配真是絕佳拍檔。

　　臺灣每年的七八月是颱風季，人們沒有辦法出海捕魚，生計維持得很艱難，人們把這個颱風頻繁、艱難度日的月份稱為「小月」。為了不餓肚子，只能想辦法創造新的美味。有一個叫洪芋頭的少年，曾學得點製作麵食的技藝，就挑著扁擔販賣小麵，挑擔人沿街叫賣，食客被吸引上前，即點即煮即食。就是這樣簡單的食物，大受人們歡迎，擔仔麵由此傳承下來。擔仔麵的湯頭是用活蝦頭熬製出鮮甜高湯，麵是抹了油根根分明的麵條，最後澆上香濃醇厚的豬肉燥子，一口下肚，唇齒留香。漁家人沒有辦法出海捕魚，就開始挑著扁擔上街賣麵，以此在沒有捕撈收益的日子裏靠著另一種方法度過小月。所以擔仔麵有全名為——度小月擔仔麵。洪芋頭的生意越來越好，他的食客絡繹不絕，打響了「度小月」的招牌，他的「度小月擔仔麵」到現在已經有了第四代傳人。

5.麵線糊

　　在福建的泉州和臺灣地區流行著一道風味小吃，一種味道鮮美的軟爛麵條湯，可以當早餐，也可以作點心或夜宵，製作非常方便，那就是麵線糊。用鮮蝦、海蠣、淡菜等海產品熬出味道鮮美的湯底，放

入番薯粉、麵線和調料，除海鮮外，還可以浸入豬血鴨腸，撒上一層炸蔥花和胡椒粉，再搭配上油條，很快便能飽滿你的胃。

關於麵線糊的來歷，還有個關於乾隆皇帝的故事。傳說乾隆下江南路過泉州的羅甲村，當時村裏頭窮得揭不開鍋了，村民們不知道該拿出什麼來招待皇帝，有人靈機一動，拿出了啃剩的豬骨頭和魚刺，洗淨後熬煮成湯，又找到了些麵線碎和木薯粉，混合做成了一碗麵線糊。皇帝竟稱其為「龍鬚珍珠粥」，一舉成名。

麵線糊也是臺灣農耕者的點心，因為臺灣盛產海蠣，在早期的農業社會，人們會煮一大鍋麵線糊，在勞作之餘補充身體營養，在麵線裏加入海蠣、魚羹、肉羹、大腸等配料，麵線是手工紅麵線，不同地區湯底不同，泉州的麵線糊湯底是海鮮或豬骨湯，臺灣北部人喜歡以柴魚湯為湯底，加入蚵仔或大腸，故而又稱蚵仔麵線或大腸麵線；臺灣中部用大骨和柴魚一起熬湯，可加入大腸、蚵仔、肉羹、小腸等配料；南部的湯底用料豐富，有扁魚（或柴魚）、蒜酥、香菇、蝦米等，因為配料多用肉羹魚漿和花枝漿，所以也被稱為麵線羹。

（四）小吃大文化

1.土筍凍

在毗鄰閩南陸地的東海裏，盛產著各種各樣的海洋生物，餐桌上的魚蝦蟹已見怪不怪，大街小巷攤販招牌裏，最獨特最吸睛應該是土筍凍這道小吃，它的外形和果凍一般晶瑩剔透，Q彈渾圓。正是它類似植物的名字蒙蔽了許多人，「土筍」並不是植物，而是一種小蟲子，因為生長在沿海灘塗，又名塗筍。

土筍凍最早源於泉州安海，也被譽為是廈門第一風味小吃、「海滄三寶」，據明清之際周亮工的《閩小記》記載：「余在閩常食土筍凍，味甚鮮異，但聞生於海濱，形似蚯蚓，即沙蚕也。」這個味道鮮

美、生長在海邊，長得像蚯蚓的生物就是星蟲。經過熬煮，蟲體內的膠質溶解在水中，自然冷卻凝結成塊，淋上醬油、陳醋，拌入蒜蓉、香菜、辣椒、芥末，方可享用，口感鮮嫩脆滑，老少皆宜，有清熱補脾潤肺的功效，星蟲富含蛋白質和多種氨基酸以及微量元素，是可以與冬蟲媲美的存在。食用土筍凍，暑天為宜，它有降火消炎、清涼解熱的藥用價值，大熱天來一碗土筍凍，立刻神清氣爽。

關於土筍凍的由來有兩種流傳很廣的說法。一種仍然是鄭成功收復臺灣時因糧草緊缺，就地取材發明的，一種與戚繼光有關。嘉靖四十三年，倭寇入侵東南沿海，戚繼光率兵抗倭，為緩解糧食緊缺的情況，戚繼光命士兵到沿海灘塗上捉些魚蝦蟹螺，士兵無意間發現了一種海蚯蚓，將它單獨放在鍋裏煮湯，但它很快竟凝結成塊，戚繼光拔劍取下一塊一嘗，味道出奇鮮美，土筍凍從此便流傳開來。人們常將美食的由來與戰爭英雄聯結在一起，豐富了對戰亂時期艱苦環境的想像，也表達了對英雄功績的追思。

2.炸五香

炸五香，顧名思義是五種香料製成的油炸美食，包含了豆蔻、肉桂、八角、丁香、花椒這五味香料，用特製的豆皮，裹上精肉、荸薺等配料，下油鍋翻炸至赤褐色，撈起後可以把五香卷切塊裝盤，蘸著芥末醬、辣椒醬或蒜泥吃。入口鮮香酥脆，馬蹄的脆甜和瘦肉的嫩滑交織在一起，豐富了味覺的體驗。

它是閩南過年的必不可少的一道美食，也是日常生活中常見的小吃，漳州叫「五香」，泉州叫「五香雞圈」或「圭卷」，在臺灣也被叫做「雞卷」。

關於「雞卷」一名的由來，有兩種主要的說法。一是因其形似雞脖，二是在宴席上，人們為了避免浪費，把剩菜卷起來炸，稱其為「多

卷」，閩南語「多」與「雞」的發音類似，遂演變為「雞卷」。往往作為頭盤被端上酒桌的雞卷，在閩南人心中具有舉足輕重的地位。小酌佐以雞卷，甚好。

3.鱘丸

鱘丸在漳州也被叫做「炊卵」，螃蟹中有一種叫「鱘」，挑選合適的鱘，最好是有重量的、表面呈現紅色的，越紅的鱘肉質越鮮美。早年間臺南的鱘丸是以鱘肉為原料，將煮熟的鱘肉搗碎，混合著鴨蛋、番薯粉，搓成丸子蒸熟，再與高湯和鱘汁一起煮，用食鹽和醬油調味，搭配上薑汁，遂成一道美味料理。它的樣子與蘿蔔糕相似，只不過呈現的是金黃色。過去在辦桌的時候，或者在一些熱鬧的場合，臺南人會用鱘丸搭配蝦卷等食材，組合成四色拼盤。

今天的鱘丸有些不同了，為了降低成本，很少再用鱘肉製作鱘丸，而用別的肉代替。除了辦桌時出現，也是街頭的一道特色小吃，在現在的香腸熟肉攤上，很少有機會吃到地道的鱘丸了。

三、茶香透閩南

閩南製茶、飲茶的歷史悠久，東晉時期南安就開始製作綠茶，唐代泉州製茶已經很普遍了，到了明代漳州茶葉也在貢品之列。

飲茶成風的閩南，把「茶葉」稱為「茶米」或「茶心」。寧可百日無肉，不可一日無茶，早晨睡醒，喝茶爽身心；貴客登門，設茶禮相待，鬧市雅趣，廟堂清供，依賴於茶的文化生活，體現的是悠然的生活態度，高潔的心境，淡泊的情懷。

茶道精神是茶文化的核心。茶道，就是通過沏茶、賞茶、聞茶、飲茶，領略美感，頤養心性。儀禮，養身，修心。閩南茶道保留著古中國的茶道，以環境、茶葉、茶水、茶具、火候組成的茶藝為主要內容。

閩南人喜歡鬧中取靜，喜歡在街頭巷尾、庭院廳堂，擺下茶几，配上幾碟桔紅糕、蛋花酥、魚皮花生，數人圍坐在一起，談笑風生。

泡茶，要用軟水鮮葉。軟水就是鈣、鎂含量低的水，軟水泡茶能有泉水的清甜味道，「山泉泡茶碗碗甜」，泉水泡茶最宜。如果用硬水泡茶，茶的味道會變苦澀，不能更好地散發茶葉的香氣，湯色也會改變。好茶好水配好壺。閩南人常用玉書碨、孟公壺、若琛杯、潮州烘爐這「四寶」來烹茶。

（一）飲茶的禮儀之道

閩南茶道，是禮儀之道。人們以茶待客，客來無茶等於失禮。要先燒一壺沸水，沖燙茶壺、茶杯，講究一個「高沖低斟」。也就是沖茶時，水壺要高於茶壺有一段距離，沿著茶壺口內緣不緩不急地沖入沸水，使熱力直透壺底，茶沫上揚，茶味更香。斟茶時，茶壺要靠近茶杯，防止熱氣四散，保留茶香。要往各個杯子裏輪流注入茶水，縈回反覆，漸次注滿，這叫關公巡城，目的是使茶色均勻，以免厚此薄彼。茶湯將近時，也要把壺底最濃醇的湯汁一滴一滴地均勻輪轉到每個茶杯裏，此法為「韓信點兵」。從茶葉泡飲的科學價值出發，遵循了熱力原理，把茶色茶香發揮到極致。

（二）點桌致謝典故

從社會關係出發，表現了主人以客為尊，客人間平等相待的處世之道。主人添茶時，客人要用食指、中指扣三下桌面，以表謝意。相傳叩桌的習俗來源於乾隆微服出訪之時為臣下斟茶，按理來說臣下應叩首三下以謝恩，但為了不虛張聲勢，身份保密，就以食指、中指叩桌三下，表示跪地三叩首。每次飲完，主人都要重新沖洗茶盅，再沏再飲。

（三）肉骨茶

風靡東南亞的「肉骨茶」，實際上源於閩南。肉骨茶就是將排骨、茶葉、中藥一起放入鍋中煲，使排骨吸收茶葉和中藥的味道。從中國古代開始，就有名醫以茶入藥，能抗寒抗熱、提神益思，既保證了藥效，又提升了食物的美味。閩南還有一種「茶葉飯」，就是將茶葉沖泡後過濾，與大米同煮。這種飯具有預防心血管疾病、胃腸道傳染病等功效，還能美容養顏、減肥瘦身。

（四）珍珠奶茶

風靡世界的珍珠奶茶原來是從臺灣傳出的。臺中茶館「春水堂」的劉漢介先生在 1983 年創製了泡沫紅茶。臺灣全年高溫天氣多，卻堅持著華人喝熱茶的傳統，劉先生想做一些改變，給人們換換口味，嘗試著調配冷飲茶。他將沖泡過濾後的茶葉倒入調酒器，加入冰塊和糖，迅速搖晃後就會出現泡沫，使茶水的溫度降至十攝氏度，此時再把它倒入杯中，氣泡就會緩緩升起，浮在表面上。這就是泡沫紅茶。

在泡沫紅茶裏加入鮮奶和粉圓，就變成了珍珠奶茶。珍珠奶茶的「珍珠」就是用木薯粉、番薯粉等澱粉為材料做成的圓圓小小的透明團子，這團子 Q 彈有嚼勁，也被叫作「波霸」，大小和顏色都可以進行調配。在 20 世紀 90 年代，珍珠奶茶紅遍了臺灣，尤其受學生的歡迎，製作珍珠奶茶的連鎖店從臺灣蔓延到了全世界，製作方法越來越多樣，種類也越來越豐富。

四、閩南食俗

飲食習俗是一個民族或地區獨具特色的文化之重要組成部分，節慶、婚嫁、生育、壽辰、喪葬、宴請等特定場合都有特定的飲食風俗。

閩南地區的主食是米和米製品，粥、飯的樣式繁多。在過去物質資源匱乏的年代，因為番薯種植簡單，適應性極強，有些地方也以番薯為主食。

泉州南安有一道番薯粉團，可做湯，可當主食。把澱粉含量較高的白皮番薯磨成碎末，多次加水過濾，留下沉澱物，曬製一星期就成了番薯粉。將番薯粉和各種本地食材混合，比如黃牛肉、巴浪魚乾、炸花生米、花菜等，然後倒入加鹽調過味的沸水調成糊狀，再用筷子把大小適口的粉團夾入鍋中，用蔥頭油、薑絲、蔥白調味，撒蔥花、蒜葉和芹菜碎，方成一道爽滑鮮美的粉團湯。人們把番薯加工，曬乾去除水分，便能保存很長一段時間，可以下飯，也可以和其他食材混合作為主食，形式多樣，口味豐富。

在閩南惠安等地，有吃雞蛋以表示祝福、喜慶、消災的習俗，新婚第二天，新娘家要請女婿吃甜雞蛋，寓意夫妻甜甜蜜蜜；孩子滿月要送紅雞蛋給親友和鄰居；過生日要用麵線、雞蛋做早餐……。

這便是平日裏的食俗。在傳統節日，會有一些特別的飲食習慣，一些傳統小吃在這時候登臺亮相。

（一）春節

閩南人過年，就是忙活著蒸糕炸棗做粿，敬奉先祖神明。除夕夜「圍爐」，是臺灣和閩南一帶的年夜飯特色，古時候一家人在大年夜圍著火爐取暖吃飯，叫做「圍爐」，在火上撒鹽，表示興旺。圍爐的人，不論年齡大小，桌上的每道菜都要下筷子，如果有親人沒能及時趕回來吃年夜飯，也要替他擺上碗筷，以表思念。魚寓意年年有餘，血蛤寓意發財，豆腐寓意富裕，蘿蔔（菜頭）寓意好彩頭，韭菜寓意長久，竹筍寓意節節高，年糕寓意年豐壽高……這些菜在年夜飯上都是必不可少的。最後一道菜是甜品，寓意著甜蜜地結束。大年初一，

早餐吃雞蛋麵線或冬粉、八寶飯，來祈求全家幸福美滿、健康長壽。但是不能喝粥，認為喝粥會出門遇雨。午餐以葷菜為主，晚餐設宴，較為豐盛。

（二）元宵

正月十五元宵節，閩南人更偏愛吃甜湯圓，以鹹湯圓為輔。甜的糖水湯圓有用白糖的，也有用紅糖的，再撒上花生碎和芝麻食用。鹹的包餡湯圓有肉餡、菜餡、香菇餡、筍絲餡的，也可以多原料調餡。

（三）清明

清明節，要做「潤餅」和「清明粿」祭祀祖先、饋贈親友。閩南人吃薄餅與寒食節有關，寒食節不能生火做飯，要吃冷食，閩南的潤餅用麵粉製成，不經過油炸，包進了炒熟的筍、豆芽、粉絲、肉丁、海蠣、胡蘿蔔等餡料。到了唐朝寒食節與清明節合併，所以吃潤餅成為清明的固有習俗。

（四）端午

端午節包粽子，有鹼粽和鹹肉粽兩種。鹼粽是加了鹼的糯米粽，色澤微黃，可以久存。肉粽起源於泉州，糯米浸泡後曬乾，拌上滷湯、蔥頭油，放鍋裏炒得又乾又鬆，再和香菇、蝦米、芋頭粒、栗子、豬肉等攪拌均勻，用竹葉包好煮爛。趁熱食用，口感更佳。除了吃粽子，還要喝雄黃酒或「百草神」藥茶，可降火清毒驅百病。

（五）七夕

接下來是七夕節，閩南人稱為「七娘媽生」，也就是七仙女的生日，要用瓜果、油飯、雞酒祭拜，有的地方要準備七項果品、七種花

卉、七種糖粿、七色甘味等。

（六）中秋

閩南人常說「八月十五吃番薯芋」，有芋泥、芋棗、芋炸、豬腳芋、花生仁芋湯，還有番薯炸、番薯餅、煨番薯，還特別煮了蚵仔飯祭祀土地公。在中秋節前，家家戶戶提前備好了蜜柚，陳列在廳堂，到了這一天才把柚子剝開來與家人共用，以慶團圓。

（七）重陽

重陽節喝菊花酒，民間以麻糍祭祖，以芋頭、番薯、甘蔗、柿餅、花生、柚子祀神。麻糍是用上好的糯米、豬油、芝麻、花生仁、冰糖等原料製成的，香甜軟糯。

這一天還要進補，用中藥材燉煮家禽肉。並且認為吃柚子補腦、吃甘蔗補四肢、吃柿子補血、吃花生補手指，雖然沒有科學依據，但講求一個好的寓意。

（八）冬至

冬至閩南人吃湯圓，湯圓分紅、白兩色，元宵節的湯圓為「頭圓」，冬至節的湯圓為「尾圓」，寓意一年到頭都圓滿。每一個人都必須吃一點紅糖湯圓，討一些吉祥。

閩南的一些地區，冬至也有吃菜包粿的習俗。菜包粿是在粘米粉揉搓的粿坯中包裹進一些具有地方風味的小菜，如蘿蔔絲、椰菜、綠豆芽等，捏成梭形，上過蒸熟食用的。

閩南的節日食俗以祭祖祀神為先，崇尚一個好寓意以及食補的功效。圍繞「食」的特色，把節日過得美滿充實，增添了閩南人一年到頭的生活趣味。

閩南僑鄉文化

　　閩南地處福建省東南沿海，泛指廈漳泉三地。境內山地眾多，江海交錯，是我國著名的僑鄉。家鄉的文化印記給外出的僑民們留下了深刻記憶，外出的僑民們帶著這份文化印記跟旅居地的文化相融合，同時也傳回故鄉，在彼此的交融之下創造出了「僑鄉文化」。

　　僑鄉文化閩南集中體現了中西文化交流融合過程，展現在城鎮規劃佈局、騎樓與碉樓建築、飲食、民俗等。它們充分展示華僑在吸收西方文化並與本土文化相結合上，表現出了大膽的文化創新與當地自然和人文地理環境的智慧。

一、過番

（一）過番歌

　　過番歌，是伴隨著中國海外移民產生和流傳的民歌的總稱。過番的移民身處異邦，必然面臨著謀生不易和文化差異的難題。雙重壓力下，過番歌的出現成為他們能夠疏解強烈的思鄉懷親情緒的一個利器，同時也是他們的人生寫照和精神反映。過番歌敘述的主體主要是缺少資本和技術、只靠出賣勞動力謀生的貧困移民，這是他們在海外的坎坷和情感的傾訴的媒介。

　　過番歌最常見的主題和內容是「勸恁只厝那可度，番平千萬不通行」的勸世感慨。這是因為，經濟上的謀生艱難以及文化差異和陌生，過番者既難以融入移居地的社會，也加深了對故土的思念和對自身輕易過番的後悔。最初的「淘金夢」失敗以後，過番者在物質和精神的

折磨下,選擇黯然回鄉。

過番歌可分為「長篇說唱」和「短篇歌謠」兩類。其中值得一提的是「長篇說唱」裡的會文堂本《過番歌》,是一部寫於十九世紀末、二十世紀初,流傳於閩南、臺灣以及東南亞華僑社區的一首長篇方言說唱詩,帶有勸世意味的通俗唱本。當然,不是所有的一開始就像《過番歌》一樣長達數百行的長篇說唱隨即出現,常常是以作為一種即興、抒情的短篇歌謠出現,浸透著人生的愛恨憂懼,漸漸地就成為時代和生命的記錄。

(二)番仔樓

閩南地區的人,會把他國稱為「番」,他國的人就稱作「番仔」,他國的建築物就是「番仔樓」。歸國的華僑們所建立的「番仔樓」,多為外廊式、有樓層、正立面簷口加山花,是一種流行於東南亞地區的殖民風格建築。「番仔樓」建造起來後,背後代表著的是華僑地位的不斷上升,這個群體越來越大放異彩,漸漸地成為有地位的族群。華僑有了資本的積累,借著他們強有力的財勢,將在東南沿看到的建築樣式用到了閩南地區的建築上,短時間內,「番仔樓」在閩南城鄉當中不斷建造、不斷誕生。

例如「角美曾氏番仔樓」是「番仔樓」的代表,位於漳州市角美鎮東美村,是華僑曾振源於清末返鄉而建的「番仔樓」。其特色為,前為閩南風格古厝,中為哥特式樓房,後為紅磚騎樓,是典型的「吸收西洋,為我所用」的典範。

(三)僑匯

華僑匯款的簡稱,即僑居在國外的華僑寄回給國內眷屬的匯款,這是國家非貿易外匯收入的主要來源之一。據文獻記載,僑匯在宋元

時期就已存在。直至鴉片戰爭前，華僑人數不多，僑匯數量有限。19
世紀 60 年代，華僑出國人數劇增，清政府開始重視華僑的經濟力量，
並立法予以保護，僑匯隨之增加。20 世紀六七十年代以來，絕大多
數華僑加入居住國國籍，成為外籍華人，但習慣上仍稱其向祖籍國的
匯款為「僑匯」。

從經濟視角出發來看，僑鄉社會的經濟來源還是在僑匯上面，過
番者們在外辛苦打拚，通過寄錢財，給家鄉的親人們作經濟上的補
貼，所以「僑匯」的另一個說辭是「僑鄉經濟」。

（四）僑批

在閩南語地區的話語體系中把「僑批」又稱「番批」，信函裡面
裝著的，是遠離家鄉的華僑華人們將要彙集的錢財以及給家裡的書
信，是一種「銀信合一」的結合體。「批」即「信」，是「信」在閩
南語中的發音，源於閩南語。說閩南語的人，將海外華僑通過僑批信
局運遞的銀信稱為「批」。

探尋特定歷史背景，「僑批」就是在這樣的情況下產生的：百姓
前往海外謀生的一個原因，是因為閩南地區人多地少。華僑們在那個
年代不得不獨自一人前往海外，獨自一人下海經商，親人家屬都只能
留在身後的故鄉，「兩地一家」的生存模式就這樣產生了。華僑在他
鄉努力奮鬥打拚，賺得一筆血汗錢之後，使用各種方法將這筆錢匯回
故鄉贍養家眷，給家裡補貼。總的來說，「僑批」的產生，主要是出
門在外的華僑匯錢到家鄉，用在贍養家眷、城市建設、興辦教育這三
個方面。

在僑批業還沒正式出現以前，早期一群名為「水客」的群體隨之
誕生，這些水客做的便是幫海外華僑運送僑批、僑匯。「水客」在中
國閩粵地區與東南亞之間穿梭往來，閩南地區將其稱之為「客頭」。

（五）僑批信局：天一總局

「天一信局」所在地位於福建省龍海市角美鎮流傳村，此建築由菲律賓華僑郭有品創立，歷史建築的風格以中西聯合、用「南洋」風格打造，號稱中國第一家民間國際郵局。

郭有品下海經商闖蕩多年，始於 1880 年，郭有品在家鄉創辦天一批僑批。「天一」，取自漢代董仲舒《春秋繁露・深察名號》中的「天人之際，合而為一」，即「天道與人道、自然與人為」合二為一。「天一」的詮釋是「天下第一」，寄寓著服務的品質天下第一、信譽天下第一、經營的規模天下第一等的美好承諾。

大清郵政局成立於 1896 年，次年，郭有品向大清郵政局登記註冊天一信局，中國郵政史上第一家民間國際郵局就此誕生，並且在 2006 年被列為全國重點文物保護單位，後來還被中國國家郵政博物館認為是「有記載的中國最早民間國際郵政」。

2013 年 6 月，福建僑批入選世界記憶名錄。要認識到天一總局能夠作為福建第一個入選世界文獻遺產的項目，是因為這是後人在做研究時不可或缺的實物文物，有著研究的重要意義。

二、建築

有著獨特的地方風格樣貌的閩南地區傳統民居建築，在近代，能看到的是華僑所興建的傳統民居建築，那是更為華美絢麗的，不管是從生命力還是從相容性來講都相當地豐富和頑強。這樣優秀的僑鄉建築文化，個中的門道和智慧更值得去學習、理解和繼承，若能在學習繼承的基礎上加以獨創，那更是絕妙，那麼閩南僑鄉建築的價值意義將更加大放光彩。

（一）閩南僑鄉大厝

談起閩南僑鄉大厝的建築特色，要從閩南典型傳統民居入手探尋。閩南典型傳統民居為合院式建築，建成閩南傳統建築以後的風貌是這樣的：前埕後厝、中庭寬闊、可以比肩的守護厝，硬山式雙翹燕尾脊風格等。燕尾脊的樣貌是一進、二進屋脊彎曲，其中中央脊的兩端雙曲高聳翹起，樣子就像小燕子的尾巴，名字由此而來。

房屋或家稱在閩南地區是叫做厝，閩南大厝外觀端正方平，中直大方，建築的模型樣式龐大，據載有的規模達到「九十九間」、「百二間」，共處一院的有九十幾戶人家，古民居群是一落落的，規整對稱就好像北京城的皇宮，所以又稱「皇宮起」。典型閩南僑鄉傳統民居村落有廈門的新垵村古民居群、漳州龍海的東園村古民居群、泉州南安的蔡氏古民居群。

閩南僑鄉大厝的建築佈局與功能的部分。閩南大厝有博大的空間、條理分明的佈局、功能齊備、起伏有致，形成「公廳」、「公巷」、「眾埕」，這樣主次、內外、明暗、有靜有動，這樣設計的初衷是人們有著安居樂業、能夠和子孫共用天倫之樂的美好響往。

（二）石埕

「石埕」是「閩南僑鄉大厝」內裡前面的廣場，做到了跟大厝的正面平齊平寬，農業繁忙的時候這裡就是曬穀的好地方。石埕的另一方一般會挖井，井水很清甜。井內還會蓄養紅鯉魚，這樣做的目的是看水質是否清澈。井邊還可以是鄉裡提水、浣衣、嘮嗑、小孩玩耍的地方。鄉民約定俗成的是在年尾清洗井壁青苔及井底沉澱，在大年初一就會停止取水一天。

（三）泉州白

　　閩南地區出產花崗岩、青草石，花崗岩質地淨白堅硬，經過打磨之後不易生苔、不易風化是其顯著特色，人稱「泉州白」。「泉州白」的紋路是粉紅色的，花草樣式是斑點顆粒，常常作為重要的建築材料，應用在閩南古建築的外牆。「閩南僑鄉大厝」的建築材料，便以「泉州白」為代表的眾多花崗岩，在閩南之地非常廣泛地使用在門框、臺階、窗櫺等建築要地。閩南地區溪流眾多且緊密分佈在一起，因此鵝卵石在溪中經過打磨大小適中，提取的時候非常便捷，牆基和巷道建設經常使用鵝卵石，而且可以根據形狀大小、色彩加上建造的巧思擺放成射形、圓圈形等有藝術特殊的圖案。

（四）胭脂磚

　　「胭脂磚」是早期閩南特有的建材，顏色大抵呈暗紅色或土紅色，有一種條磚側面帶有黑色斜紋，形狀豐富多樣又富於變化，隨意組合都是非常具有藝術特色的圖案，地磚功能性極強，透氣吸水的效果極好。

　　閩南是沿海地區，夏季常有颱風光臨，沿海建築採用較深厚重色的「胭脂磚」，胭脂磚能阻擋住七、八級颱風的侵襲。「閩南僑鄉大厝」的建築的建材材料也是以「胭脂磚」作為主要的代表材料，僑民們和閩南人都一致認為紅色代表歡喜富有，在當今，閩南傳統建築、閩南僑鄉建築被譽為「紅磚建築文化」活的樣本。

（五）嘉庚式

　　陳嘉庚是出生在廈門集美的著名華僑領袖，當時的他聯合僑胞親力親為在家鄉創辦新式學校，今天耳熟能詳的集美學村和廈門大學便是當時的成果。若是能親臨此地，便能看到，在校園的外觀設計上，

就是融合了閩南大厝的風格而後形成的中西結合的「嘉庚式」建築群。

閩南僑鄉大地上的紅磚燕尾脊大厝建築，向我們敞開了一扇扇溫暖的回憶大門，這些建築飽含著閩南人的韌勁、開朗昂揚向上的精氣神。

（六）鼓浪嶼古厝——石湳黃氏聚落

魅力四射的鼓浪嶼海島上，比較有代表性的紅磚古厝，位於中華路上的 25 號，這也是原來的「岩仔腳」，即原石湳黃氏聚落遺存的「四落大厝」古厝群中的一座「三間張兩落大厝」。「三間張」為院內主體建築的三開間，「兩落」為兩進院落。兩進以上的院落可以稱為「大厝」或者「官式大厝」。

閩南泉州的這一帶習慣把雙落帶護厝、使用筒瓦屋頂的大厝，稱為「皇宮起」，這是在表示著大厝建築運用的中軸對稱的合院格局。「皇宮起」雖然是一個非常古老的傳說，明清之時這當中的中原官式建築制度和技術向東南、西南地方還有不斷向外傳播，以一種強勢的勁頭往外傳播的時代。也就是這個時期，官式建築特徵的紅磚厝民居建築在閩南地區大規模建造並傳播到臺灣去，也遠傳至東南亞華人居住地。後來的歸國華僑建築時也是秉持著這樣的風格進行建築。

（七）金門得月樓

「金門得月樓」位於福建省金門縣金城鎮的水頭村，由旅居印尼華僑黃輝煌於二十世紀三十年代興建的。由於金門縣水頭村位於濱海的緣故，盜匪的侵擾使他們飽嘗被搶奪的痛苦，為了保衛自己的家園，那些下海經商有成的華僑們，為了保衛自己的家人，紛紛前後斥資構築擁有防禦自衛能力的槍樓。

西洋風格滿滿的得月樓，樓層的高度是 6 公尺，2 層樓，以鐵築

起欄杆、花樣格式的窗櫺、洋樓以得體優雅而聞名,但是卻擁有突出的炮口,還是四個整整齊齊的,每個正面都有大炮口 2 個和小炮口 6 個,保衛功能尤為顯著和突出。居民們感受過海盜的侵襲和折磨,也用他們的智慧抵住海盜,讓他們無法摧毀這樣一座保衛功能十足的洋樓。洋樓華美的外表下,高貴不可侵犯的氣勢油然而生。

三、閩南文化在僑居地的傳播

閩南人帶著原鄉的文化前往僑居地生存,並凝聚著海外閩南人的向心力,僑民數量龐大,閩南的歲時習俗也隨著移民在當地的傳播與發展。

(一)僑居地的歲時

1.年兜夜

除夕在閩南地區稱作「年兜夜」。在蘇門答臘,每逢這個日子的時候,家家戶戶會煮「薄餅菜」奉祭厝主、門宅諸神。吃過薄餅菜之後,家家戶戶的長輩們還要給孩子們分發錢財,叫做「過年錢」。

2.跳火囷

「過年錢」送出去之後,人們就在各自居住的大門之外開始「燒火囷」,「跳火囷」是孩子們過節的項目,年長的老人們們取些火灰放到灶下或爐子裡,口中念念有詞:「挑金、挑銀、挑得無處放,挑在灶廚下」,希望來年平安、發財,早日回國探親,與家人團聚。

3.守歲

「年兜夜」還有一個習俗叫做「守歲」。守歲也有很多種傳說。蘇門答臘的僑民們僑胞的守歲活動是到關帝廟、觀音亭、城隍廟「坐

夜」或著遊玩，聽到雞啼第一遍，爭先恐後地搶著點頭炷香便回家放鞭炮，人稱 「開春」、「迎春」。

4.煮麵線雞蛋

新年吃的第一道食物是「煮麵線雞蛋」。又白又長的麵線象徵長壽，俗稱添福壽。若是「單身漢」（指家屬在祖國的）那些有家屬的友鄰們煮熟以後，就會捧著碗來相送，增進睦鄰友好表示祝福添壽。且，雞蛋是圓潤的，這是在祝福新的一年裡事事圓滿稱意。

還有晉江廣為流傳的《姑嫂塔的傳說》、閩南的《番客歌》，都是訴說僑民的出門在外不容易的境遇。

5.南音

閩南當地有獨特的音樂叫做「南音」。它的表演形式便是演唱者手執檀板，有板有眼演唱，對於出門在外的遊子來說，南音是一種悠久的、迷人的令人懷鄉的鄉音。到蘇門答臘也同樣非常流行，尤其是每年的中秋節，更是南音盛會。

在當地，每個組織只要在天氣允許的情況下，就會一起到養老院舉辦南音的演奏。只是在那裡叫做「奏弦管」，也就是南音清唱，目的都是為了讓這些老華僑們心頭熱暖，彰顯人文關懷。

6.煎餻補天

閩南僑鄉諺語：「年兜不回家無某，清明不上墓無祖」。出門在外的印尼僑胞懷念家鄉，思念親人，會去想念紀念那些已經故去的親朋好友。

清明節掃墓，「五月節」的「煎餻補天」（所謂「煎餻補天」，就是用麥粉或番薯粉和著其他的配料調製成稠糊狀，再下到油鍋煎成一大片再食用）。

　　蘇門答臘的僑民對「煎鎚」的熱情很是大的。這就要對閩南地區和印尼氣候作區別和探討，閩南僑鄉屬於亞熱帶季風性濕潤氣候，端午期間適逢梅雨季節，連連陰雨，印尼是熱帶雨林氣候，充沛的雨量讓人很難不重視「煎鎚補天」。

　　民間會相傳天公（天上）破了一個洞，要「補天」，於是借著「煎堆」的形態和黏性來表達補天的願望。端午節到來的時候，如果吃上「煎鎚」以後，雨便能止了，人們就說是把天補好了。僑胞盼望這個時候天晴朗，這樣好出工幹活，所以「煎鎚」的時候也是喜歡這樣唱和。這種習俗歷代相沿，成為民間祈盼停止下雨快快放晴的民間食俗。

7.聽香

　　蘇門答臘的僑民在上元節還有一個習俗，就是「聽香」，跟閩地習俗一致。「聽香」之意是聽人講話，用來獲得所祈求之事的資訊。未出閣的姑娘是最喜歡「聽香」的，因為在這個過程中她們可以祈盼能夠尋覓到良人。

8.七娘生

　　閩地「七娘生」或稱「七娘媽生」即我們現在知道的「七夕節」也稱「乞巧節」。同樣的，印尼僑居地也是這個叫法。七夕這日，僑居地的人們是這麼具體操作的：剛過門的新婦和鄰居家的未出閣的姑娘在夜晚降臨時，一起在在月光下設香案、祭供水果、針線（均以七為數），這樣的準備是向織女乞巧。她們在心裡祈願，相互祝願，希望自己能夠心靈手巧以做人家的媳婦，可以更好地做好針線活、勤快做家務，她們是希望這樣做可以婚後夫妻恩愛，生活美滿。

（二）僑居地伯公信仰

　　因為閩南特殊的地理環境條件，唐宋時期就已經有華僑下海出

國，經由海上絲綢之路。到了明清時期，大批量的人員到南洋等地方
開墾土地。「土地公信仰」的習俗因此就在這些時期中以祖籍地的傳
輸模式隨著僑胞外出謀生遠傳海外，以至到東南亞各地華人華僑彙聚
的社區之中不斷沿襲下去。

「土地信仰」象徵的是心理對美好的祈盼，閩南僑鄉之地早已把
「土地公」侍奉為保護神，又稱為「伯公」。據資料載，如「土地」
的專用聯文說的「白髮知公老，黃金賜福人」，這是在傳達閩南人民
以及僑民還有普通老百姓們最美好生活的願景和誠良溫順的祝願。

1.住宅地

住宅地，只要是近代的房子和漢式大厝的正面廳堂，都要在廳屏
前放一個福屏，上面寫著「福德正神」這四個字。一般的形式就是設
龕、塑像、或者用紅紙墨書神位來代替。南安一代的供奉模式是一個
例子，僑鄉地的人們會在長案下的地面用小龕祭拜，上面供奉陳列
的有銅、錫等各類雕花或平面的香爐燭臺、果盒座。長案的配套可以
使紅彩、桌裙還有古色古香的傢俱。這些整體配套下來，輔以閩南風
格的大紅磚，構成的圖景十分高貴大氣，很有閩南風格，在這樣的祭
拜環境下對天神膜拜，其實是地上的人們希望通過這樣的方式，把自
己對僑胞的祈願上達天神，祈願僑胞們平安歸家、富貴平安。

僑胞外出之時總是要帶上家鄉的一些泥土，連同家人準備的、或
者自己準備的「土地」的香火袋一起包好，這麼做的目的是想祈福外
出的僑胞一路平安，不忘故鄉，也有說法是外出之人出門在外有了這
包土可以防治水土不服。

2.僑鄉商店、廠房

僑鄉商店、廠房更多的是在牆上放上一騎架，騎架上面放置「福德
正神」的福屏或者各家想放的牌位，再供奉上供果和香爐燭臺等祭拜

的東西。

　　古早之時，在街頭巷尾、大街小巷等地，特別是僑鄉之地，都大致上都會有專祀「土地公」的廟。規模大小不定，通常來說都是設定在村口處、當街出入口，規模大的比如鋪面，這裡會有專職廟祀來管理和奉供，小型規模的就會用壁龕放置，香案俱全，常常可以看見設置靈籤用來提供給問神之人問卜。

　　到今天，考察下來還能看見一定數目的這類新舊廟址，一些熱心人士出面，自主捐資出款給與修繕或重建。一部分流動性的「土地」攤位就會由盲人捧著小龕、籤筒，順著村街道呼喝給人問卜，代抽代解「土地公籤詩」。

3.建築基地

　　僑鄉建造房子時會自行選擇良辰吉日「破土」，「土地公」便成為建築基地的主宰保護神。一般來說，房子主人在建築時會在坐向中線的後牆基前面放置一小撮土，用磚石瓦片代表牆壁頂蓋，下面再墊一小磚，用來置放香爐，方便奉香祈福。

　　每逢每個月的初二、十六日，主人會自己準備祭拜用品在小土堆前祈願建築工程平安順利地建成。也會把祭拜之後的供品犒勞建築的師傅，人們稱之為：「一供神，二敬人」。這樣的禮拜不敢稍有怠慢，會一直持續到建築竣工。

4.土地誕辰

　　在農曆二月初二日是土地誕辰，據傳，僑鄉的善男信女會提前準備供品，再自己下廚做「土地公龜」，即是用糯米皮包著豆沙餡的供品。

　　關於土地誕辰之時的還有「做牙」這個祭拜習俗。一般是每月的初二、十六日還得做第二次「做牙」祭拜。閩地這邊的農曆十二月十

六日俗稱「尾牙」，僑鄉和出外僑胞做生意的都會很重視這個節日。

5.土地信仰之聽香

上元、中秋節到來之際，僑鄉人民保持著「聽香」的習俗。他們認為認為天上月兒圓，就是人間團圓之時。所以，當佳節來臨之際，華僑和僑民們就會懷念那些出遠門的親人們以祈願團圓之日。夜晚降臨時，主婦和年輕的姑娘們會聚集在「土地」座前，為的是祈禱可以跟親人早日團圓、覓得良人相伴姻緣美滿等祝願能夠實現。

據資料記載，主婦和姑娘們具體的做法是：祈禱完畢後，拿出「土地」香爐內香燭一枝，隨著用筊擲卜方向、步數和人家，輕輕伏在窗戶前聽裡屋的人說話注解，一般是以聽到的第一句話為準，再回家裡在「土地」前再擲筊。如果能夠獲得一聖，即憑此語詳「圓」。

6.長崎華僑媽祖祭

日本長崎華僑祭拜媽祖的風俗。長崎的地理位置位於日本西南部的九州，與中國距離很近。在當時長崎與中國的貿易活動曾十分頻繁，中國文化在該市的影響較大，媽祖祭是最具閩南特色的活動。媽祖又稱天上聖母，是航海的保護神，從江戶時代到明治初期，進入長崎港的中國船隻上的中國航員，就會把隨船攜帶的媽祖神像放到當地的中國寺廟中。每年在農曆過年之後，長崎都會舉辦熱鬧的等會，在街道掛起大紅燈籠。還有熱鬧的遊行，其中一個重點就是媽祖出巡。這個活動由長崎主辦。

四、僑領

1.麻六甲華人甲必丹

甲必丹是殖民地時代麻六甲的華人社區領袖。1641 年荷蘭人從葡

萄牙人手中奪得馬來半島的麻六甲後，任命華人社會中富有且有聲望者的華人甲必丹，管理華人社區，並且對殖民當局負責。此後很長一段時間，甲必丹的職務為閩南人所壟斷。新加坡學者林孝勝認為，從17世紀中葉到18世紀末泉州系在麻六甲福建幫的權利結構中高踞領導地位，歷時一個多世紀才由漳州系取代。

2.新加坡華人李光前

李光前，原名李玉昆，福建南安人，新加坡著名的華人實業家、教育家、儒商的楷模、東南亞橡膠大王。世界十大華人富商中有一個就是李光前先生，李光前生前創立的橡膠王國，對世界橡膠業的影響力可以說是不可忽視的，他同時也是當代新加坡和馬來西亞、以至整個東南亞地區傑出的華人企業家、教育家和慈善家。

李光前生前曾被授予馬來西亞大學法學博士學位。1962年，他曾經被新加坡政府聘請為新加坡國立大學的首任校長。李光前一生熱衷公益，為中國和新馬地區的社會發展做出了不可磨滅的貢獻，是陳嘉庚之後東南亞地區最為傑出的華僑領袖之一。

參考文獻

1. [宋]沈括。夢溪筆談。上海：上海古籍出版社，2015。

2. 曹春平，莊景輝。閩南建築。福州：福建人民出版社，2008。

3. 福建省泉州市建設委員會編。泉州民居。福州：海風出版社，1996。

4. 楊莽華，馬全寶，姚洪峰。閩南民居傳統營造技藝。合肥：安徽科學技術出版社，2013。

5. 戴志堅。閩臺民居建築的淵源與形態北京：人民出版社，2013。

6. 莊景輝。廈門大學嘉庚建築。廈門：廈門大學出版社，2011。

7. [清]段玉裁。說文解字注。上海：上海古籍出版社，1981。

8. 丹‧克魯克香克主編。弗萊徹建築史。北京：知識產權出版社，1996。

9. [英]羅伯特‧菲爾德。造房貼磚中的幾何圖案。上海：上海教育出版社，2005。

10. 段寶林、袁雅琴、朱秀梅等。閩臺民間文學傳統文化遺產資源調查。廈門大學生出版社，2014。

11. 向憶秋。閩南民間文學研究。社會科學文獻出版社，2018。

12. 段寶林。民間文學教程。高等教育出版社。2013。

13. 謝華、謝澄主編。中國民間故事集成‧福建卷‧廈門分卷。廈門市民間文學集成編委會，1991。

14. 恩斯特‧卡希爾。人論。上海譯文出版社，1985，P101

15. 朱夢影。閩南民間信仰旅遊表徵研究。華僑大學，2019。

16. 陳祖芬。媽祖信仰在閩南的傳播方式與路徑。閩南師範大學學報(哲學社會科學版)，2018，32(03)：17-23。

17. 卓陽萍。泉州法石地區媽祖宮廟調查。尋根，2019(02)。

18. [清]嘉慶，惠安縣誌。

19. 泉州非物質文化遺產普查資源實錄。民俗，2017。

20. 趙麟斌。閩臺民俗。述林，2018。

21. 林國良。莆田媽祖信俗大觀，2014.4。

22. 鄭鏞。閩南民間諸神探尋，2009。

23. 林曉峰。歌仔戲（薌劇）邵江海研究。福建：海峽文藝出版社 2015.11。

24. 江玉平、陳志亮。漳州薌劇與臺灣歌仔戲。福建：廈門大學出版社，2011.08。

25. 曾永義。臺灣歌仔戲的發展與變遷。臺灣：聯經出版事業公司，1988.05。

26. 林仁川、黃福才。閩臺文化交融史。福建：福建教育出版社，1997.11。

27. 尚道。話說歌仔 繼往開來。臺聲，2009.05

28. 郭江華、林江珠、黃輝海。閩臺 民間節慶傳統習俗文化遺產 資源調查。廈門：廈門大學出版社，2013。

29. 福建省閩南文化研究會閩南傳統民俗文化 第三冊 歲時習俗。福建：海峽出版發行集團，2019。

30. 黃仲昭。八閩通志。福建：福建人民出版社，2006。

31. 趙麟斌。福建歲時節俗談。上海：同濟大學出版社，2014。

32. 孟原召。閩南地區宋至清代製瓷手工業遺存研究。北京：文物出版社，2017。

33. 閩臺文緣編委會。閩台歷史文化研究。福州：海峽文藝出版社，2016。

34. 黃堅。閩南地區民間雕刻藝術研究。廈門：廈門大學出版社，2013。

35. 趙勝利、塗慷。閩南地區手工技藝傳承人調查研究。武昌：武漢大學出版社，2018。

36. 陳信雄。從遺留在臺澎的漳州窯瓷器探索兩岸交通伊始。閩臺文化交流，2011.4。

37. 鄭國明。閩南木雕技藝的繼承與創新。集美大學學報，2009.12(3)。

38. 許憲生。試論閩南木版年畫的文化性特徵。漳州職業大學學報，2003.2。

39. 馬博冕。閩南地區飲食文化綜述。北方文學，2015(30)。

40. 胡自山。中國飲食文化。時事出版社，2006。

41. 彭一萬。閩南飲食。鷺江出版社，2009。

42. 張曉旦。醫食參考。北方文學，2014 (11)。

43. 蔣全德。過年回家，帶點啥特產。海峽導報，2015-01-10。

44. 蔣亦凡、慧明。紅龜粿，甜蜜的圖騰。旅遊，2014。

45. 孫贇。臺灣的特色佳餚。烹調知識，2012。

46. 黃煒梁。鹵面漳州人宴會上的「角兒」。福建人，2016 (8)。

47. 王銳。中國旅遊文化。山西古籍出版社，2006。

48. 談笑靜。我們‧古早味。中信出版社，2015。

49. 劉登翰等編著。過番歌文獻資料輯注。福建卷。廈門：鷺江出版社，2018.8。

50. 蕭春雷。從鼓浪嶼華僑看閩南近代建築的雙重性格。鼓浪嶼研究，2020(01)。

51. 林丹、陳凡凡。僑批命名來源考。汕頭大學學報(人文社會科學版)，2018(11)。

52. 蔡曆丞。近代閩南僑批業的發展——廈門地區為例。文化學刊，2021(03)。

53. 李天錫、王朱唇。僑批業初探‧華僑大學學報(哲學社會科學版)，

1990(2)。

54. 畢競悅。「天一信局」：跨越世紀的傳奇 記中國首家民間國際
    郵局。法人，2021(03)。

55. 鄭維明。閩南僑鄉傳統大厝風貌及文化內涵。文物世界，2016(04)。

56. 鐘海澄。閩南部分歲時習俗在印尼僑居地的傳播。福建省民俗學
    會、晉江市地方誌編纂委員會辦公室。福建僑鄉民俗——福建
    僑鄉民俗學術研討會論文集。福建省民俗學會、晉江市地方誌
    編纂委員會辦公室：福建省民俗學會，1993。

57. 張漢輝、張榮輝。淺談閩南僑鄉「土地」信仰習俗。福建省民俗
    學會、晉江市地方誌編纂委員會辦公室。福建僑鄉民俗——福
    建僑鄉民俗學術研討會論文集。福建省民俗學會、晉江市地方
    誌編纂委員會辦公室：福建省民俗學會，1993。

國家圖書館出版品預行編目（CIP）資料

閩南文化與創意設計 / 李姿瑩著. -- 初版. -- 新竹
縣竹北市：方集出版社股份有限公司, 2023.03
面；　公分
ISBN 978-986-471-309-7 (平裝)

1.CST: 中國文化　2.CST: 臺灣文化　3.CST: 文化
產業　4.CST: 創意

538.82　　　　　　　　　　　110010553

閩南文化與創意設計

李姿瑩　著

編輯組長：潘麗媛
編　輯　組：蔡怡嫻、王沁潔、林美玲、郝晉、陳欣、吳若嵐、白一淇、陳秋雲、鄭澄月、黃瀅、
　　　　　　陳小燕、蘇心茹、林夢圓、康婉婷、蔡慧辰、聶祖騰
文化創意作品設計：李姿瑩
「滴鯉鯉酒精消毒免洗凝膠」作品原型設計者：林美玲、梁雨蓉、韓顏欣、張倩馨
「落筆生花書法墨蝶」作品原型設計者：陳思敏、林小晶、翁馨、陳雅蘭、林鑫瑁、齊小莉、
　　　　　　　　　　　　　　　　　　　陳英梓、黃麗萍

發 行 人：賴洋助
出 版 者：方集出版社股份有限公司
聯絡地址：100 臺北市中正區重慶南路二段 51 號 5 樓
公司地址：新竹縣竹北市台元一街 8 號 5 樓之 7
電　　話：(02) 2351-1607　　傳　　真：(02) 2351-1549
網　　址：www.eculture.com.tw
E-mail：service@eculture.com.tw
主　　編：李欣芳
責任編輯：立欣
行銷業務：林宜葶
出版年月：2023 年 3 月 初版
定　　價：新臺幣 420 元

ISBN：978-986-471-309-7 (平裝)

總經銷：聯合發行股份有限公司
地　　址：231 新北市新店區寶橋路 235 巷 6 弄 6 號 4F
電　話：(02)2917-8022　　　　　　傳　真：(02)2915-6275